21世纪高等院校通识教育规划教材

大学生创业基础

通识教育规划教材编写组◎组　编
何云海◎主　编
刘元洪 李晓云◎副主编

人民邮电出版社
北京

图书在版编目（CIP）数据

大学生创业基础 / 通识教育规划教材编写组组编 ；
何云海主编. -- 北京 ： 人民邮电出版社, 2013.9
21世纪高等院校通识教育规划教材
ISBN 978-7-115-32083-4

Ⅰ. ①大… Ⅱ. ①通… ②何… Ⅲ. ①大学生－职业选择－高等学校－教材 Ⅳ. ①G647.38

中国版本图书馆CIP数据核字(2013)第139717号

内 容 提 要

本书按照教育部最新大纲整理、编排内容，分为8章，主要内容包括创业、创业精神与人生发展，创业者和创业团队，创业机会与创业风险，创业计划，整合创业资源，新企业创办，新企业的生存与成长管理，创业政策与法规等。

本书适合作为高等院校创业教育相关课程的教材使用，也可供有创业需求的各界人士阅读参考。

◆ 组　　编　通识教育规划教材编写组
主　　编　何云海
副 主 编　刘元洪　李晓云
责任编辑　王亚娜
责任印制　杨林杰

◆ 人民邮电出版社出版发行　　北京市崇文区夕照寺街14号
邮编　100061　　电子邮件　315@ptpress.com.cn
网址　http://www.ptpress.com.cn
大厂聚鑫印刷有限责任公司印刷

◆ 开本：787×1092　1/16
印张：12.75　　　2013年9月第1版
字数：289千字　　　2013年9月河北第1次印刷

定价：32.00元

读者服务热线：(010)67170985　印装质量热线：(010)67129223
反盗版热线：(010)67171154

前言

近几年，我国高校毕业生人数迅猛增长，“就业难”的现实无情地摆在了大学毕业生的面前，创业越来越多地受到人们的关注，已被列入国家“十二五”规划，成为国家重点考虑的民生问题。也有越来越多的大学生选择了创业这种形式来完善自己的人生。

创业是一种选择，也是一种非同一般的生活方式；它是一种精神，一种人文主义精神和人生梦想的结合。1972 年联合国教科文组织在《学会生存》的报告中提出，创业素质应成为公民的基本素质。创业精神作为一种积极的思想观念和精神状态，对个人的进步和社会的发展具有十分重要的推动作用。在各种层次、各种背景的创业者中，大学生由于缺乏职业积累和社会经验，创业成功率比较低。目前，全世界大学生创业成功率为 20%，中国只有 4%。在大学生培养教育过程中，注重创业精神的培育，引导大学生自主创业，是人才培养和增加新的就业途径的新趋势。

本书按照教育部最新大纲整理、编排内容，内容包括创业、创业精神与人生发展，创业者和创业团队，创业机会与创业风险，创业计划，整合创业资源，新企业创办，新企业的生存与成长管理和国家最新政策等。全书以大学生为主体，根据“案例式”教学法，力图让学生在体验中学习知识、在游戏中体会乐趣、在讨论中创新思维、在思考中领悟人生，从而帮助大学生了解创业的方方面面，为广大教师和大学生在创业实践中提供更丰富、更有效的指导与帮助。

在本书的编写过程中，参考和使用了有关资料，在此谨向这些资料的作者致以诚挚的感谢。

由于时间仓促和编者水平有限，不足之处在所难免，恳请广大读者给予批评指正。

编　者

2013 年 05 月

目录

第 1 章

创业、创业精神与人生发展

创业越来越多地受到社会的关注，成为国家重点考虑的民生问题。越来越多的人也选择了创业这种形式来完善自己的人生，大学毕业生就是其中一个群体。

创业精神作为一种积极的思想观念和精神状态，对个人的进步和社会的发展具有十分重要的推动作用。在大学生培养和教育过程中，注重创业精神的培育，引导大学生自主创业，是人才培养和增加新的就业途径的新趋势。

1.1 创业与创业精神

1. 创业的内涵

创业，指的是创业者将自己所拥有或者努力尝试拥有的资源进行优化整合，继而凭借个人能力和团队能力创造出更大的经济或社会价值的行为过程。创业是某个人或者某个群体通过有组织的努力，以创新、独特的方式追求机会、创造价值和谋求成长；是着重于一种创新活动的行为过程。创业也就是创业者通过创新的手段，将资源更有效地利用起来，为市场创造出新的价值。创业者应该积极努力寻求机会，创造性地利用资源、开发资源，从而创造出更高价值，服务于社会。

古语曰：君子生非异也，善假于物也。意思是说，善于借用外物，把各种资源整合到一起，就能把一件事情做好。假如你现在两手空空，没有资金，但你的眼光不错，看到了一个商机，或者看到一个好的项目，看到了它未来的发展趋势，接着你又找到了投资人，借用各种资源，然后合而为一，建立一个盈利模式，最后就可能变为成功创业。创业有以下几个特点：

（1）创业是创造具有“更多价值”的新事物的过程。

（2）创业需要创业者贡献必要的时间，同时得付出极大的努力。

（3）创业必然要承担存在的风险。风险来自财务、精神、社会领域及家庭等。

（4）创业能够使人获得报酬、金钱，让人独立自主，满足个人需求。

对于真正的创业者来说，创业过程不仅充满了激情、挫折、忧虑、痛苦和徘徊，而且还需要坚持不懈的努力。当然，创业的成功也将为创业者带来无穷无尽的幸福和欢乐。从某种意义上说，创业是一种劳动方式，它是一种无中生有的财富现象，是一种需要创业者组织，运用服务、技术、推理、判断、管理的行为。

2. 创业要素

对创业来说，至关重要的就是创业机会、创业团队和创业资源。它们贯穿于创业的始末，并且作用于企业的成长、发展和成熟阶段。

新创立的公司往往具备着一般公司所不具有的创造力和想象力，但是由于它们过于脆弱，会有很多因素制约它们的成长和发展，所以新创业者对创业机会、创业团队和创业资源，要学会充分利用，并借此发挥公司的优势。很多科技创新大企业在公司进入正轨后，都希望能够将公司重新带入创业阶段，重新获得当初创业时的激情和快速发展的动力。

【案例】

田松一直以来学习成绩不是很好，专业和学校也不很理想。但田松觉得，活在这个世界上，只要努力，做什么事情都会有机会，不一定非要凭借好学历和好文凭才能在这个世界上混得好、混得开。在经历一番深思熟虑之后，田松开始创业了。

田松一直都很喜欢植物，最近他发现计算机辐射类的话题特别多。于是他心生一计，做防辐射盆景。他去了专门的盆景培育基地，购进了一批新鲜的小棵仙人掌，然后选择了一些非常可爱的容器来装它们，最后把这些盆景拿到学校门口去卖。

为了能够获得极大的关注，他做了一幅植物大战僵尸的海报，大概的意思就是如果经常被电脑辐射，人的皮肤就会容易老化和松弛，这就需要在计算机前放一些这种盆景，既美观还能够防止辐射，一举多得。结果，很多同学都纷纷前来购买，田松的盆景很快就销售一空。

就这样，田松一天一个花样，一天一幅海报，生意非常好。但他知道，现在生意这么火，肯定会有相当多的人来模仿，而他必须要搞一些不一样的。于是他就在学校里招募了一些女同学，这些女同学形象和气质都很好，然后田松批发了一批抗衰老的化妆品，如眼霜、去角质精华液等，接着田松把这些化妆品同那些防辐射的盆景一起销售，加上那些女同学的热情服务，生意异常火爆。

但这时候，田松还是没有就此满足，他经过分析得出结论，学校附近的市场，在经过自己这段时间的经营，客户已在逐渐减少，谁没事成天换盆景玩啊。于是他就把自己的生意"主动地"转让给附近想要做这类生意的人，帮他们制定好推广和销售策略，顺便也帮他们进货。就这样，田松为自己掘出了第一桶金。

田松是一个非常优秀的创业者，他非常有头脑地把握住了创业过程中的关键要素：创业机会、创业团队和创业资源。他能够为自己掘出第一桶金，是再正常不过的事了。

创业不是盲目跟风，不是贸然挺进，也不是畏首畏尾，而是要能够彻底地控制住这些关键要素，让它们在合适的时机发挥它们应该有的作用。

1999 年，帝蒙斯在自己的著作里提出了一个创业管理模型（见图 1-1）。帝蒙斯认为创业的开始源自创业机会的出现；其次便是组建创业团队；最后是在取得创业必要的资源后，再开始自己的创业计划。

帝蒙斯认为创业取得成功，创业者必须将机会、创业团队和资源这三者进行最适当的搭配。而随着创业活动的深入和日渐复杂，创业者要能将这三者保持动态的平衡。比如，创业机会的选择和发掘，是创业前期最为关键的一点，而组建团队是创业前期最重要的活动。随着机会的增多和团队的壮大，也就必然对资源的需求有所增加，也就是说，随着创业活动的深入，机会、创业团队和资源这三种因素会发生失衡的现象。该如何保持机会、团队和资源这三种因素的平衡，是一名优秀创业者所应该掌握的。

由于创业机会的模糊性、市场的不确定性、市场的风险，以及外在环境的变迁等因素的存在，导致整个创业过程都充满了风险。因此就需要靠创业者的领导能力、创造能力和沟通能力去发现并解决这些问题。创业者要将创业机会、创业团队、资源三者进行合理动态的搭配，以保证创业活动继续顺利进行下去。

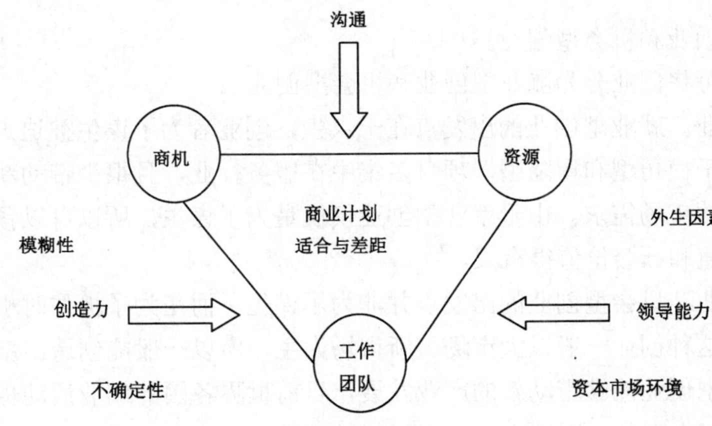

图 1-1　帝蒙斯创业模型

帝蒙斯创业模型的特点：该模型中，机会、资源、工作团队三者呈倒立的三角形，创业团队处于三角形的底部。一般在创业初期，机会往往多于资源的获取，这就导致三角形可能会像左边倾斜；但是随着企业的发展，必然会获得越来越多的资源，这种情况下机会就显得相对有限，三角形就有可能向右倾斜。因此，这种情况下创业者就需要寻求更多更大的机会，来为获得的资源提供使用的平台，使企业达到平衡发展的战略。这就是新创企业发展的实际过程。

3. 大学生创业的意义

（1）自主创业实现个人理想。通过创业，大学生可以将自己的兴趣和理想结合，实现人生价值最大化。因为每个人的兴趣和理想都不同，而兴趣和理想是否能够合理地匹配，又是很多大学生比较茫然的。因此，通过创业，大学生可检验自己的兴趣和理想是否能够很好地结合，最终达到人生目标的追求。

（2）创业提供自我提升的机会。创业实际上也是一个学习的过程，大学生创业者在创业过程中，可以将自己所学的理论知识运用到实践当中，即便遇到挫折和失败，也可以从中学习、总结经验，从失败中知道自己哪方面知识不足，从而进行有针对性的回补，实现自我能力和精神的提升。

（3）创业可缓解国家就业压力。随着全国高校持续扩招，再加上近年来全球金融危机的影响，我国社会就业供求总量矛盾突出，就业形势越来越严峻。大学生创业不仅可解决自身的就业问题，而且其创办的企业还可以为其他大学生提供就业岗位，给其他人提供就业机会，缓解国家的就业压力。

（4）营造高校创业氛围。大学生创业可以提高高校文化的感召力和影响力，通过打造创业文化品牌，以及举办创业成功者交流会和创业竞赛等形式为高校学生树立学习榜样，带动高校学生创业的积极性。创业能有效地营造大学生创业的校园文化氛围，为推动学校育人模式的改革作出自己的贡献。

4. 创业的类型

（1）就业型创业和机会型创业。

从动机角度可将创业分为就业型创业和机会型创业。

①就业型创业。就业型创业的出发点在于谋生，创业者为了谋生被迫走上创业之路。这种创业大多属于模仿型和尾随型，项目多集中在服务行业，且很少带动新产业的发展，也比较难创造新的市场需求。由于就业型创业仅仅是为了谋生，所以可以预见这种创业所能创造的个人价值和社会价值很有限。

②机会型创业。机会型创业的出发点并非为了谋生，而是为了抓住时机，实现个人事业的更大发展。这种创业一般以大市场、新市场为主，所以一般能创造出新的或者潜在的市场需求。机会型创业能够带动新的产业发展，目前世界各国的创业活动也多以机会型为主，但是我国的机会型创业则较少。

（2）自主型创业和企业内创业。

按照企业建立的渠道，可将创业分为自主型创业和企业内创业。

①自主型创业。自主型创业是指创业者个人或者创业团队白手起家进行创业。这种类型的创业活动充满挑战性，个人的能力和想象力能够得到最大限度的发挥。创业活动中，创业者可多方面地接触社会各个阶层，摆脱那种日复一日、单调乏味的重复性劳动的工作。并且创业为创业者提供了一个可供自己能力施展的平台，一旦创业成功，创业者可在较短的时间内积累财富，奠定人生的物质基础，从而为攀登人生的顶峰打好基础。

②企业内创业。成熟的企业为了使自己获得持续的增长和长久的竞争力，鼓励企业员工创新并使其研发成功的产品商品化，通过授权和资源保障的方式支持企业内创业。市场上的每一种产品都有一定的生命周期，而企业只有通过不断地推出新产品和服务，才能跳出产品生命周期的怪圈。而成熟企业的增长同样需要创业的理念和文化的支持，需要企业内部创业者利用和整合内部资源创业。

5. 创业过程和阶段的划分

创业过程包括很多阶段性的过程，创业者从发现机会，产生创业想法到创建新企业并获取回报，其中涉及寻找机会、组建团队、寻求融资等主要内容。创业的本质是创造和认识到新事物的商业用途（识别它是一个机会），并且采取行动将机会转变成可行的、有利可图的企业（夏清华，2007）。这里引用巴隆（Robert A.Baron）和谢恩（Scott Shane）（2005）关于创业的概念，创业是一个随着时间而展开的动态过程。

创业阶段可以根据创业过程大致划分为四个主要阶段：机会识别、资源整合、创办新企业、新企业生存和成长。

（1）机会识别。

机会识别，是创业活动的第一阶段。没有机会也就没有什么创业可言。通常情况下，大学生创业者都对未来充满了热情，往往在这种情况下会失去理性思维，对机会的识别不能准确把握。所以对机会的识别和筛选，能体现出一个优秀创业者的潜质来。

创业机会是一种情境，在这种情境中，技术、政治、社会和人口条件的变化等产生了创造新事物的潜力。其中，技术变革是价值创造的最重要的来源，它能使人们更有效率地办事，因此技术变革是创业机会的最大来源。其次是社会变革所带来的创业机会，这种变革能开发新的商业创意，从而教会人们用新的方法使用资源，这种方法或是更有效率，或是将个人的财富重新分配。

【案例】

杜红是某金融学院的学生，她一直以来都对做生意非常感兴趣，她很享受因投资而得到丰厚回报的过程。在毕业之后，她果断地选择了创业，虽然如今，创业已经不算是新鲜事，但对于一个女生，而且是一个名校的金融高才生来说，大家都觉得不可思议。因为凭自己出色的条件，杜红完全可以去一家很不错的会计事务所，有非常好的工作和待遇，但杜红偏偏选择自己创业，大家觉得不能理解。

杜红不在乎大家怎么看，她不想令自己失望。而她选择的创业项目也比较特殊，是做电子发票。电子发票是什么东西呢？它是一种新型发票，在购物之后，收银台会自动给用户的手机发送电子版的发票，这种发票因为是虚拟的，所以自然就非常环保，而且当用户想要退货时，电子发票也会给用户带来相当多的便利：用户不用再把发票装在钱包里，想找出来的时候，一遍一遍翻钱包也找不到，还占空间。而且这种电子发票放在手机里还很方便，你可以随时拿出来看，并且可以在任何时候，点击一下就能让自己和对方查看。

当然，就目前来说，这个项目有很大风险，因为毕竟这在国内来说，还是一个非常新鲜的产品。年轻人可以接受，也乐于去玩，但它需要一些店铺的支持。杜红认为，如果她不做，将来也会有人做，时代的发展不会因为一个人的裹足不前而停滞下来。她很看好这一个项目，可以先去一些小的连锁超市试做这个项目，一旦拉到风险投资，就可以放开手去搏一搏了。

杜红是一个非常敢想、敢做的大学生创业者，她做的项目很新，也很有难度，但可以预见的是，未来电子发票也会成为社会的主流。杜红能不能成功就要看她对于其他阶段的掌控能力了。机会识别是非常重要的基础，它决定了一个创业者的创业方向。

（2）资源整合。

资源整合，是指创业者将创业所需要的各种资源进行充分利用和配置的过程。比如说融资、组建团队和寻找创业条件，资源整合要将这些因素有机地结合在一起。资源整合是个彻头彻尾的苦力活，它考验着一个创业者的智慧、毅力和耐力。资源整合进行得充分，那么创业机会就能够得到有效发挥，而企业未来的发展也会更加合理和顺利。

创业过程之所以会产生，就是由特定的个体做出了决策并采取了行动，而创业活动的开展，需要创业者整合一系列必要的资源，如人力、物力、财力等。假如不能很好地整合这些资源，即便再好的机会也无法发挥作用。

【案例】

王光毕业之后，准备回家乡创业。他的家乡有个鸵鸟养殖基地，乡里人虽然养了非常多的鸵鸟，但他们的劳动却并没有创造更多的产品附加值，也只是提供各种鸵鸟肉和鸵鸟蛋等。因为专门会有一些外地的商人来挨家挨户地收，所以收购价格一直都非常低，乡民们只是希望能有口饭吃，也就没有好好开发这种资源。但是王光却不这么认为，他希望能把各方面的资源整合起来，让乡里人富起来，这样也可以开始自己的创业生活。

所以他回家后首先就申请了大学生扶持贷款，虽然数额不是很大，但对他的帮助还是非常大的。之后，他又找乡里人筹集了一点资金，准备在当地将这些产品加工起来，做成鸵鸟肉罐头、鸵鸟蛋食品、鸵鸟蛋壳艺术品。紧接着他又找做产品销售的同学，让他们出主意，打开产品的销路。一旦成功，就再不需要把原材料廉价卖出去了。

他的这一想法也得到了乡政府领导的一致认同，政府领导跟王光说："好好干，需要什么政策扶持，乡里也会想办法。"如果能把这件事办成，王光等于是为家乡的人做了一件大善事，对本地的发展也有着非常大的贡献。

王光不仅是想加工鸵鸟方面产品，他还想带领乡民们养殖珍珠鸡、孔雀和野鸡，要把当地的资源全都利用起来。以前是靠天吃饭，现在经济发展了，要用脑子吃饭。既然有这么好的资源，那就不能白白浪费。如果这次创业成功，以后大家的就业问题也能得到很好的解决，而长期在外地打工的孩子们也可以回到乡里来，这样省了房租，省了交通费，大家赚的钱就更多了。

王光是一名很有魄力的创业者，他有能力，能吃苦，能够把这么大的一个生态环境的资源都利用起来，相信在不远的将来，他也一定能取得比较大的发展。大学生创业者正是要学习他的这种头脑、气魄，来整合好资源，让所有资源服务于企业，服务于自己。

（3）创办新企业。

首先创业者需确定创业方向，其次是对资源进行整合，当这一切都准备充分后，那么就是创办新企业的时机。在这个过程中，需要创业者同各级政府和有关部门做好沟通，做好新企业开张的各种准备，这些准备是冗繁的，但又是必不可少的。能够好好配合政府和有关部门，企业才能够顺利地开办起来。

创业者整合资源和创办新企业的目的是使创业机会发挥出作用，通过实现机会的价值，成功收获创业成果以实现个人的创业目标。

【案例】

陈昭家在农村，农村别的没有，就是地多。以前他家里种植蔬菜，后来蔬菜生意也非常不好做，所以大学毕业后的陈昭，就想着回到家乡，好好利用故乡的热土，发展自己的事业。

回到家乡的陈昭决定不再继续种蔬菜，他想把这里改成一片大的薰衣草种植园。现在城市人的工作压力越来越大，而郊区是城市人放松和舒缓神经的好地方，他正是希望自己能够利用这个机会，把这片原来的蔬菜地改造成薰衣草种植园，成为一个城市人放松自我的好去处。

他还打算和村里的人合作成立农家菜馆，甚至还找来一些专业摄影师，邀请他们前来采风。他希望把这里打造成一片充满浪漫气息的地方，城市里拍婚纱照的情侣们也就有了好去处了。不仅如此，这里的薰衣草，他也打算卖给专门制作精华液的厂商。

他的这一想法，得到了政府和有关部门的重视，他们给予了陈昭各种有利的条件，让他能够尽快地把企业做起来，并且在文件的审批上，手续的办理上都给予了放行。陈昭也积极地配合政府和有关部门，做好了企业创办的一切准备。

后来，陈昭的这个项目还受到了电视台和报社的关注，电视台和报社的记者纷纷过来采访他。这让他有点始料不及，但是他觉得这显然是最好的宣传手段，自己不用花一分钱，就有人来帮你报道，这下他更有底气和信心了。

就这样，在他的筹划下，薰衣草种植基地的项目慢慢地开始动作了。村民们也表现出极大的配合，包括人力和资金上的帮助。大家都认为这个薰衣草种植园非常有赚头，于是纷纷希望入股。

陈昭做好了一切准备，通过了政府和有关部门的审批，薰衣草种植园就这样被创建起来。当然，过程可能没有案例中讲述的那么简单，它需要一个创业者能够正面、积极地看待这个问题，不能因为过程复杂，就轻易放弃，毕竟这才刚刚踏入创业的大门。

（4）新企业生存和成长。

俗话说："打江山易，守江山难"，企业生存要比创办企业难得多，这也是创业活动的最后一个阶段。在经过这一阶段后，新创企业也就正式走向成熟和稳健，形成一套新的发展趋势和规律。

在新企业生存和成长中，创业者可谓是劳心、劳力，能不能把企业盘活，能不能把团队养活下来，这一切，很大程度上取决于创业者的水平。

【案例】

马政在学校成绩非常优异，考的学校和专业也不错，毕业之后，放弃了很多大公司的工作邀请，一心想要创业。他认为中国未来就是创业者的天下，他也要努力成为这中间的一分子。他希望未来能够实现自己的人生价值和抱负，而现在一切都要从头做起。

他经过慎重的思考和市场调查，非常看好鸭绒填充市场，因为眼下临近冬季，很多人都喜欢去网上团购鸭绒被或者羽绒服之类的商品，这是个巨大的市场，不过市面上存在着很多假货，填充的根本就不是鸭绒，而是一些人造纤维；或者是用不经过任何处理的劣质鸭绒，产品味道很大，也不卫生。

马政的家乡是鸭绒的大型产地，这里有着非常好的资源优势。他决定把这些鸭绒收集起来，专门提供给那些在网上做鸭绒产品生意的客户。在这些客户中，不乏他以前的同学，或者老师的朋友。有了这样一层信任关系，他的业务开展得很顺利。渐渐地，他的企业经营上了轨道，但他并没有停下脚步。马政考虑到如果公司只是做原料，产品附加值非常低，那么企业的未来发展会被限制。于是他决定做成品加工，不再只是给那些做鸭绒产品生意的客户提供原料。随后他通过一些后来建立的合作关系，做起了自己的品牌，产品包括鸭绒被、羽绒服之类。没过多久，他就成为了当地的鸭绒大王。

马政非常好地找到了机会，利用了资源，并且经过努力经营，使自己创业成功。这之中肯定经历了各种各样的艰难险阻，但他都没有屈服和退让，而是谋求各种生存和成长手段，把企业做起来，让企业真正站稳脚跟。

6．创业和创业精神的关系

（1）创业精神的内涵。

创业精神是指在创业者的主观世界中，那些具有开创性的思想、观念、个性、意志、作风和品质等，主要表现为勇于创新、敢担风险、团结合作、坚持不懈等。

创业精神的第一个特征是对创业机会的主动追求。随着一些尚未被开发的环境变化出现，创业者也会随之产生相应的适应性变化。创业精神第二个重要的特征是创新。创新包含了变革、革新、转换和引入新方法，即新产品、新服务或者是做生意的新方式。第三个特征是增长。创业者追求增长，他们不满足于停留在小规模或现有的规模上，希望他们的企业能够利益最大化，员工能够拼命工作。因为他们在不断寻找新趋势和机会，不断地创新，不断地推出新产品和经营方式以追求不断的增长。

（2）创业精神的本质。

①自主精神。自主精神是创业精神的基础。创业者在创业过程中，会遭遇各种挫折和失败，这时就突出了自主精神的作用。处于逆境的创业者需发挥自立自强、无畏艰险的自主精神，去迎接创业中的各种挑战。

②创新精神。由于创业是一项具有开拓性的活动，这就决定了创新是创业精神的核心。创业的本质就是对现实的一种超越，而超越本身就算是一种创新。创业的突破在于创新，而创新在精神层面意味着思想的变革，并且它将这种思想变革转化为实际行动，这就是创新精神。

③务实精神。美国著名管理学大师德鲁克说过："创业既不是科学，也不是艺术，而是实践。"而实践最重要的便是要具备务实精神。它包括多重含义，要求创业者办实事、不空谈；实事求是，以求得名副其实的成功。

（3）创业精神对于创业的重要性。

在创业过程中，会遇到各种各样的难题，这让很大一部分创业者望而却步，而有一些创业者却能够站稳脚跟，生存和成长起来，这都有赖于坚忍、创新的创业精神在创业过程中所起的作用。

【案例】

李华毕业于一所国内知名大学，专业是计算机软件。他的成绩非常优秀，和导师合作的项目也获得了国家专项基金的扶持。在校外做实习时，国内一流大企业都点名要他，无论他去哪一家公司，相信未来的前景都会很好。

拥有这么多光环的李华却是个不喜欢被束缚的人。他决定自己创业，虽然创业注定艰苦，但他已经下定决心把自己的青春和热血都献给国内互联网这片热土。他认为现在正是创业的好时机，虽然他不具备很多的经验，不过至少他有头脑。

他选择进入的领域是移动分享。具体的产品就是帮助国内用户，通过互联网分享大家的所见所闻。产品使用起来非常方便，用户界面也非常人性化。

在软件开发前期，他确实凭借着他的锐气获得了一些投资，投资商对李华的印象都很不错，认为未来他一定会有非常大的发展。就在这时候，问题出现了，投资商忽然要求李华在软件中嵌入广告来收费，这样能让软件尽快盈利，李华却觉得，这样是损害用户的行为。就这样，投资商中断了第二轮投资计划，这对李华来说是致命的。他突然遇到了在以往的生活中从来不曾遇到的难关，工资发不下去，每天都不敢面对员工，在大企业的那些好朋友打来电话的时候他都不知道该怎么说；女朋友因为他太投入工作，感情也疏远了。他突然感觉好像全世界都抛弃了他。

但是李华天生是一个不服输的人，凭着一种不服输的精神，李华多次与投资商磋商、周旋，为了达到嵌入广告的目的，投资商多次以撤出投资威胁李华，可是李华一遍又一遍地向投资商耐心分析，告诉投资商前期加广告会给他们带来多大的损失。不管付出多大代价，李华都不能让自己的梦想夭折。

最后投资商被李华的这种精神所打动，双方选择了一个折中的方案，即软件前期不加广告，但后期需要加入投资商所提供的广告。不管怎样，李华总算是可以继续自己的梦想，他的创业也可以继续进行了。

李华在压力最大的时候，依然没有选择妥协，他没有违背自己的信念，因为有种强大的力量在支撑着他，那就是不可半途而废的创业精神。一个有精、神、气的创业者，往往能体现出更强大的气场，而这种气场是多少金钱都买不来的。

1.2 知识经济的发展与创业

如今创业热潮正在以一种疯狂的态势席卷着整个世界，大多数人都希望或者正在进入这样一个领域，这是知识经济发展的原因。大学生创业者需要深刻地认识到知识经济的发展同创业的内在联系，并且能够使自己的创业活动对经济社会的发展有所助益。

1．知识经济的内涵

人类已进入现在的知识经济时代。不可否认，知识经济已经成为当今世界上最具发展前景的一种经济形式。

知识经济具备两方面的内涵：一是富含知识的高科技领域、技术创新领域、信息领域的高速发展，使得其在国民生产中的比重大幅度提升；二是知识与经济相互之间的关系越来越紧密，二者慢慢融合在一起，使得产品与服务的知识含量不断提高。知识经济使得经济增长方式发生了前所未有的根本性变化。

正是因为知识经济具备这些内涵，所以创业才和它有着千丝万缕的联系。掌握知识经济的内涵，对于创业就能有更深层次的认识。

【案例】

吴虎、常军、林蔓雯等人原是某大型网游公司的员工，虽然他们的工作年限都不长，刚从大学毕业一二年，但他们的个人能力都非常突出，专业技术也相当过硬。在看到国内手机软件，尤其是游戏软件的蓬勃发展后，他们想抓住其中的商机，于是几个人一筹划，干脆辞职，大家一起创业。

他们创业的项目并非游戏本身，而是游戏引擎。游戏引擎简而言之就是一种开发制作游戏的工具，它能够帮助广大游戏生产商提高工作效率。他们几个人平时做过相当多的小工具来帮助公司加快游戏开发进度，所以具有相关经验。经过 5 个多月的艰苦奋战，可以用作商业用途的游戏开发引擎便制作出来了，这种游戏引擎非常易用，只要会用市面上昂贵的开发引擎，就会用这款游戏引擎。虽然这款游戏引擎比国外的游戏引擎便宜得多，但一套也价值 30 多万元。他们制定了相应的推广方案，向国内游戏开发商普及他们的产品和服务，并且大获成功。据一位客户透露，以往想要制作大型游戏，就要购买国外的游戏开发引擎，一套动辄在 300 万元左右，现在他们购买的这套游戏引擎，虽然功能上没有那么强大，但应付现在的手机游戏开发，已经是绰绰有余，而且产品还会进行升级。他们非常佩服这些开发者，这么少的几个人，就能够把这样的产品开发出来，非常了不起。

也许有的人靠出卖体力干活，干 10 年也赚不了 30 万元，而他们光卖一套游戏引擎就能够赚到这些钱，可见其中知识含量的比重有多大。知识含量大，产品和服务上的附加值就变高，这都是知识经济带来的优势。

2．知识经济与创业的关系

（1）经济转型是创业热潮兴起的深层次原因。

21 世纪以来，全球经济结构发生转变，向知识经济转变，在知识经济主导的形势下，产品或服务附加值主要是通过脑力劳动产生。越来越多的人希望能够通过知识和脑力劳动改变自己的命运，实现自己的人生价值，所以越来越多的人从事知识经济型创业，这使得创业热潮一浪高过一浪。

【案例】

赵武毕业于计算机系，是一名高才生。这个专业的大多数同学受到前一位学长创业成功的影响，纷纷投入到创业队伍中去了，赵武当然也不例外。赵武和他的团队所做的项目是做一个和陌生人聊天的网站，只要一进入页面，系统就会自动为用户匹配一个正在准备聊天的陌生人。

当赵武的家人知道他做的项目后，表示非常不理解。这个东西有什么稀罕的，有什么好创业的啊，谁专门去一个这样的网站，选择这样的方式，然后跟陌生人聊天呢？这不是跟 QQ 里找陌生人聊天一样吗？家里人劝赵武别胡闹了。

赵武却不以为然，这个模式好就好在它是随机性的，并且是不定向性的，系统没有给你任何时间来准备和调整，只要进来了你就得说话，然后继续下去。就像你走在路上，突然一个陌生人跟你搭讪一样，这种临场感非常强。

赵武拿出一个非常有说服力的证据，在国外已经有类似的网站，而且一推出就轰动了，并且马上拿到 100 万美元的投资。他现在做的这个网站虽然没有这么轰动，但流量还是比较理想的。赵武告诉家里人，现在靠得最多的不再是有形资源，而是无形资源，是大脑，是知识经济，你觉得不值钱的东西，它在一些人手里就会变得非常有价值。没过多久，赵武也确实融到了资，家里人就慢慢开始支持他、相信他了。

确实像赵武说的一样，什么样的项目，都可以拿来创业。不怕做不到，就怕想不到，只要能做到，它未来就会有大发展，谁也不会在意它究竟是什么。正是受着这种思想的驱使，才使得创业变成一种主流。大学生创业者要充分抓住这一机遇。

（2）创业能够促进知识经济更快、更完善地发展。

因为创业的大量涌现，使得创业市场的竞争日益激烈，由市场所支配的创业者们则会绞尽脑汁让自己的产品和服务升级，从而促进人才、资金、物力不断优化整合。这些都是知识经济更快、更完善发展的深层次原因。开展创业教育是建立创新型国家、提高国家的核心竞争力、实现我国经济跨越式发展的需要。

【案例】

庄蓉是一位平面设计师，她毕业之后，没有去找一份正式工作，而是和她志同道合的朋友们一起创业了。她们在淘宝上开了一家装修的小店，这个店主要是帮助淘宝商家设计他们的店铺页面，页面好，才能体现出店铺的价值。庄蓉和她的朋友们做得非常开心，虽然累一点，但每天可以做设计，对她们来说，是件幸福的事情。

别人问庄蓉，为什么不开一家正规的平面设计机构，而要在淘宝上开呢？庄蓉说，因为这里的平台大，创业的人多，而创业的人多，竞争力就会强，只有大家都想着要去竞争，要去跟别人比，跟别人赛，脑子才会转得更快。她所做的工作，是技术活，是知识经济下的产物。在外面开一家正规的平面设计机构，除了法律，没有其他约束。你只要不违法，你的声誉就不会受到多大影响。在淘宝上就不同了，如果你不好好地为客户服务，欺瞒客户，或者用抄来的设计糊弄客户，那么客户会给你差评，而差评就会让你失去声誉，紧接着失去生意，店大欺客的现象就会越来越少。知识经济更快、更完善的发展，正是由这些无穷无尽的创业大军带动起来的。创业的人越多，市场竞争越激烈，规则就需要制定得越细致，整个体制就会更加完善。

庄蓉现在已经是淘宝的签约设计师了，她一边要经营着她自己的店，给一般商家服务，一边又在给淘宝的装修市场提供素材，这些素材只能通过装修市场出售，这样市场就更规范了。庄蓉还说，以后不仅是设计，还有客服、经理都不需要商家来做，专门会有人帮你，大家投进钱，不用库存，不用人工，就能赚钱。

庄蓉对于未来的设想非常好，当然，这是否能够成为可能，就拭目以待吧。但是，有一点可以肯定，创业的热潮一定会促进知识经济的发展，因为它是能够促进竞争，促进社会发展越来越好的能量。

3．知识经济赋予创业的重要意义

（1）解决就业问题。

在知识经济时代，创业热潮被掀起，那么它产生的一个必然结果就是提供大量的工作岗位，这样的结果使得社会就业问题得到了一定的解决。创业机会越来越多，就能形成越来越多的就业机会。

【案例】

宋庆大学学习的是计算机专业，当他还是学生的时候，就计划着自己将来一定要从事创业活动，而且要凭借个人能力干出一番大事业。宋庆确实是一个有能力的人，也非常有魄力。离开学校之后，他立刻着手创办了一家购物网站，网站主要是卖一些正品的打折服饰。

这家网站不是普通的正品购物打折网站，它依靠发放大量的优惠券吸引客户，然后拿到一些厂家的低价产品展开团购式预售，依靠饥饿型营销手段，让正品实现折上折。实际上，这些拥有优惠券的用户在没有发现合适商品的时候，并不会急于消费手中的优惠券，他们每天都会观望这家网站的动态，从而实现了用户的高黏性，同时资金又不至于过快流失。这时候，网站有了很大的访问量，这时再根据用户的搜索习惯投放相关广告来实现盈利。

在这家网站经营了一段时间之后，访问量非常不错，用户黏性也非常高。就这样，宋庆有了不小的收益，拿着这些收益，他又去招聘了一大批人，包括客服、打包以及物流。这些人原本来自各行各业，之前大多没有从事过这样的工作，在经过短期的培训后，他们都能胜任自己的工作了。

就像宋庆所说的那样，他现在最有成就感的一件事，就是他一个人竟然带了近百人的团队，解决了近一百人的就业问题。像他那样，有一些好点子，有点个人技能然后出来创业的创业者非常多，这些创业者渗透在全国各行各业中。这在从前，是不可想象的，那时候大家挤破头进企事业单位，要铁饭碗。现在到了知识经济时代，随着市场的逐步规范，是拼智慧，而不是蛮干、投机。

宋庆说，他觉得现在公司的团队规模比较小，服务结构和管理结构比较单一，再过一段时间，等第二轮风险投资到位，就可以再招 1000 人，明年，公司员工的数量可以达到

3000 人。虽然养这么多人，他身上的担子很重，但是他非常开心，因为他实现了他的父母在当时无法做到的事情——解决社会的就业问题，帮助很多人填饱肚子。未来，这一切会更好。

宋庆是一个有使命感和社会责任感的创业者，是广大大学生创业者的楷模。他在为自己谋求财富的过程中，还能够担负起一份社会就业压力的重担，这实在是难能可贵的。社会也正是因为有了越来越多像宋庆一样的创业者，才会变得越来越好。

（2）促进创新。

在知识经济时代，创新是必不可少的。一般来说，新创企业都不会拥有较多的资源，这是它的劣势，但也是它的优势。这就迫使创业者在创业活动中想方设法提升创业企业的市场竞争力，创新就是非常高效的一种手段。

【案例】

肖猛在毕业后和志同道合的朋友一起，开发微博移动客户端。在他们做这个项目的时候，国内已经有几个相当不错的团队推出了很好的产品，市场占有率也不低。肖猛他们不觉得晚，因为现在是知识经济时代，任何一个厂商都不可能占据绝对垄断地位，只要一款客户端没有过时，没有达到极致，那么它就还有创新的空间。在随后的 6 个月，他们确实做到了这一点。他们根据官方微博客户端存在的问题，做了相关总结。首先，Logo 太过单调，界面也非常老气；其次，在操作上，微博客户端也不够流畅，这是因为加载方式是一次性的，也就是说，一页如果有 50 条微博，那么这 50 条微博是一同加载的。他们对此进行了独创，不用转换页面，一次只加载 10 条微博，而且对有图片的微博，做了特殊的压缩，从而使得加载速度大大增强，这样就能够帮助那些通过 GPRS 网络的用户流畅地使用微博工具了。另外一个独创性是他们在界面中不再采用图片作为表现形式，只用色块，这样加载的时候，只是加载代码，而非图片文件，这能够帮助移动用户在极大程度上节省流量。这款微博客户端推出之后，迅速获得了广大用户的欢迎，下载量飙升，肖猛他们也顺利拿到了投资。不过他们很清楚，他们不可能停下来，因为每一天，都可能会有成百上千的人去模仿甚至抄袭他们的创意，只有不断创新才能打破这道枷锁，让自己处于不断领先的地位。

的确，如果不是因为知识经济作为主导，知识和智慧成为创业的重要资本，也不可能会有肖猛这些人愿意在创新上下工夫，为了一点点小小的改进而努力。正因为如此，创新才得以慢慢积累起很大的能量，最终推动产品和服务的成长。

（3）创造价值。

知识经济时代最大的一项特色就是创造的价值增加，创业则是创造这种价值的主力军，创业技术和能力可以解决社会问题、满足社会需求，并可以将这些问题和需求转化为实实在在的创业机会从而创造社会价值。它们给市场带来活力，带来动力，它们迫使一些老牌企业不得不调整战略，创造更多的价值。

【案例】

王林毕业后在一家过滤水家用装置企业工作，他醉心于滤水装置的设计与制作，研发了一套很好的过滤水方案，但这套方案没有引起企业内部领导的注意。于是王林辞职准备创业，他把自己的这套设备申请到专利，然后借助同事和朋友的关系找到了一家投资商，投资商非常欣赏他的才华和专利成果，于是给他注资，帮助他成立一家新的过滤水装置公司。因为他的专利对水采用五级过滤，而非普通意义上的三级或者一级过滤，所以出来的水会更加纯净，他又专门找人设计了过滤水装置的外观，然后起了一个比较欧美化的名字，品牌也进行欧美化处理，最后这款过滤水装置一下就火了起来，价格比普通滤水装置要高，与进口滤水装置价格持平，所以利润非常可观。后来，他原企业的老板想跟他谈收购以及合作。王林觉得，如果和原来工厂合作，产品只会在低端市场徘徊，这无疑会破坏现在经营正佳的高端市场；另外，进入低端市场，自己的产品很容易被别的厂家仿冒，这样无疑会使王林所设计的滤水系统贬值。于是王林断然拒绝了与原厂的合作计划。

确实如此，正是由于知识经济，产品和附加值的概念才得到了广大创业者的注意。如果不是因为大家能够积极发挥自己的智慧，让产品和服务产生极大的独特价值，也不会刺激那么多人冲进创业的环境中。创业，就是要做别人做不出来的东西，创造别人创造不出来的价值。

1.3 创业与职业生涯发展

创业同职业生涯发展有着非常大的关系，不是说创业了，职业生涯就成功了，这里注重的是一种创业的意识和创业的能力。具备这种意识和能力，将对提升个人职业生涯发展产生非常积极的作用。

1. 创业和职业生涯发展的关系

（1）创业是职业生涯发展的一部分。

创业是一个活动，一个过程，它包含在职业生涯发展中。创业并不只是指简单地开办一家企业，获得财富，让生活更好。它是一个人实现人生价值，完成人生使命的一个过程，这一过程存在于职业生涯的发展中。

【案例】

小张毕业后，在一家服装贸易公司上班，3年后，看到一些同学和朋友创业成功，自己也想试一试，于是辞掉了工作，开始创业。因为他在以前单位做的是业务员，所以跟很多国内外采购商都建立了很不错的关系。于是他打算开一家贸易公司，不过他想做精，就选择了领带这个项目。他找到生产厂家，给领带注册了商标，找人设计了款式，然后再找领带采购商把领带卖出去。这个过程说起来简单，他在做的时候才知道有多困难，他没有气馁，看准了依靠网络渠道把产品推广出去的方法。他注册了淘宝商城，专门找人设计了店面以及品牌形象，然后在淘宝商城各个关键页面做大幅广告和推广，把名声打出去，再找到其他小的淘宝分销商展开合作，生意慢慢有了起色。不过他现在没有把赚钱放在第一位，因为他之前上班的时候工资很高，10 年之内买房买车都不成问题，其实他就想创业，想体验一下这种生活。创业，可能不是他人生的全部，他可能做几年就把公司交给自己的弟弟，但创业是他职业生涯的一部分，他希望从中获得一种自由和自我价值得到体现的感觉。

小张的创业历程是比较常规的一种。在工作岗位上待久了，希望尝试一下不同的生活，感受不一样的职业生涯，创业正是小张职业生涯的一部分，帮助他实现了一些梦想，增加了一些体验。

（2）创业是职业生涯发展的飞跃。

每个人都想创造出巨大的价值。这么多人从事创业，正是因为它能够给社会、给个人带来巨大的价值。职业生涯发展的意义在于生存、发展和实现个人价值，所以创业对于一个人的职业生涯发展来说，是一次质的飞跃。

【案例】

大学毕业的小吴，没有找到合适的工作，只有到一家工厂帮忙跟车送货。每天都重复相同的工作，日子一天一天的过去，眼看自己每天都是起早贪黑的工作，一年下来却攒不下钱。他开始思考，重新考虑未来的人生，偶尔也想干脆辞职，开始创业，无奈面对资金的短缺，小吴最终是选择创业还是继续徘徊呢?

小吴和很多年轻人一样，工作闲暇时，手机就是平时最大的娱乐工具。他会下载一些电影到内存卡里，想听、想看的越下越多，有的电影又舍不得删除，渐渐地，内存卡空间不够用了。于是就开始上网了解内存卡的规格、价钱等。

起初，他只是怀着好奇心了解一下，在送货下乡时看到村村都有好多手机维修店，他猛然一想，这是一条创业之路啊！于是，说干就干，对于送货的小吴来说，深知小卖铺最怕的就是积货，当产品出问题时厂家不退也不换货。小吴经过缜密的考察，在网上选择了一家公司，本着一个月卖不掉包退，三个月包换的政策，小吴下定决心，开始创业。

创业开始阶段，小吴进了七八百元的货，借着跟车送货的便利条件，小吴逐个到那些小店铺里进行推销，对于这种上门推销内存卡的事情，店主们都稍微有一点抵触心理，他们习惯自己直接拿货，对送上门的货担心会不会是假冒产品或是积货。为了打消这种顾虑，开拓市场需求，小吴大胆地尝试先让他们帮忙代销，等货卖出去以后再把款项结给小吴。由于小吴进货价格不高，给店主的价格也不高，这就解除了店主们的后顾之忧，又提高了他们的利润空间，很快，就有一些店主主动联系小吴代销内存卡。为了让更多的人了解这种销售模式，小吴还特意找了一些简易板，打了广告放在各家小店门口，以达到更好的宣传目的。

现在小吴开始回笼资金，虽然钱不是很多，但是这给刚创业的小吴增加了无穷的信心。接下来，他打算把销售渠道推广到手机专卖店。现在小吴每天还是跟车送货，同时继续推销他的内存卡。他坚信，在不久的将来，他终会成为一个真正的成功创业的人士！

2. 创业对个人职业生涯规划发展的意义和作用

（1）实现创业学习。

大学生一般都有强烈的实现自我价值的理想，一般情况下，他们思维活跃，创新意识强，热衷于学习一些新事物。这一切驱使他们自己创业，在创业的过程中不断学习，不断进步。正是因为有了创业的机会，才可能得到创业的锻炼。

【案例】

张敏行学的是营销专业，上大一的时候，在交完学费和住宿费之后，只剩下几百块钱，父亲告诉他得坚持 3 个月。他当然不会坐等父亲从家寄钱，在黄土地上刨食的父母赚钱哪有那么容易，就这学费也是把家里的亲戚借遍了，才凑齐的。刚入学不久，他就找到了商机，北方的 10 月天气已经开始转凉，他提前去了针织品批发市场，批发了一批手套、帽子和围巾，还特意寻找那种有特色的情侣套装产品，这次经营为他的第一学期赚够了生活费。到了夏天，他开始改卖睡衣、夏凉被等。总之，他的营销专业，加上他的聪明才智和吃苦耐劳的精神，为他赚来了第二学年的学费和生活费。

就这样，大学四年，他不仅没再向父母要钱，还为自己攒下了 3 万余元的创业准备金。临近毕业，同学们开始四处找工作，他却并不急于找工作，而是想在学校门口开一家学生餐厅，他的想法得到了辅导员的支持，辅导员帮他在学校门口租了一间地下室作为餐厅。开业的时候，餐厅的生意并不好，第一个月处于赔本状态，但是，张敏行坚信自己一定能做成这件事，而且做事情不能半途而废，自己还有理想需要实现。他首先利用暗访方式到附近的餐馆了解了原材料价格和菜品价格，然后利用 QQ、学校网站和论坛进行宣传。第二个月，他开始少有盈余，并且越来越多的学生知道学校门口有个地下餐厅。半年之后，他把餐厅搬到了地上，一如既往地为学生提供物美价廉，美味可口的饭菜，他的餐厅的菜价一直是最低的，服务员也是勤工俭学的学生。他的第二家餐厅已经在学校另一个大门旁开业了，他一如既往地努力工作着。他相信，在不久的将来，还会开第三家、第四家学生餐厅，营销专业给了他较好的营销方法和理念。

营销是张敏行的专业，如何经营好餐厅，就需依靠他的专业知识。平时的经营方法也是根据课堂中学习的一些营销案例得到的。在实际创业过程中，他的知识层面更加宽阔了，不仅利用开餐馆实现了自我价值，让一部分大学生有了勤工俭学的机会，更重要的是他有了一个宝贵的学习机会，这是难能可贵的。

（2）增强创业意识。

大学生就业的竞争愈演愈烈，因此，一些大学生在求职过程中发现找不到适合自己的职业，或者薪资达不到预期时，便打算自己创业。这种意识不是与生俱来的，而是因职业生涯发展规划得不到满足而产生的。这种不满足感会充分地调动起人们的积极性，改变自己的现状，从而增强创业意识。

【案例】

鲍丽丽毕业之后参加了大小十几场招聘会，简历投递了几百份都石沉大海，她冷静下来，开始分析自己的职业生涯规划是不是出了点问题，她的预期目标是寻找一份大公司的工作岗位，目前，能接纳她的只有一些中小公司，这不是她想要的。既然不能有理想的岗位就业，她想还不如创业。

鲍丽丽的老家在云南，她想起家乡的银饰非常有特色，自己学的是英语专业，她决定把自己民族的文化推广到世界，把客户群定位到国外。于是她回到云南老家，拍了许多富有民族色彩的饰物图片，用英文写下了这些银饰上图案的意义，网店一开，生意居然特别好。这时，她又和家乡的一家小绣品厂建立了供求关系，小店又增加了一项收入。

在随后的两年内，鲍丽丽不仅把云南的首饰、绣品卖到了国外，还把药材、民族文化等都卖到了国外，实实在在赚了洋人一笔钱。她还成立了一家公司，开始把其他民族有特色的产品卖向国外。当然，她的员工都是大学毕业生。

她给广大的学生的建议是：可以没有创业的经历，但要有创业意识，要时刻做好创业准备，这是激发潜能的好机会。

确实，像鲍丽丽所说的那样，可以没有创业的经历，但一定要具备创业的意识，要做好创业的准备。她的创业虽然是“不得已而为之”，可是她确确实实因此而成功，让人联想到“逼上梁山”这个词，有的时候，正是因为这种压力，人反而具备了不一样的能力。

(3) 提升机会识别能力。

机会识别，对于一个创业者来说，是比较难的一件事。不可能有人天生就具备这种能力，它都是靠着一种磨炼而获得的。在经历过创业之后，创业者才能更清楚地认识到什么是机遇，什么是陷阱。

【案例】

秋娟和好友豆豆都是某校财会专业的学生，她们看到好友们陆续开网店赚了钱，也有些心动。为了丰富自己的实践经验，她俩也决定“下海”，开个网店试试。于是在周末的时候，她俩把第一笔投资资金 3000 元取了出来，去市里的批发市场，购买了一些小饰品，开了一家名为“韩风”的小饰品网店。

接下来的日子，她俩忙着拍图片、上架、装饰店面，每天都忙到很晚。可是，没有她们预期的惊喜，一天下来来店里的客人寥寥无几，加上刚开业，没有好评度，更是只有人问，没有人买了。没办法，两个人发动在外地上学的同学购买了一些饰品，制造了一些好评度，可是来访的客人依然很少。

一个月下来，除了同学的几笔订单，真正陌生人购买的仅有一个客户，这一切，令她俩心灰意冷。天气开始转凉，她俩置办的这些饰品都是夏天用的，要是经过一个冬天之后，肯定就过时了。这会儿如果继续添置饰品，意味着还得再拿出一部分资金，这将令她俩原本就不多的积蓄更为紧张。豆豆先打了退堂鼓，说就这样吧，听天由命，卖了就卖点，不卖就算。秋娟自己也没有底气，最终两人商量在夜市上低价处理这些小饰品。她俩的网店就这样铩羽而归，第一次创业也就寿终正寝了。

不过事后冷静下来，她们反而轻松了很多，不管未来是要继续创业还是要找一份工作，她们对机会的把握就更准了，而不是简单地凭着一股热情就行事，认为自己无所不能。

不是每一次创业都能成功，有一部分创业者盲目创业，更容易遭遇创业的失败。不管是成功还是失败，如果像秋娟和豆豆这样在创业过程中积累了经验，那么不论她们将来的选择是什么，她们都会有备而来，不会再像当初那样冲动，而会理智地去判断机会所能带来的可能性。

（4）训练创造性思维。

人为什么会缺乏创造性思维，很大一部分原因是懒惰。因为环境安逸，所以无需改变。创业则不一样，创业者需要时刻面对生死存亡，稍有不慎，就会血本无归。这时候，创业者为了竞争，为了生存，就会积极地调动这种创造性思维，让自己在创业中变得更强大，这种能力是大学生职业生涯规划中需要获得的。

【案例】

钱龙毕业后直接开始创业。他的家族是做服装生意的，他非常热爱服饰文化，在家人的资助下，他开办了一家牛仔服饰贸易公司。有一次，一批订单出现了问题，牛仔裤上有非常多的皱褶，有几条甚至还有油污，这可急坏了他的下属。不过钱龙盯着这批将要被退回的订单，突然喜上眉梢。他觉得这正是一个非常不错的机会，他专门跑去工厂，要求工厂就生产这样的牛仔裤，不仅要有油污，有些还要有油漆点，就是要突出蓝领工人的硬汉特点。然后他赶紧为这些产品制作了专门的广告，主题就是“来自加利福尼亚的淘金风格”。这些广告所创造的形象正好满足一些都市年轻人渴望与众不同的要求。于是，这些牛仔裤受到了采购商的追捧，甚至马上就有一些跟风者开始剽窃他的创意。不过他现在已经开始准备让自己的牛仔裤和时下最火热 iPhone5 结合起来，再做一次宣传和推广活动。

钱龙确实创造性地将可能会被退货的产品推广了出去。广大创业者的确会在创业过程中遇到很多难题和阻挠，如果运用好这种创造性思维，就能给产品和服务带来巨大的附加值，从而实现创业的成功。不过创造性思维是一种短暂性的思维，不可能永远有效，这就需要创业者积极开动脑筋，继续创新下去。

（5）培养团队精神。

团队精神，是大学毕业生比较缺乏的一种精神。在长期的学习生涯中，大学生都习惯了单打独斗，没有合作的经验，到了工作岗位，他们也只是尽可能地表现自己，在这种情况下，团队的效能大大降低了。

创业则需要大学生创业者积极配合，“1+1>2”的道理相信很多人都明白，所以创业能够培养大学生的团队精神，这种精神，在职业生涯的任何过程中都是有重要意义的。

【案例】

秦斌和他的 3 个好兄弟大强、赵武、小辉毕业之后决定创业，开办一家淘宝店。他们是计算机专业的毕业生，在大学时，已经做过一些装配计算机的兼职工作，现在他们决定把这种兼职活动专职化，在大学城推广，并且提供一站式服务。只要在他们的淘宝店下单，他们就会依照订单中的配置把机器装好，然后派专人负责把计算机送进同学们的宿舍；计算机调试好之后，同学们有 15 天的时间去检验机器性能，并享有终身软件支持服务。他们相信依靠团结一心和完美的服务，一定会掘到人生的第一桶金。在筹集到资金后，他们顺利地办好了开店的一切手续，并且详细地进行分工。其中秦斌既是业务员，又管财务，他负责到大学城作推广，大强和赵武负责硬件装配，小辉负责软件支持。创业之初，他们碰到过很大的困难，最困难的就是在大学城没有口碑，同学们有时候宁愿去电脑城也不太敢相信他们，于是他们做了大量的优惠活动，这些优惠活动都是亏钱的。在此期间，为了支持店铺的正常运营，他们不得不摆摊来赚取一定收入。几个小伙子有时候忙起来，一天只能吃一顿饭，但他们从来也不抱怨，反而为彼此的友情和斗志而感动。就这样，在他们的密切配合以及团结协作下，他们的淘宝店终于在大学城有了一定名声，并且依靠口碑的力量，客户也越来越多。后来，他们在谈到这次创业过程时说，如果只是一个人雇一些人做这件事，一定没戏，一定撑不下来，而他们不一样，他们是一个团队，有了困难能够互相扶持，有了工作能够一同分担，彼此理解和信任，也才取得了现在的成绩。

团队精神确实在他们创业的过程中为他们带来了巨大的帮助，他们的创业项目决定了不可能是单打独斗，他们确实在这次创业活动中体会到了什么是团队精神。在最困难的时候，如果只是一个人在坚持，这样的压力，相信他们任何一个人都支撑不下来，但是几个人拧成一股绳，就有了抵御压力的能力。

（6）锻炼领导能力。

领导能力是一种综合实力。大学生通过创业，会接触到一个项目的方方面面，从而也就具有了全局观，经过这样的训练，会锻炼大学生自己的领导能力。

【案例】

王晶与高岗都是北京某高校的大学生，毕业后两人同在一家公司工作了 3 年。经过 3 年工作的历练，两人无论是在能力还是经验上，都有了质的飞跃；同时，两人都逐渐地产生了创业梦想。

2011 年，两人在谋划多时之后，计划开办一家快递公司。两人认为公司得先有个牌子，才能让顾客知道，公司名字定下来后，两人又着手安排公司构架、人员组成和服务口号等事宜。不久，公司安排了第一次面试业务员的招聘活动。

面试官由王晶担当，他在以前的公司里从事人事方面的工作，在这方面有着充足的经验。应聘现场，王晶向应聘者提了几个问题，有的应聘者说了实话，有的应聘者却没有。那么王晶究竟是怎么分辨出来的呢？

有的应聘者介绍自己是个爱劳动，且勤于锻炼的人，王晶就让他们举哑铃试试；有的应聘者说自己对营销很感兴趣，曾经做过这方面的工作，王晶就询问他们一些营销的基本常识。后来，凡是据实回答的都进入了下一轮面试，而那些未说实话的，全部被刷了下来。

这个案例告诉我们，管理并非夸夸其谈，而是需要通过时间和实践不断积累经验。创业者在管理企业的同时，要让员工一步步地理解你的管理理念，等积累到一定数量后，你的管理理念才能逐步显示出作用。

案例点评

【案例】

陆远志是来自贫困山区的大学生。大学四年，他靠勤工俭学和助学贷款完成了学业。毕业时，他认识到如果想改变自己的生存环境，改变家乡的贫穷面貌，在城市里谋取一个职位，是不行的。他学的是生物专业，对一些物种的改良及资源的利用有着独特的见解。

陆远志的老家是有名的贫困县，十年几旱，庄稼经常歉收。现在待在家的只有老弱病残，多少有点能力的都外出打工赚钱，然后回来盖房、娶媳妇。像陆远志这样跳出农门的孩子，几乎没有回到家乡的。

陆远志从高中时就立志要改变家乡的面貌，因为家乡太穷，他上高中时不得不徒步走20多里山地，到另外一个乡去读书。在他心里，为家乡致富寻找出路，在家乡建所好学校，是他多年的梦想。

大学毕业的他回到了县里，他的决心与想法得到了县里和乡里的大力支持。为了节省创业基金，乡里免费拨了一块山头给他，条件是有经济收入后每年将年收入的5%用于改善乡里的教学环境。县里特批了5万元创业资金，让他无息使用。家乡的老百姓听说他要搞生态种植和养殖，纷纷写信联系在外面打工的亲属，让他们回来帮忙。感受到这番浓浓的情意，他觉得肩头的担子更重了。

陆远志化验了家乡的泥土，研究了天气情况和水利情况，从国外进口了一些抗旱的经济作物品种，并且研发了一些常规蔬菜的抗旱保湿品种。先从种植开始搞起，仅一年就回收了一部分投资款，第二年他培育的优质肉羊及肉牛品种也开始大量养殖。不到五年，原本杂草丛生的山头变成了蔬果飘香的“金山”。陆远志还实行了一种新的养殖方法，将自己养殖中心的动物免费送给附近的乡民喂养，对他们进行培训，然后免费提供种牛、种羊，只要求在繁育后还给中心一对幼仔就可以了。附近的乡亲们都跟着致富了。经历了原始资金的积累，陆远志花重金修了路，路修通的那一天，好些村民们都哭了，这是他们几辈子人都盼望的事。陆远志又成立了生物制品有限公司，将山里无污染的山珍、药材制成成品，远销欧美。就这样，他一步一步带领乡亲们走上了致富路。

【点评】

陆远志少年时期的苦难生活令他立下了雄心壮志，他明白自己需要的不仅仅是一碗温饱饭，更需要的是一份事业，一份能改善自己，改善家乡的事业。陆远志奋斗成功的经验可以总结为以下几点。

（1）陆远志是个山里孩子，他明白山里缺什么，所以他非常懂得利用自己专业所长，创造特殊的价值，正是这些特殊的价值使得陆远志的创业项目有了市场。

（2）陆远志没有盲目创业，而是懂得选择合适的创业途径，这是他成功的重要诀窍。他因地制宜，专门研究了家乡的环境，走生态种植和养殖的路线，引进抗旱作物，以及培育优质牛羊肉，并借助当地的创业政策和乡民们的帮助，最后取得了成功。

（3）许多经济困难的家庭对供养一名大学生感到吃力，因为一名大学生在经济上的开支比较大，除了生活费还有高昂的学费。因此，一些大学生为了能顺利完成学业，开始勤工俭学，然后逐渐有了创业的动机。正是由于生活所迫，让人产生了紧张感，并有了动力，使得他们跟别人区别了出来。

素质拓展

汪野在毕业之后，找不到工作，就选择了创业。他不是一个特别有毅力、有眼光的人，只是觉得大多数人都创业，所以他也要创业。他拿家里的钱搞了一家小型 KTV，因为是第一次创业，所以他的野心很大，要做全国连锁之类的。在创业过程中，他不注意节制，当 KTV 勉强开起来时，钱就花完了，他又去到处借钱融资，但弄来弄去，最后 KTV 还是倒闭了，他赔了不少钱。

请同学们分析一下，汪野为什么会创业失败？还可以补救吗？如果你要进行创业，你会选择何种创业项目，你要具备哪些创业精神，以及你的长期创业人生规划是什么？

第2章

创业者和创业团队

创业者和创业团队之间是相辅相成的。创业者的能力和思想意识从根本上决定了是否要组建创业团队，团队组建的时间表以及由哪些人组成团队。对创业团队确定的创业目标的认同，是创业者能否成功的前提，如果创业团队的成员不认可创业目标，那势必影响团队的发展方向，最终导致创业的失败。

2.1 创业者

1. 创业者的基本概念

创业者的定义有很多种，香港创业学院院长张世平是这样定义的："创业者是一种主导劳动方式的领导人，是一种需要具有使命、荣誉、责任能力的人，是一种组织、运用服务、技术、器物作业的人，是一种具有思考、推理、判断能力的人，是一种能使人追随并在追随的过程中获得利益的人，是一种具有完全权利能力和行为能力的人。"

创业者应该具有较为理性的心理素质，能不以物喜不以己悲；有较为健康的身体素质，能吃苦耐劳，承受较大的压力；还应该有较高的知识素质作基础，有开拓性思维和广博的知识，能掌握所从事行业的科学技术知识，依靠科学竞争取胜；还得有创新能力、分析决策能力、应变能力、社交能力等有利于创业的能力。

2. 创业者的类型

创业者可以从不同的角度进行分类，根据角色划分，创业者可分为独立创业者和创业团队。

（1）独立创业者。

独立创业者是个人独自出资和独自管理的创业者。独立创业者的创业动机受很多因素影响，如就业困难、失业、对目前的工作不满意，或是因发现好的创业机会、受他人创业成功的刺激等，这些都有可能成为独立创业者的创业动机。

独立创业者最大的特点是可以自由主宰自己的工作和生活，按照自己的想法和意愿去实现自身价值的最大化。但是，独立创业者将要承受的创业风险也是较大的，一人因为技术、管理、资金等资源的缺失，就有可能导致最终创业的失败。

（2）创业团队。

创业团队是指具有技术互补性的组织共同创业的共同体。根据创业者的组成特性，可将创业团队分为星状创业团队、网状创业团队和从网状创业团队中演化而来的虚拟星状创业团队。

①星状创业团队。星状创业团队中，一般会有一个处于团队核心主导地位的人物，这个人充当了团队领军的角色。这种团队一般是首先有创业构思，然后根据事先的设想进行团队的组织。因此，在团队形成之前，这个核心人物就已经对团队的组成进行过认真仔细的思考，他会根据自己的想法选择能对他起到支持性作用的成员加入团队。例如美国太阳微系统公司在创立之初，其创始人维诺德·科尔斯勒就已经确立了多用途开放工作站的概念。随后他便找到了乔和本其托，以及具有实际制造经验和人际沟通技巧的麦克尼里，共同组成了太阳微系统公司。

星状创业团队的特点如下。

a. 企业结构紧密，团队向心力强，主导人物在组织中的行为对其他个体成员的影响巨大。

b. 决策与组织效率高。

c. 容易出现权力过分集中的现象，从而加大决策失误带来的风险。

d. 当团队内部发生冲突时，由于核心人物权威过大，其他成员往往会处于被动局面。冲突一旦升级，很容易导致其他成员的离开。

②网状创业团队。网状创业团队的成员在创业之前，彼此就有着密切的联系，比如亲友、同学、同事等。一般成员之间都是在日常交往中，共同认可某一创业想法，从而达成创业共识，最后再开始共同创业。网状创业团队在成立之时并没有明确的核心人物，成员之间是根据各自的特点进行自发的组织角色定位。因此，在新企业里，各组织成员基本上扮演的都是协作者或伙伴的角色。这种创业团队的典型例子有：微软的比尔·盖茨和童年伙伴保罗，HP的戴维·帕卡德和他在斯坦福大学的同学比尔·休利特等。多家知名企业的团队创建多是成员先前相识，基于共同的创业创业点子，最后合伙创业。

网状创业团队的特点如下。

a. 因没有明确的核心人物，所以组织结构比较松散。

b. 团队沟通氛围较好，一般采取集体决策的方式，但是决策效率较低。

c. 由于各组织成员的地位相差不大，所以容易出现多领导的局面。

d. 当发生冲突时，一般能秉承着平等协商、积极解决的态度消除冲突，团队成员不会轻易离开。

③虚拟星状创业组织。虚拟星状创业组织是由星状创业组织演化而来，可以说这种创业组织是星状创业组织和网状创业组织的中间形态。这种团队中有核心人物，但是该核心人物地位的确立，是其他成员共同协商的结果。或者可以说这个核心人物是团队的代言人，

并非是主导型人物。

3. 创业者的素质与能力

大学生若想成为一名成功的创业者，必须具备以下基本素质。

（1）胸有抱负，目标明确。

只有拥有远大抱负、目标明确的人才能创业成功。未来5年的目标是什么？未来10年的目标又是什么？创业者必须对这些有着详细的计划，正所谓“有志者立常志，无志者常立志”。只有朝着既定的目标前进，所有的努力才不会偏离目标，才能最终取得成功。没有目标的人，很难成功。

【案例】

宁波某大学商学院有一个由10名大学生组成的创业团队，带头人是2005级学生王同学。在公司创办之初，他们把公司定位为考证培训服务机构。公司对成员的要求非常严格，所有被录用的学生都要得过奖学金。刚开始创业，他们这些“天之骄子”都放下面子去发传单和广告。

因为在创业初期缺乏经验，他们最初只做一些小语种培训。缺乏师资力量，他们就托朋友找关系，还聘用过一些留学生和日韩企业的员工，就这样，他们的第一个项目——语言培训班，顺利赢得利润。

接下来就容易一些了，由于团队成员专业知识扎实，他们就做了一些专业培训班，如公共关系职业资格认证、文员（秘书）职业资格认证等证书培训工作。因为考证效果好，报名的人越来越多。

2009年毕业时，团队成员为继续留守还是重新就业而踌躇，最终绝大多数的成员都留了下来。3年后，王同学带领的团队将事业越做越大，公司成了当地最大的培训机构。

（2）善于创新，独辟蹊径。

要想成功创业，必须富有创新意识。只有创新，才能使事业独树一帜。即使和别人做同样的事，也要另辟蹊径，走出一条与众不同的经营之路，靠特色赢得成功。

【案例】

大学毕业后，包立扬没有找到理想的工作，便决定自己创业。由于以前曾在几家饺子店打工，知道员工们都不吃店里饺子的情况，于是他想开个饺子店，不仅要让客人喜欢吃，而且也要让员工喜欢吃。打定主意后，他就开了一家放心吃饺子店。

由于原材料采购标准较高，饺子的成本就比同行的高，利润相应就较低。但一想到自己的理想，包立扬又定下心来经营。为了让顾客吃得放心，他在厨房安装了监控系统，顾客在等饺子的时候就能看到饺子是如何做出来的。

接下来，包立扬还在饺子的颜色上下功夫，他发现加番茄汁的饺子皮呈淡橘红色，加菠菜汁的饺子皮呈绿色，加胡萝卜汁的呈黄色，掌握了这个规律后，店里推出了蔬菜汁饺子。当顾客看到盘子里色彩诱人的饺子，都对包立扬大加赞扬。

后来，包立扬推出了儿童 DIY 的活动，由专门的员工教有兴趣的孩子如何擀饺子皮、填馅、包饺子，孩子们忙得不亦乐乎，最后吃到自己包的饺子更是开心。

由于坚持创新，包立扬的饺子店越做越大，在陆续开了三家分店后，包立扬注册成立了立扬餐饮公司，他打算不断创新，将生意做遍全国。

不走寻常路，是包立扬成功的关键。虽然饺子馆遍地都是，但包立扬还是在这个再普通不过的事上面玩出了新花样。在当今社会强调个性化服务的环境下，必须进行创新，只有不断创新，才能应对人们新的需求，获取商业成功。

（3）自信乐观，百折不挠。

创业者还必须有抗挫折的能力。做任何一件事都不可能平平坦坦地走向成功，在前进的路上虽然有荆棘和困难，但只要自信、乐观，把困难当作磨炼，就能到达成功的彼岸。

【案例】

在安徽的一所大学里，王伟和同学们一起开了一家回收公司，说得好听是回收公司，说得难听就是“校园里的破烂王”。创业之初，社会各界褒贬不一，质疑者众多，他们认为大学生创业却选择了在学校里“收破烂”，有些令人难以接受，是不是为了“赚眼球”呢？

面对社会各界的不同声音，王伟和同学们并没有退缩，他们相信，自己也是在做一番事业。

为了公司的正常运营，这群带着梦想的学生从最基础的废品回收加工做起。经过半年的发展，公司在校内各宿舍楼设置了 30 余个回收点；在校内还设置了绿色回收亭，方便学生丢弃不需要的东西。校内的超市和水果店等积攒的纸盒，他们也会推着三轮车，带着电子秤定期收购。

慢慢地公司开始盈利，员工们却因为毕业面临着是去还是留的选择，王伟说他不干涉员工的选择，但这件事情他一定会做下去。

（4）团队精神，善于合作。

一个优秀的创业者，要具有团队精神，一个人的智慧是有限的，众人拾柴才能火焰高。要想成功，就要掌握与人交往、与人合作的能力。一个善于合作的创业者，会事半功倍。

【案例】

周明伟、马继宗、刘宇馨、李继天大学毕业后在大连开了一家大学生家教中介公司，为许多大学生找到了家教或兼职工作。

为了办公司，周明伟拿出大学四年做家教和兼职积攒下来的钱，刘宇馨则放弃了十拿九稳的铁路局的工作。

为了让公司能够高效运转，他们每个人都有着明确的分工，有的跑业务，有的负责搜集客户资料，有的负责整理资料、管理财务。虽然他们都不是本地人，可硬是凭着团结合作和敢拼敢闯的精神，站稳了脚跟。

经过他们共同的努力，现在公司的业务范围已经跨出了家教领域，逐渐向大学生兼职方向扩展。他们还和大连的两家图书城和多家购物广场、便利店建立起合作关系。

（5）诚信正直，精力充沛。

许多成功的创业者都信奉“诚信”二字。诚信是立身之本，没有诚信做根基，就无法赢得客户的信任，同样也无法获得合作伙伴的信赖。强健的体魄、充沛的精力也是创业者必不可少的素质之一。在创业的初始阶段，资金、人力往往不足，这时创业者有可能一个人要承担几个人的工作量，没有强健的体魄，恐怕难以保证创业的成功。

【案例】

大学毕业后，于娜回到家乡做了一名公务员，不久就和家乡中学的一名老师组成了幸福的家庭。

时间一长，于娜觉得业余时间没什么事做，有点无聊，在丈夫的建议下，她决定开一家网上的副食品店。她特意在网站上注明营业时间为工作日的晚六点至九点和周末，如果购物超过 20 元还可以送货。

为了宣传这家网络副食品店，于娜用了一个月的时间在县城的各个社区发传单。一个月跑下来，人都瘦了 5 斤，不过她的精神头更足了，每天还坚持更新店里的商品，忙到深夜，丈夫有时开她的玩笑：“看你这身体比个小伙子还结实。”

于娜的敬业和认真慢慢地换来了网店生意的红火，开始她一天只能卖几十块钱的货，现在销售额已经涨到了几百元。

看着她的店越来越红火，一些人开始打她的主意，有一个面包批发商找到于娜，提出合作销售过期食品的要求。“你这个是网站，别人找不到你，卖一点没关系的，而且我给你的货价格也低，你可以多赚点。”批发商说。但于娜不假思索地拒绝了他的要求。

于娜诚信服务、守法经营的努力没有白费，现在她的网络副食品店成了县城里人尽皆知的网店了，很多懒得出门的人都在店里买东西。繁忙的生意让于娜的业余生活充实了起来，当然也给她带来了一笔意外之财。

（6）想要成功的强烈愿望。

创业者和普通人的愿望是有差别的，他们的愿望往往超越现实，需要打破眼前的立足点，有不破不立的意境。创业者的愿望通常伴随着行动力和牺牲精神，他们大多不满足于现状，想要改变什么或者重新定位自我，这就是所谓的“心有多大，舞台就有多大”。

【案例】

陈新华的家在城乡结合部，从小父母离异的他跟着爷爷奶奶在老家生活。由于父母不在身边，没有人督促功课，陈新华的学习成绩一直不理想，因此，成了大家嘲笑和戏弄的对象。初中时，陈新华下定决心，一定要努力，做出点成绩给别人看看。经过努力，陈新华考上了大学，但他觉得这样的成绩还不够。上大学时，他选择了电子专业，每天他都投入到紧张的学习中去，不敢有一丝的懈怠。

大学毕业后，他没有找到合适的工作，但他那颗渴望成功的心却跳动得更加有力了。

几经思索，陈新华决定自己创业。他的小五金加工厂刚成立时，由于资金比较紧张，他常常会为了节省几十元的车费，骑车把样板送到加工厂去加工。有一次拿货回来，自行车胎被扎破了，他推着车走了好几里路。那时候，他也想到过放弃，可是幼年时渴望成功的心让他坚持了下来。

当他在这个行业做了 3 年之后，他终于成了一方富商。成功的他没有忘记造福乡里。当得知家乡有一家敬老院经营困难时，他主动找到敬老院负责人，提出捐款，虽然仅有 30 多位老人，但他决定每月捐款 1 万元，改善老人的生活，他的善举在家乡传为美谈。

（7）成功之前的超强忍耐力。

古人说："成大事者，必先苦其心智，劳其筋骨。"许多创业者都有极强的忍耐力和超强的意志力。他们为了成就目标，经常挑战身体和心理的极限，因为能忍受成功前的寂寞和挫折，所以能成功创业。

【案例】

2005 年，魏学英从山东某大学畜牧兽医专业毕业后，回家乡创办了一家养鸡场。

在走上这条与她的专业特长相吻合的创业之路后，她经历了太多的曲折。由于她的养鸡场靠近河滩，地势低洼，排水不畅，第一批合同鸡还没出栏，养鸡场就被一场罕见的秋雨给淹没了。这一次，她的直接经济损失过万，再加上建棚的一万多元，这一场洪水让她几乎破产。

在一番伤心痛苦之后，魏学英选择了坚强，收拾残局，总结经验，吸取教训，魏学英一步一步重新建起大棚鸡舍，进来鸡苗。然而，老天爷又给魏学英开了一个大大的玩笑，第二批合同鸡在成长的过程中，又赶上全国大面积爆发禽流感。

那个时候，人们"谈鸡色变"，不敢吃鸡，肉鸡的价格暴跌。不过，有着良好专业素养和前期养殖经验的魏学英，最终还是按照饲养合同以每斤 3.1 元将活鸡卖出，这一次，她总算没有亏本。

遭遇这样的经历，魏学英有些懊恼。然而，倔强的魏学英还是咬牙挺住，坚信"阳光总在风雨后"，既然作了决定，就不能再犹豫，要做出个样子。

经历了两次失败和挫折，魏学英的坚持有了更大的回报。第三批合同鸡她赚了 8000 余元。2006 年春天，养鸡行情看好，第四批合同鸡挣了 5600 余元……到第七批合同鸡时，她获利 1.2 万元。

盘点回家创业养鸡一年多的时间，虽历经风雨，却也收获不少。一年的时间，养鸡共盈利 5 万多元，魏学英在辛苦付出之后，终于尝到了创业的甜头。

（8）比常人开阔的眼界。

广博的见识，开阔的眼界，会缩短创业者走向成功的距离。因为眼界开阔，必然少走弯路。埋头拉车容易走进死胡同，边走边看边想，才能走上最近的路，避免不必要的精力和财力的浪费。

【案例】

2009 年毕业后，带着对建筑设计的一腔热情和对“设计师天堂”的向往，黄洁芳瞒着家里人，只身前往迪拜工作，成为迪拜某著名设计室的助理工程师。在那里，她接触到了不少世界顶级设计师，参与了许多国际性大项目的设计工作。

虽然她对工作十分热爱，但是中东地区的酷热气候和饮食习惯让她感到很难适应。一年后，她放弃了一个月 3 万元人民币的高薪，回国发展。

回国后，她决定开发室内设计市场。国外工作的经历让她明白，当前“中国制造”的东西最缺乏的是设计，没有自己的设计就没有附加值，卖不了好价钱。因此，她把主要精力放在了设计上。

在每一件设计作品完成后，她都会采取相应的知识产权保护措施，这是国外通行的做法。有一次，她的团队帮助一家外国设计室设计一盏酒店的吊灯，从图纸到成品都是自己的设计室制作的，最后仅向外国的设计室收取了 2.5 万元。后来她了解到，外国设计室将这盏吊灯转卖给了酒店，价格竟高达 300 万元。于是她向这家外国设计室提出了专利权侵权赔偿的要求，这家外国设计室自知理亏，主动与她达成和解。

国外工作的经历不但锻炼了黄洁芳的能力，也让她开阔了眼界，了解到国际设计的前沿和国际市场的通行做法，这些为她在国内的发展打下了很好的基础。

4．创业动机的含义与分类

（1）创业动机的含义。

创业动机是推动个体或群体从事创业实践活动的内部动因，是使主体处于积极心理状态的一种内驱力，具有较强的选择性、倾向性和主观能动性。了解创业动机有利于预测和控制创业者的创业行为，激励人们创业的积极性，培养创业种子，提高社会创业效率。

我们可以把创业动机理解为驱动个体创业的心理倾向或动力，它是个体在环境的影响下，将自己的创业意向付诸于具体行动的一种特殊心理状态，它是激励创业者去寻找机会，把握机会，最终实现创业成功的动力。

（2）创业动机的分类。

大学生创业者创业动机千差万别，也很复杂，却并非无规律可循。大体上可以从经济需要和社会需要两个层面来进行分析。出于经济需要的创业动机，主要是指创业者为了满足个体生理和安全方面的需要而进行的追求财富的一种动机，这是大学生创业者原始和基本的动机。出于社会需要的创业动机，主要是指在经济的需要得到满足或基本满足后，创业者希望得到社会地位、社会认可、社会赏识、获得成就感、实现自身价值等而进行创业的一种动机。按照上述原则可以将创业动机分为就业驱动型、兴趣驱动型、成长需求型和价值实现型。

①就业驱动型。据教育部统计，2013 年全国普通高校毕业生达 699 万人，比 2012 年再增 19 万，毕业生就业形势依然严峻，高校毕业生成为新的就业困难户。一部分大学生开始了创业之旅，以期解决就业问题，并取得更好的经济收入。另一方面，各种鼓励大学毕业生创业的政策也纷纷出台，各级政府迫切希望自主创业能成为缓解大学生就业压力的一

条有效途径。

【案例】

即将大学毕业的小王愁容满面地望着学校的教学楼，他已经记不清楚四年来有多少次在这里驻足徘徊，以前或是因为朋友不睦，或是因为爱情失败，不过这些都没有让他长时间的失望，这次不同，找工作四处碰壁，让他长久地陷入了痛苦的泥淖。

"怎么办，要不然选择创业吧！"这个念头在他的脑海里不停地闪现。他知道创业前途难以预料，但现实又没有其他选择，为了生存，为了能够改变自己的生活，小王最终下定决心："与其做那些工资少得可怜的工作，不如自己闯一闯。"

就这样，小王走上了创业的道路。为了尽可能地减少资金投入，小王选择了家政服务行业，还找来童年的好友做他的帮手。小王知道家政服务最重要的是满足不同人的个性化要求。因此他给员工立下了两条规矩：一是服务质量要高，二是客户的个性化需求要满足。

经过几年的奋斗，小王公司的规模扩大了，收入也增加了，一个时刻悬着的心也算落了地，面对许多同学的称赞，小王既高兴又感慨万千。

随着扩招力度的不断加大，毕业生就业问题已成为高校的一大难题。在这种情况下，有一部分大学生选择创业，以期解决就业问题，获取更多的经济收入，他们中有不少人获得了成功。事实证明，只要方向对，肯努力，大学生创业一样有着光明的前景。从政策角度着眼，目前，各级政府出台了许多鼓励大学生创业的政策，这为大学生创业提供了很好的外部环境。

②兴趣驱动型。兴趣是最好的老师，它可以调动人的潜能，是大学生创业的重要动因之一。如果创业者对一件事物产生了兴趣，就会花时间和精力去了解、去体验，不管遇到怎样的困难险阻，都会一如既往地坚持下去。因此，可以说兴趣是创业起步的动力源泉。

【案例】

1965 年 4 月，周成建出生于浙江省青田县一个名叫石坑岭的村子里。由于家里经济境况不佳，他从小就学会了裁缝手艺，这让年龄幼小的他爱上了这个行业。周成建曾经这样描述他对服装行业的热爱："再给我一万次机会选择，我还会选择服装这个行业"。

踏入服装行业的他可谓历尽艰辛。1986 年，21 岁的周成建因为一单与江西景德镇一外贸公司的生意负债 30 万元。这并没有让他灰心，为了偿还债务，他带着 9000 元只身去了温州。在温州，他吃尽了苦头，也打下了事业的基础。1993 年，28 岁的周成建创办了美特斯制衣公司，2004 年美特斯邦威销售额达 25 亿元，之后，公司发展渐入佳境，周成建也因为服装行业给他带来的巨额财富而跻身中国富豪榜。

对于服装行业浓厚的兴趣，让他在挫折面前不气馁、不灰心、不放弃，始终坚持自己的梦想，最终成就了他辉煌的事业。

③职业需求型。美国学者克雷顿·奥尔德弗认为，个体存在三种需要，即生存的需要、相互关系的需要和成长发展的需要。其中相互关系的需要是指人们对于保持重要的人际关系的要求；成长发展的需要是指个体谋求发展的内在愿望。创业者随着年龄的增长，对于

相互关系和成长的需要会逐渐强烈。创业者为了自己以后的发展或实现自己的某个目标做好经济上、经验上的准备，在条件成熟的情况下会走上创业的道路。

【案例】

余世维，著名华人管理培训专家。他曾在国外多所大学深造学习，1988 年在美国诺瓦大学获公共决策博士学位，1990 年在哈佛大学进行企业管理博士后研究，1992 年在牛津大学进行国际经济博士后研究。曾任：日本航空公司台区副总经理、美爽爽·雅思兰黛化妆品公司驻美副总经理、泰华土地开发公司（泰国）总经理、美国富顿集团中国总经理等职位。在他有了十多年成功职业经理人的经验之后，在他 40 岁时，创立了自己的公司。现任中国管理培训咨询企业联盟主席，慧泉（中国）国际教育集团有限公司董事长兼总裁。

④价值实现型。创业者是创新、创造最为活跃的群体，他们思维活跃、创新意识强烈，同时所受的约束和束缚较少。他们更容易接触一些新发明和新成果，或者他们中的一部分人本身拥有具有自主知识产权的科研成果。为了能早日实现自己成功的目标，他们中的一部分人改变了自己的就业观念，转为开始自己的创业生涯。

【案例】

2009 年，刘鹏海毕业了，他怀揣着立足大城市、干一番事业的梦想，留在了北京。虽然每天过着朝九晚五的生活，但前途却难以预知，处于这种境况下，是留还是走？他感到非常为难。

2010 年，他回家探亲，意外地发现在北京比较普遍的社区蔬菜店在家乡还很少，人们都还是赶早市买菜，他觉得这是一个不错的机会，于是，在家人和朋友的支持下，刘鹏海开起了家乡的第一家社区蔬菜店。

经过两年的发展，刘鹏海凭借蔬菜新鲜和购买方便等优势，开创了自己的市场，还创立了两家分店，他现在的目标是把社区蔬菜店开到家乡的所有社区。

虽然钱赚得不是很多，但刘鹏海却拥有了自己的事业，这对他来说，比金钱更重要。

大学生思维活跃，创新意识、自我意识较强。“希望有一番自己的事业，而不是一辈子给别人打工”，代表了许多当代大学生的现实想法。选择自主创业，不但可以挑战自我，实现自我价值，还可以证明自己的能力，得到社会的认可。

5. 产生创业动机的驱动因素

创业行为的发生是创业动机萌芽不断强化的结果，那么是哪些因素在影响和决定着创业动机的产生呢？经过长久的研究和争论，人格特质、自我效能感、目标、环境因素等被认为是影响创业动机产生的驱动因素。研究和分析这些因素对于创业实践有着重要的意义。

（1）人格特质。

人格特质是一个心理概念，受到文化、组织价值以及组织特征的影响。在中国的文化背景下，创业特质主要包括创新性、外向性和开放性等。大多数的人格特质都和创业倾向有着显著的关系。

【案例】

马云，中国电子商务网站的开拓者。

也许人们很难想象，1995 年初马云才在美国首次接触到互联网。虽然他对计算机和网络并不精通，但凭借敏锐的意识、精确的判断，他得出了互联网必将改变世界的结论。随即，他放弃了已经比较成功的教师职业，和朋友一起创办了海博网络公司。随着互联网的普及和网络公司市场的扩大，马云用了不到 3 年的时间，就轻轻松松赚到了 500 万元。

1999 年 3 月，马云和他的团队决定再次创业，他们投资 50 万元人民币创办了阿里巴巴网站。在互联网电子商务基本为全球顶尖的 15%的大企业服务时，马云毅然决定，开发 85%的中小企业市场。就这样，阿里巴巴以独有的 B2B 模式，在中国市场上获得了成功。

之后，马云又以超凡的勇气和远大的眼光，进行了一系列资本运作，最终成就了一个世界互联网的传奇。

马云的成功是否可以复制，这个问题谁都难以回答，但是马云的性格特质难以复制，却是不容质疑的。一个成功的创业者，必然具有超越普通人的优点和长处，这些优点和长处可以概括地称为个性特质，这种因人而异、因文化而异的内在因素，对推动创业行为起着十分关键的作用。

（2）自我效能感。

自我效能感的概念被创业研究领域引入后，成为预测创业行为的重要变量，也有人称之为“创业自我效能感”，它是指个体相信自己能够成功扮演各种创业角色，并完成各项创业任务的信念强度，是创业者的一种信念和自信；具体是指创业者对其能力能够影响所处环境并通过相应行为获得成功的自信。高自我效能感的个体具有高创业倾向。

【案例】

整个公司空荡荡的，只有王睿一个人，他用手机在办公室发出了最后一条微博：“我创立的第五家公司，今天正式倒闭，在最后一刻，和自己说一声，加油！一定会成功的。”然后离开了这个他曾经战斗过的地方。

“不要难过，家里的事情你不要担心，有我呢。”王睿的妻子总是那么善解人意，她因为担心而劝慰自己的丈夫。

事实上，王睿根本没有被命运的不济打倒，他此刻正在盘算如何东山再起。他打算先找一家公司上班，以便了解电子显示屏加工出口的动态，然后寻找机会再打个翻身仗。

一年之后，一位老客户找到王睿，要他帮忙采购一批电子显示屏，当得知他的公司失败后感到十分惋惜。王睿意识到，这可能是个再次创业的好契机。于是，他向客户说出了自己的想法，这位老客户对他百折不挠的精神十分赞赏，并答应只要他的公司在，以后的订单都会交给他。这样，王睿开始了新的创业征程。他吸取了以前的教训，重新与以前的合作单位建立联系，公司很快步入了正轨。

“这次我很有信心，虽然失败了那么多次，但我学到了教训。我会把这些教训运用到今后的公司管理、运营当中。”王睿雄心勃勃地和妻子说。

时光飞逝，转眼间过了一年，王睿的公司规模扩大了一倍，业务量也大幅度上涨，他每天都忙得不可开交，却感到异常地充实和满足。

高自我效能感的个体会为了实现特定的目标投入更多的努力，挫折不能让他们动摇，失败不能让他们沮丧，相反，他们会设置更高的目标，并坚定地向其前进，因为他们有着与生俱来的信心。王睿的成功源于他本身所具有的高自我效能感，没有舍我其谁的气势，他怎能开始属于他的第六次创业，开启人生的新篇章呢？

（3）目标。

目标是一种心理表征，它具有指导性、激励性，且会对毅力产生影响，它能够唤醒、发现、产生并促使个体实现目标的策略，使创业者不放弃理想，为了目标而坚持不懈。因此它能使创业者投入到创业行动中。

【案例】

工地上，机器的轰鸣声不断，隔着三五米说话都要喊破喉咙，否则根本听不见。小赵大学毕业两年了，自从到某省建筑设计研究院工作后，他就被派到各个项目现场，负责与施工方沟通和协调。每天起早贪黑地干活，连个周末都没有。

可就是在这样的环境下，小赵还干得有滋有味。家人劝他换个工作，小赵不同意，为这事女朋友还和他闹过几次别扭，每当有人劝他换工作时，他都会说："做建筑设计是我的理想，现在是比较苦，可总有苦尽甘来的一天。"就这样，日复一日，在施工现场待得时间长了，小赵对设计和施工都有了一套自己的想法。

半年后，小赵被调回了研究院参与某大型项目的建筑设计工作，他提出很多见解都得到了总设计师的首肯。在参与设计工作的同时，小赵不忘继续提高自己，他对设计难题不但要知道解决的办法，而且还要钻研是不是有更好的解决方法，工作依然是没日没夜。

无论在什么岗位，小赵都没有忘记设计师的梦想，它像一盏明灯照亮了小赵前进的路。

3 年后，小赵看到自己设计的大楼耸立在市区的繁华街道，而设计单位正是他在一年前创办的建筑设计公司，他的梦想最终成了现实。

目标对于创业者有着重要的引导作用。它能指引个体的注意力和努力朝向与目标相关的活动，而远离不相关的事项；它能激励创业者为实现目标付出更大的努力。小赵之所以会安于艰苦的工作环境，不辞辛劳地工作，和心中有着远大目标和理想是分不开的。可以说目标能影响一个人的毅力和创业行为。

（4）环境因素。

创业不是个体行动的结果，诸如经济情形、经济政策、家庭等外部因素也有着重要的作用。当一个人拥有创业的想法，具备创业的个性特质，如果没有外部环境的支持，是很难产生创业的想法并最终付之于行动的。在环境因素中，国家经济政策，特别是管理制度对潜在创业者的影响较大，一般地，当国家的经济自由程度增大时，个体便倾向于创业。

【案例】

徐磊是河北省保定市某家太阳能照明设备生产公司的创始人，说起公司的创立，他不由地感慨道："是国家的政策推着我向创业的路上走。"

徐磊大学毕业后回到了家乡。四年的大学生活既让他增加了专业知识，又让他开阔了视野。由于本科学的是热能与动力工程专业，这使他对新能源有了不少了解，在大学时还萌生过创办新能源设备生产公司的想法。毕业后，父母希望他能安定下来，他只好找了一个较为稳定的工作。

后来，发展新能源成了国家大力支持的产业，政府也出台了许多优惠政策，这让钟情于新能源行业的徐磊有点坐不住了，他想要创办新能源公司，实现自己曾经的梦想。

和父母的几次沟通都不顺利，最终父母禁不住儿子的软磨硬泡，妥协了。就这样，徐磊的太阳能照明设备公司成立了，他从最简单的部件开始做起，经过两年的发展，规模越来越大。

同时，一个新的问题摆在了他的面前：市场在哪里？就在他为产品销售犯愁的时候，国家建筑节能的相关标准提高了，倡导使用太阳能照明设备，减少建筑物的能源消耗。

"这个东风是老天爷给我借来的，新的建筑节能标准出台后，我们的销售再也不用愁了。"徐磊高兴地说。

现在，徐磊正打算再次扩大生产规模。

家庭一直是影响创业者开展创业活动的因素，徐磊如果没有父母的支持，恐怕很难一心一意地创业。与家庭相比，国家的政策制度是影响创业者创业更为重要的因素，它对于创业者的成功起着举足轻重的作用。

2.2　创业团队

1. 创业团队及其对创业的重要性

(1) 创业团队的概念。

创业团队是指在创业初期（包括企业成立前和成立早期），由一群才能互补、责任共担、愿为共同的创业目标而奋斗的人所组成的特殊群体。

一般而言，创业团队由四大要素组成，即目标、人员、角色分配和创业计划。其中，目标是指将人们凝聚在一起的主要因素，大家所达成的共识；人员是指创业团队中实际运作各项事务的人，任何一项具体的工作都需要通过人来完成，而人又是知识的载体，在创业团队里，他们对团队所做的贡献决定了团队的命运；角色分配是指明确每个人在团队里的责任和义务；创业计划即在创业的每个阶段制定的每个成员所要进行的计划。一般来说，创业团队需具备以下五个重要组成要素。

①目标。每个创业团队都应有一个既定的共同目标，为团队确定奋斗的方向，没有目标的团队，就失去了存在的意义。

②成员。成员是构成团队最核心的要素。通常两个或两个以上的人就能形成一个群体；当这个群体拥有共同的奋斗目标，就形成了一个团队。

③定位。团队的定位包括两层含义：一是创业团队的定位，其中包括创业团队在新企

业中处于什么位置，创业团队最终对谁负责等；二是团队中个人的定位，主要是指成员在团队中具体扮演何种角色。

④权限。创业的不同时期，主导人物的权限也有所不同。一般团队发展的越成熟，主导人物的权限就越小，权利分配也更趋于分散平衡。

⑤计划。创业目标的实现，需要一系列的具体操作方案，可以把各种具体工作程序化、合理化。

（2）创业团队在创业中发挥的重要作用。

在当今激烈的市场竞争中，仅凭单个创业者的力量很难取得成功。许多创业成功的范例都是由拥有不同专长，优势互补的创业团队创造的。一个好的创业团队对企业的成功起着重要的作用，主要体现在以下几个方面。

①满足创业的需要。在创业的过程中，可能会涉及资金运转、客户来源、技术攻关和产品销售渠道等诸多问题。想要一个人独立完成这一系列的工作，客观来说压力是巨大的。而创业团队的存在，能够发挥成员各自的所长，将这些创业相关事宜高效率、高质量地完成。

创业要成功，就要具有专业技能、经营管理、处理人际关系等不同方面能力，但一个人很难拥有全部这些能力，因此，只有组建创业团队，让具有不同知识结构和专业背景的人共同创业，才能满足创业项目运行的需要。

【案例】

教室外的阳光很温和，斑驳细碎的光点透过树叶洒落在李义河的身旁，此刻，他没有心情关注这些，他所有的精力都集中在一张写下了王天明、赵小勇、席月生等几个人名的纸上，经过无数次反复筛选，今天他最终确定了创业团队的人选。

“王天明可以负责财务管理，赵小勇可以做营销策划，自己出去跑市场，现在就缺一个做行政管理的人，只要席月生愿意加盟，我们的创业团队就比较完美了。”当李义河陷入沉思的时候，王天明来了在他的身边坐下来。

“席月生同意了吗？”一看到王天明，李义河马上抛出了这个让他十分关注的问题。“他听说我们打算创办药品销售公司很感兴趣，还提了一些想法和建议。”王天明说。得知席月生愿意加入，李义河一颗悬着的心终于放了下来，有了这个创业团队，创业时遇到的各种问题都会有专人负责，完全可以满足公司对于创业的需要。一个月后，他们创办的药品销售公司正式成立。虽然开始有过一些波折，但他们都坚持了下来，经过两年的奋斗，公司进入了健康发展的轨道，盈利增加了，规模扩大了，他们几个人形成了分管相关业务的内部分工格局。

②获取外界投资。简单来说，个人独自创业的创业者去寻找投资者，投资者很可能兴趣不大。但如果告诉投资者自己有一支高水平的创业队伍，那么投资者很有可能给这位创业者一些机会。因为客观上一个团队比个人更有创造价值的潜力。

【案例】

来自四川的小王，大学期间一直在一家粤菜饭店打工，通过几年的磨炼，他了解了餐饮业运营的一些窍门，看到了餐饮业经营利润的丰厚。

即将毕业的他和几位同学准备创办一家眉州菜馆，定位为中档餐馆，专门做地道的眉州菜。管理人员、财务负责人、厨师、服务员都已有了初步的安排，但创业梦想还是不能成为现实，因为缺少资金。

这个拦路虎可不是能够轻易搬开的，没有谁会把钱平白无故地交到别人的手上。

面对这个困难，小王和同学们并没有被吓倒。经过商讨，他们形成了一致意见：没有投资，我们可以吸引投资。于是，小王和同学们不分昼夜地奋战，制定了详细的项目策划书，包括饭店室内装修设计方案、原材料采购方案、财务管理方案、行政管理方案、餐饮服务流程、收入及发展前景预期等内容。他们打算用这个策划书，去说服投资者。

经过几轮的筛选，他们选择了 3 个队：学校后勤管理集团、当地一家餐饮连锁企业、一位有投资想法的老师。他们清楚地知道，空手套白狼的美事是不会有，必须向投资者展示项目的盈利能力。

通过多次的沟通与协调，那位有投资想法的老师认可了他们的方案，并答应投资，但这位老师提出一个要求：创业团队的成员必须每人投入 5000 元。

小王和同学们商量后，接受了老师提出的方案，很快一家眉州餐馆在学校附近开业了。由于菜肴味道纯正，餐厅服务周道，餐馆回头客很多，生意日渐兴隆。

创业者对于资金的渴求，就像天气大旱盼望雨水一样，但投资者并不糊涂，没有好的项目，没有好的管理团队，他们宁肯把钱放在腰包里。在这样的情形下，创业团队的作用就至关重要，好的创业团队，往往会用管理能力、运营能力征服投资者，获得投资，开创事业。

③激发创业者的斗志和灵感。创业团队的存在，一方面无形中给创业领导者一种压力，因为创业领导者在考虑自己的同时，也要为团队成员的未来考虑。因此领导者必须时刻保持高昂的斗志，这样才能带动整个团队的氛围。另一方面，在团队遭遇困难时，团队成员之间群策群力，产生灵感火花，并通过互相鼓励和支持，迅速摆脱困境，实现新创企业的快速成长。

【案例】

大学毕业的王峥和同学们创办了一家拓展训练公司，创业团队中的成员都是要好的朋友。

公司成立之初，并没有像王峥预计的那样：至少会有几家客户。在 1 个月的时间内他们只做了一个客户的业务，不要说盈利，连基本的办公开支都不够，好在大家都是好朋友，虽然有时自嘲几句，工作时还是很认真。

第 2 个月、第 3 个月，情况依然如此，每个月只有一个客户似乎成了他们的魔咒。过了 3 个月，有些团队成员坐不住了，甚至有人提出放弃或者转行。

“我们选择了这个行业，就要坚持做下去，只要我们认真做，总会有成功的一天。大家可以不相信任何事，但一定要相信勤劳和认真可以给我们带来好运。”王峥劝慰他的同学说。后来，团队中其他几位比较乐观的同学，也站出来说话，经过几个小时的陈述、辩论，大家的情绪越来越激昂，似乎创业之初的雄心壮志又回到了他们身上。自此以后，创业团队的成员就把“我们一定会成功”当作了打招呼的用语。

接下来的3个月仍然是惨淡经营，但大家的斗志却没有减少。这种经营的颓势终于在第7个月改变了。在这个月里客户增加到4个，其中有两个是他们服务过的客户为他们介绍的，也是从这个月开始，他们真正地转运了，客户越来越多。为了继续向客户提供优质服务，王峥和他的团队决定扩大公司规模。

创业是一场持久战，需要有超凡的勇气、智慧和毅力。团队成员之间的相互鼓励和支持恰恰能使创业者的这些品质得到最大程度的发挥，促进创业的成功。

④缓解创业初期的矛盾。创业初期免不了会遭遇各种问题，比如人手不够、组织结构不完善、职能划分不明确等现实问题。而创业者个人的能力总是有限的，组建一支创业团队，能够使这些问题得到有效的解决。团队成员各尽其能，以别人的长处弥补自己的短处，从而提升自身的创业效率，帮助创业者少走弯路。

【案例】

在北京某大学就读的葛芸和冯胜南是来自云南的老乡，她们对家乡的米线都是百吃不厌。

一次她们结伴来到一家商场的过桥米线店一饱口福，看了菜单之后，冯胜南照例说了一句：“这个价格要是打五折的话，我就可以多来几次，喂饱肚子里的馋虫了。”虽然话是这么说，可是她自己知道，这是不可能的。

大饱口福之后，两个老乡回到了学校，葛芸提议在学校附近的小市场逛一下。“那家店又关张了，看来他做的东西不合学生的胃口啊。”葛芸指着远处一家挂出转租牌子的小吃店说。“那个地方要是开个米线店就好了，别的学校旁边都有米线店，咱们学校有这么多四川、云南的学生却偏偏没有。”冯胜南抱怨说。说完，她们边聊边逛，一会儿就进了校门。

“你刚才说四川、云南学生多，偏偏没有米线店？”葛芸重复着冯胜南的话。这时一个创办米线店的想法在她的脑海里反复盘旋。当她把这个想法告诉同伴时，同伴着实吃了一惊：“这怎么可能，咱们还上学呢。”

“我们可以找一个云南厨师，然后在同学里多找几个老乡，大家一起做。”葛芸说出了自己的想法。

做事风风火火的葛芸第二天就开始筹办米线店的事，经过一番努力，她先租下了店面，然后又找到了两个老乡和她们一起经营这家米线店。

开始时，创业团队经过商讨，决定将买原材料、运输、洗菜、刷碗等工作进行明确分工，这样，她们就都亲自动手参与经营，几个在家里娇生惯养的大学生在自己的店里倒是忙得不亦乐乎。不过再苦再累，她们几个人也没有想过放弃，因为她们实在太享受这种自己享受美味又可以挣到钱的感觉了。两个月以后，米线店步入了正轨，创业团队的人数也从 4 人增加到 7 人。

葛芸、冯胜南两个人一直做到毕业，才将店面转给一位在北京打工的老乡，参与创业的几个老乡也因为经营米线店攒下了人生的第一笔积蓄。

在创业的初期，往往存在人员紧张、组织结构不完善、职能划分不清等问题，创业团队可以有效地解决这些问题。葛芸一个人不可能完成创办米线店的所有工作，如果不集中团队智慧进行分工，各司其职，那么米线店的经营很难在短时间内步入正轨。

2. 创业团队的优劣势分析

（1）创业团队的优势分析。

创业团队的优势主要体现在，一个好汉三个帮，一群人同心协力，集合各自的优势，共同创业，其产生的群体智慧和能量，远远大于个体。创建团队时，最重要的是考虑成员之间的知识、资源、能力和技术上的互补，一般来说，团队成员的知识、能力结构越合理，团队创建的成功性越大。

【案例】

张毅和李海波，大学毕业后创办了一家电源设备生产公司。

张毅在大学学的就是电器设备生产，因此公司创立后，他负责技术层面的工作，带领技术创新团队进行产品研发。李海波负责日常管理，虽然他并没相关的行政管理等专业知识背景，但在大学的社团活动中他表现出的管理能力让张毅很钦佩，就这样两个人分了工，开始为这家公司的发展努力。

经过几年的努力，张毅研发的产品每年的销售额少则几百万元，多则上千万元。而李海波在实践中也不断学习，提高自己的管理能力，虽然他不苟言笑，但却能够以独到的管理方式把公司管理得井井有条。

经过二人的不懈努力，现在他们公司的年销售额已经超过 3000 万元。但他们仍不满足，年销售额突破 1 亿元是他们新的目标。

好的创业团队应当是成员间优势互补、专业能力完美搭配的。在创建团队时，最重要的是实现成员之间知识、资源、能力或技术上的互补性，这种互补将会有助于强化团队成员间彼此的合作。

（2）创业团队的劣势分析。

创业团队主要的劣势就是对成员个性的压抑。相较于创业者个人，创业团队在管理与发展上，更注重成员之间的平衡发展。为了追求这种平衡，就需要为团队设定一些条条框框来规范发展，这种条件的制定，或许就会与某些成员的个人情况发生一些矛盾，比如限制了其个性的张扬或是让成员有约束感。有些成员也明白，为了团队的共同发展，自己有所限制也是情有可原的。但是时间一长，本能会驱使他产生抵触心理，以致最后成员离开团队，甚至还可能导致团队的解散。

3. 创业团队的组建策略

（1）互补策略。

有些创业者按照“相似性导致喜欢”的原则，倾向于选择在背景、教育、经验上与自己非常相似的人，许多新企业的团队成员也来自同一行业、同一地域，这样的团队会出现“文化共振”现象，难以给企业的发展提供多样化和强有力的人力资源基础。

创业者寻求团队合作的目的在于弥补创业目标与自身能力间的差距。只有团队成员间的知识、技能、经验等方面实现互补时，才有可能通过优势互补发挥出“1+1>2”的协同效应。

【案例】

姜华的创业团队创立公司一个月，就遇到了麻烦事。当时他组建创业团队时，考虑到将来以日化产品销售作为公司的主营业务，因此就在市场营销专业发掘合作伙伴，团队组建很顺利，大学毕业后，便创立了日化产品销售公司。

可是公司运行了一个月姜华发现，他们的团队很需要一个懂财务的成员。因为银行汇票、会计账册这些财务方面的知识团队中没有一个人懂。“早考虑到这一点就好了，团队成员的背景应当多元化一些。”姜华后悔自己当初组建团队欠缺考虑。

后来，经他的老师介绍，有一位会计专业的师妹加入了他们的团队，解决了他们的人手问题。

（2）精简高效策略。

在创业初期，资本往往较少，因此，在保证企业能高效运作的前提下，应尽量精简创业团队，减少运作成本，使成员获得最大比例的成果。

精简团队时，通常会根据成员为团队所做贡献和价值的多少来选择，创业者可根据以下三个价值选择对团队进行精简：

第一，个人价值，也称“固有价值”，指的是团队个人本身所具有的价值，而且不易随着岗位的变动和服务对象的转变而变化。它主要包括学历、专业、职称、工龄、素质等方面。

第二，岗位价值，也称“使用价值”。把具有一定量的固有价值的员工，安排在某些特定的岗位上，而岗位的职责与特征是决定员工所能做出贡献大小的平台。从理论上讲，岗位价值是比较固定的，不会因为担任职责的成员的变更而发生变化，它是一个相对静态的价值系数。

第三，贡献价值，也称“市场价值”。比如某个员工在自己的岗位上为企业创造了一定的价值，而他所创造的价值值得企业付出一定的代价挽留他。

（3）动态开放策略。

创业过程充满了不确定性，因为能力、观念等多种原因，团队中可能不时有人离开或加入。因此，在组建创业团队时，应坚持使团队具有动态性和开放性，把最适合团队需要的人吸收到团队中来。

【案例】

1984 年 10 月 28 日，联邦集团前身——一个叫做广东南海盐步联邦家具厂的小企业成立了。这个小家具厂的四名成员王润林、何友志、杜泽荣、陈国恩是从小一起长大的玩伴，他们走在一起，立志要干一番大事业。四个人都是农民出身，既没有什么教育背景，也没有显赫的家世。王润林学过设计，何友志做过藤椅师傅，杜泽荣在建筑公司干过打桩，他们因为生活所迫走上了创业的道路，却对办企业一无所知。几个月之后，家具厂因为销路不畅出现了危机，大量产品积压，他们欠下了银行近 10 万元的贷款。

雪上加霜的是，厂里的生产经理见势不妙，离开了家具厂。一筹莫展的四人急得团团转，这时他们突然想到了他们儿时的玩伴杜泽桦。那时的杜泽桦是一家藤器厂的厂长，是广州小有名气的管理人才。几经辗转，杜泽桦被四人说动，来到家具厂担任了总经理一职，他利用自己的管理经验，迅速实施了一列急救手段，让家具厂迅速摆脱了困境，扭亏为盈。后来，家具厂壮大起来，管理层人员欠缺，于是同样有着藤器厂工作背景的另一玩伴儿郭泳昌也被请来。这六个人便成为了联邦最初的六人组合，后来一步步发展成为今天的联邦集团。

在家具厂面临危机时，王润林、何友志、杜泽荣、陈国恩四个创业者及时找到了有着丰富管理经验的杜泽桦加入团队，让企业焕然一新。在企业发展到一定规模时，他们又及时为团队注入新鲜血液，形成了稳定的创业队伍，为今后团队的可靠发展奠定了基础。团队成员之间的互补、协调以及与创业者之间的补充和平衡，起到了降低管理风险、提高管理水平的作用。

4. 创业团队的管理策略和技巧

有效的管理是保持新企业生命力、保持团队士气的关键。有效管理要求给予创业团队成员以合理的“利益补偿”，利益补偿可包括两种形式：一种是物质补偿，比方说报酬、工作环境；另一种是精神补偿，比方说创业成就感、尊重、地位、认可和关爱。

（1）创业文化的引领。

所谓“创业文化”，是指自企业由创立到成长，被团队成员逐步接受、传播和遵守的基本信念、共同价值观、行为准则和角色定位的总称。一般积极的创业文化内涵，包括鼓励创新、容许犯错、培养团队和不断学习等。对于任何一个企业来说，创业文化是每个团队的“灵魂”所在。从某种程度上讲，“创业文化”就如同一家企业的“统帅”，将所有团队成员凝聚在自己的麾下。

【案例】

在北京品友互动信息技术有限公司（以下简称“品友”），一排排的办公桌横向排列着，这是一片开阔的工作区，没有一块阻隔视线的隔板，也没有任何工作间，就算是 CEO 黄晓南的办公区，也只是在这片办公区靠窗的位置。实际上品友这样刻意安排，正是希望将自由、开放、平等的硅谷精神融入到他们的企业文化当中。

2008 年初，黄晓南离开了麦肯锡，而品友公司现任的副总谢鹏则离开了联邦快递，二人联手成立了品友互动，一家致力于互联网展示广告精准投放的公司。公司通过对网民进行调查分析，了解他们到底关注的是什么，从而有针对性地投放广告。那个时候，“精准投放”的概念在国内还很陌生，互联网展示广告位的销售也比较粗放。可是这一行在美国已经发展多年，黄、谢二人当时身在国际大公司，看到其中的差距和机会，感到这个领域大有发展；于是成为了中国精准投放广告市场的试水者。现在的结果证明他们抓住了先发优势，这 3 年下来，公司年收入平均增长 300%，2011 年营收规模达千万量级。

“员工在大公司是螺丝钉，在品友是承重墙。”黄晓南的目标很明确，“品友要做互联网广告行业的颠覆者，改变吃饭喝酒拉生意的游戏规则，让这个市场靠数据说话。”而她的信心很大程度上正是建立在公司那些“承重墙”上。

黄晓南和谢鹏同为北大毕业，又曾经同在宝洁公司工作，这就注定了二人在公司管理上和草根创业者有许多不同。“从公司成立第一天开始，在品友只有 10 多个人的时候，我们就很强调企业文化。”黄晓南始终强调企业文化对公司发展的重要性，每名员工入职培训的第一堂课就是灌输企业文化：事止于我、互信互助、持续创新、追求胜利。其中，充分尊重和发挥人的价值成为了核心的内容。

培养员工独当一面的能力

黄晓南说，大公司运转靠制度和流程，每名员工做好自己的本职工作就可以。但是作为品友的员工，要具备更加全面的能力。“事止于我”，这是品友企业文化最直接的体现。员工需要像承重墙一样独当一面，为了达到这种目的，品友创建了一套自己的员工培训体系——“品友学苑”。

员工在品友就像在学校一样，根据不同的职能和岗位，公司都有和专业技能相关的必修课和选修课，甚至还有像品酒这样的业余课，课程一周两次，因此新员工在一个月的时间里，甚至会接触到十余种课程。因此新员工在一个月的时间里，甚至会接触到十余种课程。而为员工上课的并非全是专业讲师，有的是讲技术应用的技术员，还有的是讲与客户沟通的销售员，有时黄晓南也会亲自代课。

全面的课程培训，加上多变的岗位轮换，让员工有更多的机会与客户交流，这不仅促使员工成为多面手人才，还有助于培养互信互助的企业文化。

全员持股，鼓励犯错

黄晓南在介绍创业团队时说：“创业团队找人，需要 60%的共性和 40%的差异。”黄、谢、沈三位品友创始人，都曾有供职海外大公司的背景，但三人又专注于不同的领域，分工不同，但是价值观目标上是一致的，因此这就很容易在管理上达成一致，比如关于全员持股的问题。

一般中国的创业公司，往往只有管理层才会持有公司股份，而品友实行的却是全员持股，员工工作到一定年限，并且通过公司的考核要求，也可以持有一定的公司股份。全员持股在硅谷的创业公司中比较常见。黄晓南认为全员持股对于创业公司是很有好处的。

硅谷精神在沈学华所主导的技术团队有淋漓尽致的体现，沈学华说："我们不怕员工有错，我们甚至欢迎做错，因为发生错误说明是在发展的趋势中。"

在沈学华的带领下，品友技术部门共有 20 多种技术培训，而且团队内部每周都会有一次 Demo Day。当日会有一名某项技术特长员工，向其他员工分享自己的技术，以促使员工互相学习与进步。

为了达到高效的工作状态，品友的组织架构很扁平，最多只有三级，公司几乎所有的问题可以很轻易地传达给黄晓南。在树立了企业文化的同时，又达到工作上的高效率。黄晓南自信地说道："我们希望员工可以在品友找到自己的归属感，帮助公司提升的同时，自己也得到提高。"。

有时候"企业文化"就是企业的一张名片，当员工在向人谈起自己的企业时，就会由衷地产生一种自豪感。试想一下，假如你在黄晓南的品友公司工作，公司又有着如此诱人的企业文化，难道你不想在这样的公司发展自己的事业吗？这就是企业文化的魅力所在。

（2）经济利益的激励。

在创业实践中，如果花费几个月或更长时间，创业都没有成功，这时团队成员的内心就会从紧张、焦虑慢慢变成倦怠和消沉，这时就需要管理者适时地进行激励。激励不一定是物质的，有时精神激励也会让团队成员对工作充满信心。

【案例】

"是不是要想个办法好好地给袁赫鼓鼓劲。"田志宇向他们"老大"马维真建议，这两个人是这个校友创业团队的核心人物。

田志宇回想起一年前毕业时和这群师弟们一起创建公司的情景，至今依然历历在目。袁赫是他们中最小的一个，一年多来他谈的客户很多，但却没有一个成功的，所以意志一直很消沉。

"这事我来做吧！"马维真信心满满地说。

后来他把袁赫叫到了办公室，和他倾心谈了起来。交谈中马维真告诉袁赫自己很欣赏他，并且相信袁赫一定可以成功，在交谈结束时，马维真还送了袁赫一张写着"奋斗"二字的书法作品。"今天不是你生日吗？大家太忙了，但我还记得。希望明年的生日能把你的庆功宴和生日宴一起办。"听完这些话，袁赫的心里暖洋洋的，他一直怀疑这位大师兄看不上他，但没想到事实上他那么欣赏自己，对自己怀有那么真诚的期待。

之后，袁赫工作更加努力，而第二年也正如马维真所说，给他一起办了生日宴和庆功宴。

（3）权力与职位的管理。

通常而言，企业发展初期，更注重经济效益的提升，团队成员之间大都能平等对待。但是随着企业的发展和稳定，一些团队成员在追求经济效益的同时，也开始追逐权力和地位。从创业团队的生命周期来看，一家企业一旦发展到追逐权力的阶段时，企业的发展效率就会大打折扣，甚至停滞不前。因此，创业团队领导者要注重权力和地位的激励机制。将成员的工作效率与权力地位分配挂钩，使团队成员之间保持相互尊重和信任，从而达到成员可以共享领导角色，在各自领域各尽其能的目的。

【案例】

周亮和王伟曾在一家公司共事。如今二人都已离开原公司 8 年了，而且各自都已创立了属于自己的公司。因为工作繁忙，两个好朋友许久都不曾见过面了。这天是周末，两个好朋友相约在一家咖啡厅坐坐。

在咖啡厅里，两个好朋友聊了一会儿往事，又互相询问了一下对方公司的发展状况。提到公司的发展状况，周亮先是皱了皱眉头，像是有什么烦心事，将情况告诉了王伟。原来最近周亮的公司因为业务扩展，准备再开办一家分公司。分公司自然就要任命一名分公司经理。就是这分公司经理的人选问题，让周亮头疼不已。目前周亮看重的人选是两个，第一个是李涛，公司资历最老的员工，周亮出来打江山，李涛就一直跟着周亮干。虽说李涛学历不高，但是工作经验非常丰富，而且善于与客户沟通，这四年来为周亮的公司贡献很大。另一个人选是小陈，某知名大学毕业，博士学历。虽说他刚进公司才不到两年时间，但却是一名专业能力非常强的人才。上个月正是靠着小陈的筹划，公司获得了两个最大的客户。

按照眼下的情况来看，提拔小陈做分公司经理，无疑更利于公司的发展，但是周亮又担心李涛对此会有意见，毕竟李涛是公司的老人了，就算是论资排辈这位子也应该是他的，但是李涛这一年的表现却让周亮很不放心。这一年来，公司的效益是上去了，李涛仗着自己是公司的老人，经常违反公司的规章制度，更让周亮担心的是，李涛在公司里拉拢一些员工，对公司的新员工进行排挤。周亮念及李涛过去对公司的贡献，这一年来也只是睁一只眼闭一只眼。

周亮让王伟给他出出主意。王伟想了想说："如果我是你，我会毫不犹豫地选小陈做分公司经理。"周亮问："那李涛该怎么处置。"王伟回答："让李涛还去负责与客户沟通的工作，如果李涛有自知之明，他肯定想得到为什么不选他做分公司经理。相信他会严于律己。再观察李涛一段时间，假如还是这样，我劝你趁早妥善处理。"

王伟喝了口咖啡接着说："根据你刚才说的，李涛从曾经的功臣，变成了倚老卖老的害群之马。我承认假如要是在公司成立初期，面临同样的选择，我更倾向于选择李涛留下，让小陈出局，毕竟我要维系员工对公司的忠诚。可如今情况变了，公司趋于稳定发展，想要往更高的方向发展，就必须依仗这些高素质高能力的人才。而李涛那种在公司里拉帮结派，排挤新人的做法，时间长了会在公司里形成一种很恶劣的情况，显然这是我们这些管理者最不希望看见的。"

作为职场游戏规则的制定者，领导者需要制衡公司的权力与职位，不能让权力过于集中，要让职位之间互相监督制约，同时让团队成员都感受到公司的重视并相信在公司会有很好的发展。

（4）创新精神的培养。

创新精神是指凭借自己的学识、智慧和胆量，所开发出的一种创造性思维模式。团队领导在管理团队的同时，需要逐步引导和教育团队成员，增强每个个体的创新意识，挖掘出每个人的潜能，从而为团队的发展壮大做贡献。通过创新精神的培养，使团队成员养成“不创新就不会有创业机遇”的共识。

【案例】

“海尔”集团在激励员工的创新精神方面就做得很成功。比如最初，海尔集团开始宣传“人人是人才”的时候，员工的反应大都很冷淡。员工的想法是：我们只是些技术工人，又没受过什么高等教育，每个月按时拿工资就行，创新不创新的跟自己好像没多大关系。”为了鼓励员工创新，海尔随后制定了一套“命名创新工具”的奖励制度。也就是说哪名员工革新或者发明了工具，集团就会以发明者的名字为这个工具命名。比如工人李启明发明的焊枪，就被命名为“启明焊枪”，杨晓玲发明的扳手就被命名为“晓玲扳手”。这一措施的效果果然是立竿见影，后来又陆陆续续地出现了很多的创新工具，员工们都以拥有自己名字命名的工具而自豪。

5. 领导创业者的角色与行为策略

（1）领导创业者的角色。

创业团队的领导者扮演了指导者、促进者、交易者、生产者以及风险承担者等角色。领导创业者首先要在对创业动机、目标和前景进行认真的评估后，才能得出是否需要组建团队的结论。如果确定要组建一个团队后，领导创业者就要进一步考虑需要组成怎样的团队，以期获得创业成功所必备的条件和资源。

（2）领导创业者的行为策略。

①确立明确的团队发展目标。目标在团队组建过程中具有特殊的价值，是一种有效的激励因素——共同的未来目标是领导者带领创业团队克服困难，取得胜利的动力。也只有目标一致，领导创业者和团队成员才能齐心协力取得最终的成功。

②合理挑选、使用人才。领导创业者的认知水平、创业技能、创业能力和思想意识从根本上决定了选择由哪些成员组成团队。领导创业者挑选团队成员时要考虑的是团队成员是否可以弥补自身知识、技能、能力与创业目标之间存在的差距。根据团队的需要，选择拥有什么专长、具有什么社会关系网、具备何种实际工作能力的团队成员。团队成员各司其职，各展所长，让团队欣欣向荣。

③建立责、权、利统一的团队管理机制。一个成功的企业必须制定井然有序的组织策略和管理机制。一方面领导创业者要妥善处理创业团队内部的权力关系：在企业运行过程中，团队要确定谁适合于从事何种关键任务和谁对关键任务承担什么责任，以使权力和责任明晰化。另一方面，领导创业者还要妥善处理好创业团队内部的利益关系：企业的报酬

体系，不仅包括诸如股权、工资及奖金等金钱报酬，还包括个人成长机会和相关技能培训等方面。制定创业团队的管理规则，包括建立企业文化。

6. 创业团队的社会责任

一部经典电影里曾有过这么一句台词——“能力越大，责任也越大”。的确，作为一支成功的创业团队，在获取商业利益的同时，也不可忘了回馈社会的发展宗旨。团队的成功是建立在政府的支持和社会的接纳的基础之上。假如没有这些客观因素的支持，一个团队也就失去了发展的平台。因此，团队领导者要以身作则，培养成员的社会责任感，使企业的每个员工在实际的日常行为中处处履行社会责任。

【案例】

王辉一手创办的四川特色产品公司于去年成立后，已经吸纳了50多名残疾人就业。作为一家以设计制作销售四川特色产品的公司，王辉说他将把公司打造成中国残疾人第一品牌。

中文专业毕业的王辉曾经在广告公司做过业务员，30岁的时候他自己创办了一家广告公司。出于内心强烈的社会责任感，他聘请残疾人做员工。

2006年3月开始，王辉先后在各街道设立助残工作点，安置了7名残疾人就业，他们主要做一些文具配送工作。但是残疾人去干普通人也在做的事，肯定不是出路。王辉和自己广告公司的设计师沟通，并在市、区残联的帮助下，于2008年成立了这家四川特色的旅游产品公司，制作销售包括蜀心茶叶、残疾人工艺品、蜀绣、竹编、布艺等产品。

现在，他的公司在成都已经有几家连锁店，每年的产值虽然只有50多万元，却直接、间接地帮助了50多名残疾人就业，平均每个人的月收入都有1000多元，高的甚至可以达到三四千元。

社会责任并不只是创业成功的企业才有，处在初期的创业团队同样有这样的责任。他们承担社会责任的方式并不限于捐款、修路、建学校，也可以是向社会提供新的就业岗位。

案例点评

2008年7月，重庆某大学传媒艺术系的大二学生金操与庞海洋跟着老师搞暑期调研。金操发现，重庆很多只有十几个人的品牌设计公司生意都不错，于是他萌生了办工作室的想法。

听到金操的想法，早想创业的同系装潢专业的庞海洋，立即表示赞同。

但租场地的资金首先就让来自农村的金操和庞海洋犯了愁，两人就向老师求助，想让他帮着出出主意。老师告诉他们只要负责找到新同事就行，房子的事情他来解决。

金操没想到，有创业激情的人其实并不少，仅仅一周的时间，整个团队的主创人员已全部确定下来。工作室的成员各有所长：在大学生机器人比赛中认识的大三学长胡斌动手能力强；参加辩论赛认识的大三学姐严莎莎以口才见长；大一的学弟黄勇电脑玩得转，软件技术好；有在广告公司打工经历的丘斌以创意见长；中文系大三学生刘文则写得一手好文章，擅长把握品牌的文化定位和人文精神；还有刘德海，擅长编程并曾获得过微软编程比赛大奖……他们抱团在一起，正好是一个设计公司完整的人员配备。

在老师的协调下，学校答应把一间八十多平方米的教室免费给他们用。一个月后，工作室正式亮相。他们给自己"封官"：设计总监，策划总监，行政总监……工作室 10 个人，人人是老板。

为了解决资金问题，大家轮流出去跑业务，拜访客户的脚步一分钟也舍不得停下。在得知家庭连锁洗衣店"衣能净洗衣"要做企业形象设计时，很感兴趣的金操直接找到这家企业。经过几次沟通，这家洗衣店老板最终拍板："我不管你们公司是大还是小，只要设计出来的我们满意，价格合适，我就放心给你们做。"

接下这笔单子后，每个人都格外珍惜这次挑战。为了让设计与众不同，金操和同事们到洗衣店的市场一线了解和观察消费者的购买行为，查阅了大量资料。最终他们拿出了两套设计方案，这两套方案都得到了客户的认可。

2010 年，金海和庞海洋这些 07 级的学生即将毕业，学校承诺仍然让他们免费使用这间教室。

2010 年 6 月，重庆市政府公开征求第八届中国（重庆）国际园林博览会的吉祥物，金海和庞海洋创立的工作室格外重视这个机会，他们仔细查看客户的项目要求，苦苦思索：吉祥物要是重庆市整体精神的抽象体现，要有地域特色，还得反映出这个可爱的城市的面貌……终于，他们根据重庆别称"山城"设计出了两个可爱的吉祥物——珊珊和诚诚。

2010 年 7 月，第二届西部国际动漫节将在重庆举办，在学校的支持下，工作室承担下了本校展厅的装修方案，这是他们首次接下大型展会项目。他们充分利用从学校湖里捞上来的鹅卵石，艺术学院用剩的废纸箱，从学校附近捡的碎木块，为展厅营造出了别具一格的视觉效果。

这次布展，这些穷孩子没花多少钱，却换来了 10 万元的意向订单。

接着，一个好消息传来，重庆市"刮起了"大力发展微企政策的"旋风"。2010 年 8 月，工作室向有关部门提出申请；9 月中旬，公司获批成立；2010 年 9 月底，他们的工作室变成了公司。10 万元注册资金中，财政出了 4 万，按照相关政策，他们还得到税收减免和金融支持，3 年内工商执照审验费用全免。

2011 年，公司半年的业绩突破 500 万元，纯利润 50 多万元，同行对这些"毛头孩子"刮目相看。到了 2012 年，他们的业务已经遍布深圳、东莞、北京、福建等地，客户中不乏雀巢公司、上海采瑞化妆品有限公司等大型企业。

上述案例中大学生创业成功的原因可以归结为以下几点：

（1）他们都拥有一个共同的梦想：拥有一家属于自己的企业。无论是倡导创立工作室的金操还是后来加盟的九位同学，都有着火热的激情。工作中，这种激情更转化为灵动的创意，为工作室的发展增添了动力。

（2）团队成员各有所长，组建了一个较为完美的团队。设计总监，策划总监，行政总监……工作室 10 个人，人人是老板，但人人都各有所长，各司其职，共同为工作室的发展贡献自己的力量。

（3）利用优惠的创业政策，使事业腾飞。如果不是发展微企的政策“旋风”，如果没有税收减免和金融支持，他们的工作室很难成立，更难以获得迅速发展。

素质拓展

创业者素质与能力你具备了多少？请尝试着给自己打打分！

序号	创业者必备素质与能力	自评分					
		5	4	3	2	1	0
1	胸有抱负 目标明确						
2	善于创新 独辟蹊径						
3	自信乐观 百折不挠						
4	团队精神 善于合作						
5	诚信正直 精力充沛						
6	想要成功的强烈愿望						
7	成功之前的超强忍耐力						
8	比常人开阔的眼界						

总分：

第3章

创业机会与创业风险

21世纪以来，我国高等教育由最初的大学精英化，逐渐向教育大众化转变，这一转变造成了大学生毕业后就业压力的增加，出现了毕业的大学生从就业转向创业的择业变化。相对于就业，选择创业对大学生提出了更高的要求。虽然在校深造期间，大学生掌握了一些较高深的理论性知识，但创业更多考验的是大学生的一种综合能力。如何看待自己的创业问题，如何正确地选择创业机会，这是当代大学生不得不去认真思考的问题。

3.1 创业机会的概述

所谓机会是指每个人在各种经济和社会活动中遇到的有利情况。它能够促进人们自身事业的发展，帮助他们取得成功。在经济和社会发展的过程中，存在着很多机会，而创业机会是这些机会中的一种。创业者对于机会的认定都是不同的，它会根据创业者本身的特质、知识、经历的不同而不同。所以，创业者抓住创业机会的关键就是去认真了解创业机会，即所谓的“慧眼识珠”。

1. 创业机会的界定

什么是创业机会呢?卡森（Casson）认为，创业机会是指在新生产方式、新产出或生产方式与产出之间新的关系形成过程中，引进新的产品、服务、原材料和组织方式等，得到比创业成本具有更高价值的状态。柯兹纳（Kirzner）认为，创业初期的形态是“未明确界定的某种市场需求，或未得到利用、也可能是未得到充分利用的资源和能力”。

依据以上对创业的定义，创业机会应由三部分组成。首先创业机会包含了创业者的创业理念和新企业想法。创业理念是指创业者或是创业团队对于创业机会或环境需求设立的一个设想过程。一个好的创业理念，是实现创业者理想和识别创业机会的第一步。当然，创业理念相当于一个工具，它还需要进一步转化成有价值的创业机会。只有当创业收益超过成本，创业者能够从中获得利润时，创业理念才能变成机会。所以，创业者要相信这个创业理念或是新企业想法能够给人们带来一个或是更多的新产品和新服务产品，只有这样，才能通过一定的经济行为来完成最终目标。

由此可见，一个好的创业机会通常要符合以下标志：实现目标（创业者或是创业团队的愿望）；某个市场的真实需求（具有购买能力或购买欲望的消费者未被满足的需求）；有效的资源和能力；一定的市场竞争力；能够收回创业成本。因此，创业机会也可以理解为一种商业机会或是市场机会。

2. 创业机会类型

（1）根据创业机会可识别性分类。

根据创业机会的可识别性，可将创业机会分为潜在创业机会和显现创业机会。所谓显现创业机会是指，在市场上存在的明显的未被满足的市场需求；而潜在创业机会是指，隐藏在现在某种需求背后的某种未被满足的市场需求。比如在 20 世纪 80 年代兴起的“吸氧热”就是一个显现创业机会；我国化妆品市场日渐兴旺，这也是一个显现创业机会。而很多创业机会都属于潜在创业机会，这就需要创业者运用敏锐的嗅觉去挖掘。例如，个别创业者通过分析化妆品市场的需求，找到了一个隐藏在化妆品市场背后的大市场——工业护肤细分市场。

（2）根据创业机会来源分类。

根据创业机会的来源分类，可将创业机会分为行业创业机会和边缘创业机会。所谓行业创业分类就是指出现在新企业经营领域内的创业机会；而出现在不同行业的交叉点、结合部的创业机会称之为“边缘创业机会”。通常情况下，创业者对于行业领域内的创业机会非常重视而往往忽视行业与行业之间的“夹缝”，这就导致了行业创业机会的效益相对较差，而“夹缝”中出现的创业机会，竞争不激烈，机会利用的效果也较好。

（3）根据创业机会影响时间分类。

根据创业机会的影响时间进行分类，可将创业机会分为现实创业机会和未来创业机会。所谓现实创业机会，是指目前市场存在的尚未满足的某种市场需求；而未来创业机会是指目前市场上还没有或是表现为极少数人的消费需求，但预期在未来的某段时间内出现的大量市场需求。通常，未来创业机会能够更快地获得市场主动权。如在 20 世纪 60 年代，西欧和美国都热衷于制造大型豪华汽车，而日本汽车业在对市场进行了分析后得出结论：随着家庭人口变少，就业机会和闲暇时间增多，一户一车将会向一户多车的方向转变。于是，日本汽车行业着手研制小型汽车，并在 20 世纪 80 年代时，在美国市场上形成了强有力的竞争优势。

3. 创业机会的基本特征

（1）客观性和偶然性。

创业机会是客观存在的，无论新企业是否能够意识到，它都客观地存在于市场环境中。然而，对于新企业来说，创业机会并不是每时每刻都会显露出来，这就是所谓的偶然性。这就需要新企业通过努力，从市场环境变化的必然规律中预测和寻找创业机会。

（2）时效性和不确定性。

通常，创业机会具有很强的时效性，俗话说，机不可失，时不再来。新企业如果不能及时捕捉机会，就会使机会从身边流失。另外，创业机会也具有不确定性，对机会的利用，结果很难预料，一旦创业者没有把握好创业机会，就很可能会将机会演变成风险。

（3）均等性和差异性。

对于拥有相同市场的同类新企业来说，创业机会是非常公平的。但是，由于新企业的创业者不同，他们对同一创业机会的认识往往会产生差异性。而且，由于新企业素质和能力不同，在利用同一创业机会时，收获的效益也会产生一定的差异。

3.2 创业机会的识别与开发

机会是靠自己去创造的，等着机会从天而降的人，注定是一个生活的失败者。善于主动发现机会，是一个优秀的创业者必须具备的一项素质。人们会遇到问题，在解决问题的过程中，必然存在着一种未知的商机，抓住了这种商机，就能顺利地展开创业。

【案例】

大专毕业后的小任和小梁，做起了家电维修的买卖。虽然两个人选择的创业之路是相同的，但是小任在经营策略上显得更加活跃，小梁则比较规矩。不久前，小任突发奇想，寻找到新的商机：他发现当地的农村已经用上了自来水，将来肯定也会使用洗衣机，有了洗衣机，相应地就需要维修服务。打定主意的小任，迅速从市场上购买了一批品牌较为常见的洗衣机，向周边住户进行推销。

果不其然，半年后，当地大量的农村家庭开始置办洗衣机，能把生意做在人前的小任，自然在当地的洗衣机市场上处于"垄断地位"。而且经过提前半年的销售和学习，小任基本掌握了洗衣机的修理技术，当地洗衣机的维修业务几乎全被小任包揽了。而小梁呢，他只能眼巴巴地看着自己失去一次拓展维修业务范围的大好机会。

1. 创业机会的五大来源

（1）从"需求"中挖掘机会。

创业的根本目的是满足市场和客户的需求。即使市场和客户没有得到相应的服务，优秀的创业者也能及时地发现问题存在，并且把问题作为自己的创业项目。例如，四川绵阳有一位大学毕业生发现远在郊区的本校师生，每天需要往返于市区和郊区之间，且交通十分不便，于是这位大学生就创建了一家客运公司。这就是把问题转化为创业机会的成功案例。

（2）从"变化"中把握机会。

但凡市场结构和需求发生重大变化时，必然会产生一些市场空白，这些市场空白就是可利用的最佳创业机会。这很容易让人联想到所谓的"市场投机者"。姑且不论投机行为是否合法，但是善于投机的人，必定是善于利用市场变化进行创业的人。世界著名的管理大师彼得·德鲁克曾经说过，“成功的创业者，就是那些善于在市场上寻找变化，并能随着这种变化作出及时、积极回应的投资人。”这种变化或许来自国家政策的调整，或许来自某行业的结构调整，市场重新整合，人口结构的变化，以及人们精神上的需求变化等。例如，随着私人轿车拥有量的增加，衍生出汽车代驾、汽车销售和保养维修、二手车买卖等诸多创业机会。

【案例】

20世纪中期，美国一大城市曾塑有一座巨大的铜质女神雕像。当地许多居民都以拥有这座雕像而自豪。随着政府对城市进行重新规划，这座雕像不得不接受被推倒的命运。当地许多人都为此深深叹息，他们为以后再也看不见这座雕像而伤感，似乎这座雕像就是他们的精神寄托。

一位在当地上学的大学生，敏锐地发现了这里面蕴藏的巨大商机。他四处筹钱，从政府手里以非常低廉的价格购买下雕像残骸（对于这堆废铜烂铁，政府正愁没地处理呢）。然后这名大学生租用了一家冶炼厂的车间，他将雕像上的废铜烂铁重新入炉，制作出一个个和原来的巨大雕像外形一模一样的小雕像进行兜售。他还利用雕像上面的铜，制作出了成套的女神雕像纪念币发行。为了增加销售效果，这位大学生打出广告：“您花上一点点钱，买下一座小雕像，就能将女神永远地留在您的家里。购买一套纪念币，就能将您曾经的美好回忆永远地保存。”果然，这样的宣传方法起到了巨大的效果，短短的三个月，小雕像和纪念币被当地人抢购一空，这位大学生也因此狠狠地赚了一笔。

（3）自主发明创造机会。

如今是一个高速发展的时代，各行各业的创新产品都在源源不断地涌入市场。假如你自信有这样的实力，关注一下创新行业，在创新产品上下一番工夫，不失为不错的创业选择。

【案例】

这方面最典型的大学生创业案例，当属曾经的世界首富比尔·盖茨。盖茨在哈佛大学就读时，计算机还是一个新兴行业。盖茨却疯狂地迷恋上了这个当时的新鲜玩意儿。索性大学还未毕业，盖茨就主动退学开始了创业之路。因为比尔·盖茨在计算机行业的开发和研究，也就有了后来的计算机走进千家万户的盛况。也正是因为盖茨较早地发现了计算机行业的潜力，才有了后来的计算机王国——微软公司。

比尔·盖茨靠着自身的发明创造，造就了商业帝国。但是在此提醒在校的大学生们，每个人的成功都是有特定的时代、地域、人文背景的。比尔·盖茨的成功，不仅仅因为他是个计算机天才，也因为他所处的时代背景和环境，不是人人都可以成为比尔·盖茨，也不是所有人都可以像他一样未完成学业就可以去创业。

（4）从竞争中“劫取”机会。

同一行业的参与者，必然有水平高下之分，或者在业务水平和经验上参差不齐。一个有实力的创业者，在面对行业竞争者时，能吸收竞争对手的长处，弥补自己的短处，逐渐拉大自己与同行的距离。不妨看看自己的同行，他们能给客户提供哪些更优质、更迅捷的服务，这些是否自己能做到，如果觉得没问题，那么你已经发现了一个相当不错的创业机会。

（5）新生知识、新生技术里藏有机会。

随着现代化的生活要求和水平的日益提升，人们对于生活质量有着更高的要求。伴随而来的是产生了许多新知识、新技术，或许这些行业平常很少受人关注，随着社会的发展，这些行业迟早将被大多数人熟知，如生态环保、资源再造利用等。这些关系到我们每个人生活的新兴行业里藏有大量的有待开发的创业机会。

【案例】

安璇是一名刚毕业的大学生，她不像大多数的毕业生那样，一头扎进就业大军中，而是一门心思捣鼓自己的事业。由于社会经验不足、资金有限、没有进行市场调查等因素，她好不容易开起来的一家创意玩偶店，短短三个月，惨淡的经营业绩让她几乎失去撑下去的勇气。

一次，70 岁的外婆戴着老花镜，边看报纸边狐疑地问："妞妞，你那个店里有最近很流行的'神马'吗？明儿也带来让姥姥看看。"明知是网络用语的安璇为了不让外婆失望，斩钉截铁地说："有！"

可是连安璇也没见过的"神马"到底是什么样子的。一回到家，安璇立马上网搜寻，有些网友发挥自己的想象力，给"神马"设计出一个样子：外观似骡子，颈长而粗；头较大，耳朵呈扇状；体背平直，尾短似球，四肢细长；背毛长达 60～80cm；呈黑色、浅灰或驼色。她灵机一动，依葫芦画瓢，立马手缝出一个活灵活现的"神马"！当安璇第二天带着可爱的"神马"到外婆家时，被"90 后"的小表妹看到了，平时就爱稀奇古怪玩意儿的她非央求着要带着"神马"到学校去。

次日，表妹告诉安璇一个好消息，原来同学们太爱这个"神马"了，都想买一个回去。可数量太多，十分为难的安璇躺在床上辗转反侧，一个想法在她的脑海里闪现。安璇找到一家玩偶生产厂家，经过和厂家细致地沟通，安璇一口气订了 1000 只"神马"。标价 50 元的玩偶刚"出炉"就被一抢而空，尝到创业甜头的安璇，又赶紧加急订了一批，这次她设计了雌雄两个角色，给本来就抢手的玩偶更是加了一把力！

细心的安璇注意到最近几个月的销售数量明显下滑，在调查中有不少人反映玩偶太过单一。为了改变现状，安璇开始在网上查找更多的网络名字："鹳狸猿"（管理员）"鶈鸽"（春哥）"萌萌"等。这下，安璇的小店又红火起来。现在，她在网络上广发英雄帖，征集网友笔下的各种神兽，一旦被选中，还会获得奖金。这样，创意玩偶层出不穷，给安璇带来了莫大的财富！

在很多人看来，一个简单、逗趣的网络用语，只是平时的玩笑话，但是说者无意，听者有心。安璇的成功，更加说明，一个创新的创业项目对刚创业的大学生来说是多么可贵。

2. 创业机会的识别

自从美国爆发经济危机以来，全球经济受到了或多或少的影响，形成了更加困难的就业环境。大学生在这样的背景下选择创业，应该慎之又慎。如今发现创业机会不是什么难事，但是适合他人的机会并不一定适合每一个大学生创业者，所以如何识别创业机会，是每一个大学生创业者的必修课之一。

能否准确识别正确的创业机会，是关系到能否创业成功的重要前提之一。从创业的角度来说，它是创业的起点，也可能是创业的终点。在一个错误的机会里谋求发展，那你所做的一切努力注定是徒劳的。尤其是对于大学生创业者来说，他们能支配的创业资金非常有限，大多是借来的，如果将有限的创业资本投入不合时宜的创业项目里，那失败对于大学生创业者的打击将会是成倍的，甚至从此失去再次创业的信心。因此，那些希望自主创业的大学生，事先必须对所出现的创业机会有比较客观、准确的甄别。

大学生对于创业机会的选择，通常可以从以下几个方面考虑。

（1）创业时机是否成熟。

每个创业者对于时机的把握有很大的主观性，这需要创业者先对自己有个全面、客观的认识，在选择创业之前，不妨先问问自己这样的几个问题。

① 你了解你将要进入的行业吗？

② 你有不同于竞争对手的特点吗？

③ 你协调的各种资源能满足这个项目的需求吗？

④ 你是否充分做好了吃苦耐劳的心理准备？

⑤ 你是否能接受创业带给你的各种失败的打击？

假如这 5 个问题你的答案都是肯定的，那你就具备了把握创业时机的主观条件。在创业的过程中，你可以自信地许下诺言，即便失败也有能力承受。

【案例】

周伟毕业于北京某艺术学院。毕业后一直忙碌于寻找工作。一次偶然的机会，周伟结识了一位善于做展览模型的朋友，或许因为自己是艺术生出身的缘故吧，周伟慢慢地喜欢上了这位朋友的工作。在向朋友学习的过程中，周伟发现小小的展览模型里蕴藏着巨大的商机。于是跟着这位朋友学习了半年后，周伟招聘了两个员工，开办了一家模型制作工作室。

不久，周伟的工作室就拿到了一家大型企业的制作订单。因为是第一次合作，又是一个大客户，所以周伟对于这笔订单格外重视。不过事有不巧，在制作的过程中，制作机械出现了故障，导致即将完成的模型功亏一篑。眼见第二天就是约定的交付期限，此情此景让那两名员工一筹莫展。

焦急的周伟并没有绝望，他给客户打去电话，真心实意地向顾客道歉，还又向客户解释了模型制作失败的原因。最终，客户被周伟的诚意打动，同意再给周伟 3 天时间。

听客户说事情有缓冲的机会，周伟的眼睛又亮了。这次在更换了新设备后，周伟对每一个制作过程不敢有丝毫的松懈。在连续工作三天三夜后，周伟如期将一件质量上乘的模型交给了客户。交货的时候，客户见周伟的眼睛里布满了血丝。优质的模型，再加上真诚的态度，换来了客户的赞赏。此后这家企业不仅多次在周伟这里制作模型，还将周伟的工作室推荐给了多家企业。

一个看似就要失败的生意，为什么最后能奇迹般地顺利做成呢？以自己的真诚和客户交流，打动客户；面对失败永不言弃以及坚韧、吃苦的精神，这就是一个成功创业者应该具备的素质。

创业时机是否成熟，客观因素是不得不考虑的。另外，对于呈现在面前的创业机会，是否能发现其中蕴藏的巨大商机，这种商机的潜力是否足够巨大，也是要考虑的。假如这些外在条件没有达到预期，那就得再三掂量一番。

只有将创业能力和创业条件进行综合考量，你才能确定这是不是一个最佳的创业时机。

（2）对市场信息和变化规律的掌握是否充足。

市场环境往往决定了你的创业构想是否可行，尤其是在如今变幻莫测的市场里，“昨天的老黄历并不一定适用于今天”。创业者必须做到随时掌握市场的动态信息，才能长久地立于不败之地。特别是对大学生创业者来说，在学校学到的只是一些常规知识，而市场上大多考验的是创业者随机应变的能力。跟不上市场变化的节奏，就很有可能被市场无情地淘汰。因此，掌握市场动态信息及其变化规律，是识别创业机会的必要参考。

（3）选择的创业机会是否实际可行。

我们总是劝人要量力而行，这句话同样非常适用于大学生创业者。假如以上几条因素你都已具备，但是所看中的创业机会大大超出了你所能承受的范围，那么最好不要行动。因为在不切实际的创业选择上一意孤行，无异于飞蛾扑火。创业者在憧憬成功的同时，也应该考虑到可能失败。试问，失败之后，你将何去何从？

【案例】

王静在大学期间一直经营着一家网店。虽然只是兼职，但是由于王静细心地打理小店生意，每个月挣生活费不成问题。

大学毕业后，王静没有上哪个单位应聘，而是选择开一家卖帽子的小店。虚拟加实体店的经营方式，很快让王静尝到了创业的甜头。生意也是一天比一天好。

积攒了一定家底后，王静计划着搞点更大的项目。在思考一番后，王静做起了童装生意。王静想，童装和帽子都是人们必需的穿戴品，既然卖帽子都能卖得好，卖童装没理由做不好啊。

实际上卖起童装来，很多头疼的问题就出来了。首先是款式问题，帽子基本是大同小异，对样式的要求相对来说没那么高。童装的样式却是琳琅满目，进货的样式不对，就没有顾客光顾。其次是尺寸问题，王静过去不是很关注这个问题，所以那些童装的大号、小号什么的，把王静的眼都看花了。童装生意日落西山，开张没一个月，王静就不得不关张大吉。

像王静这样的大学生创业者，没能做到量力而行，冷静、客观地分析自己的创业机会。

创业如同作战，需要仔细考虑创业过程中的天时、地利、人和等因素。王静因为经营帽子的成功，就乐观地认为童装经营也没问题，显然这样的创业想法带有很严重的风险性。她最后的失败就再正常不过了。

对于创业机会的开发，应秉承以下 3 个原则。

① 正确认识资源平台。长久以来，人们一直认为创业只有在具备了资源平台的前提下，才能顺利地开展。这样的想法有一定的道理。创业者在发现一个创业机会后，一般会努力收集有关方面的资源（人脉关系、社会关系、资金提供者、技术等），从而将所有可利用的资源重新整合，作为创业的基础。对于大学生来说，实际情况是他们很难获得足够的资源，如可靠的项目、充足的资金、发达的人脉网，这些是大学生创业者很难具备的。因此，对于大学生创业者来说，就要转变创业开发的思路，创业并非只有在各种资源齐备的前提下才能进行，在资源缺乏的情况下也能找到机会。从创业的本质来说，市场经济无论是好与坏，始终都有机会，我们要做的就是去发现和利用这些机会。

【案例】

小李是厦门某师范学院有名的"数码控"。让人感到不可思议的是，小李这名在校读书的大学生，在不到一年的时间里，已是两家智能手机店的老板，他的智能手机店月销售额达 10 万元左右。

同许多"80 后"的学生一样，小李对智能手机情有独钟。从上高一开始，他就背着家人偷偷地买了一部智能手机。之后的两三年，小李更是不停地换手机玩。小李说，他玩手机的方式主要是通过在网上购买比较低廉的二手智能手机，然后通过拆机装机，了解智能手机的内部构成，再翻新后找机会卖出去，经常小有赚头。

进入大学后，虽然小李学习的是动漫设计专业，但是他有机会接触到大量的电子设备，这无形中促进了小李对电子产品的学习。在校园里，小李是同学们眼中的"手机达人"，同学里谁的手机要是有点小毛病，就找他修理。俗话说熟能生巧，据小李介绍，后来他闭着眼也能轻松地拆装苹果手机。

大二的时候，小李利用课余时间到朋友开的手机店里做兼职，有机会与很多购买手机的客户交流手机的操作经验。在与客户的频繁接触中，小李发现这里面的巨大商机。于是在大二暑假时，小李开始实施创业计划，因为大二暑假后，学生们有一段较长的实习时间，小李正好利用这段时间，在老家开办了一家智能手机专卖店。

起初父母担心小李没有做生意的经验，不具备独自创业的条件。在父母看来，儿子只要能开心读书，将来找份稳定的工作就好，不需要去冒这个风险。后来禁不住小李的再三恳求，他父亲才勉强同意拿出 8 万块钱作为小李的创业启动金。

创业初期是很艰苦的，为了降低运营成本，小李什么都是单打独斗。每天很早起床，第一件事就是到各大卖场看手机价格浮动情况，然后回去调整自己的销售价格。

后来小李总结他的成功经验时说："我成功主要有两点原因。第一，定位准确。卖手机要么做低端市场，要么做高端市场。我周围大部分做的是低端市场的山寨机，我就选择经营高端市场的智能机。第二，高效率利用我的资源。和别家卖手机的相比，我资金少，经验少，但是我有能利用的资源，例如，对自己技术的自信，以及合理地利用手里有限的资金，这些都是我的优势。”

如今，小李的手机店已经扩展为拥有10多名员工的大手机店，平均月销售额在10万元左右，这让他的同龄同学羡慕不已。

资源分为两种，有形资源和无形资源。通常有形资源包括资金、设备等，这或许是一些大学生创业者的硬伤，但是也不能忽视对无形资源的开发，有时候无形资源所起到的作用要大于有形资源。例如，案例中的小李通过独特的经营，将一家脆弱的新手机店，经营为有一定名气的成熟手机店，如果他不是合理地整合自己的资源，是绝对办不到这些的。

② 具有创新理念。对于大学生而言，创业本身就是对生活方式的一种创新。因此，创新是大学生创业的动力和发展的源泉。根据相关机构统计，近几年来，全世界平均每年约有100万家新公司诞生，这些新公司大多数都是那些有意创业，或者找不到工作被逼创业的大学生所开办，而且规模多在20人以下。因此，创新与创业是当代青年大学生的历史使命，学习创新与创业是我们立人、立家、立业、立国的首要任务。只有具备创新精神的创业者，在市场中才更具生命力和竞争力。

【案例】

李洋大学毕业时正赶上金融危机，这给本来就业就艰难的路上又增加了一道关卡。但是这并不是李洋向命运低头的理由。近日，李洋和几名刚毕业的大学生开起了“天气生活馆”，靠天赚钱。

李洋介绍说，店里陈列的商品统称为“天气商品”。遇到雨天，店里最显眼的位置放上各式各样的雨具；晴天时，店里的产品就改为太阳镜、太阳帽等；季节变换时，店里会做出相应的调整，尽量满足客户的需要。为了突出特色，李洋专门到厂家定制一些外贸货物，或为情侣定制手绘品。这些别出心裁的措施为小店赢得了不少人气，加上价格适中，自然吸引了不少客户。

③ 尊重个性与兴趣。有句话叫“兴趣决定成功”，或者还可以在后面加一句“兴趣包容失败”。当做一件感兴趣的事时，你可以斗志高昂，乐此不疲地沉浸在努力的喜悦中。即便最后结果不尽如人意，你还是会为能拥有这样一次“检验兴趣”的过程而感到欣慰，不会感到一无所获。同样，当你决定实施一项创业项目时，也应该尊重你的个性与兴趣。假如项目与兴趣存在着严重的冲突，应该评估一下利润与损失的快乐是否成正比。

3. 创业机会的评价

“创业有风险，学生应谨慎”，这并非信口开河。现今，我国的大学生创业成功率远远低于欧美发达国家。根据2011年的统计数据，我国大学生成功创业的比例仅为3%～4%，同期美国的这一比例却高达 20%～25%，这一差距不得不令教育机构重新重视对大学生创业的教育和指导。

面对如此不乐观的创业成功率，每个大学生创业者都应对创业机会做出及时、准确的评价和取舍。对创业机会盲目的取舍，不是错失良机，就是深陷泥潭。这个世界上不存在零风险的投资，投资的过程中会不时地出现各种不可预知的阻碍，或许会成功，也可能失败。成功的创业说明你的运气比别的创业者好；失败的创业或许是在为你下一次创业成功奠定基础。总之，在选择创业机会之前，要对创业机会有一个预先的评价。

（1）创业机会评价的分类。

创业机会的评价可分为风险评估、市场评估和效益评估，这 3 个方面的分析如下。

①创业机会风险评估。对于大学生创业者来说，创业风险的评估主要应从宏观和微观两个方面分析。

a. 宏观风险评估。自美国次贷经济危机爆发以来，全球各大经济体都受到了不同程度的影响。这样的经济影响将会是一个长期的过程，并非一朝一夕就能恢复元气。历史告诉我们，每一次经济危机爆发，必然会改变普通消费者的消费理念和消费方式。

b. 微观风险评估。微观风险评估就是将创业中能遇到的各个环节上的风险进行估计。

● 项目盲目性评估：大学生创业之前，一定要亲自去做市场调研和分析。仅凭空泛的想象，只能是盲目创业。了解了市场的行情，才具备创业的基础。大学生一般不具有深厚的经济基础，因此，建议大学生创业者选择从那些启动资金不高、人员配置不高的小项目做起。

● 技能风险评估：另外需要考虑的就是大学生缺乏技能、实践经验的现实。真正的技术只有通过实践才能检验出来，这样的技能在学校的实验室里根本学不到。

● 竞争力风险评估：眼光长远的创业者，一定是着眼于将来企业能够发展壮大，企业是否具有竞争力决定了企业的发展。

● 管理风险评估：虽然有些大学生无论是在理论还是技术上都有着十足的把握，但是缺乏企业管理的经验，可能导致创业以失败告终。因此，建议大学生以网店或者家庭创业的方式做起，慢慢地锻炼管理能力，积累管理企业的经验。

● 无意识风险评估：无意识风险，简单来说，是指创业者心理层面的影响。例如，过于依赖某人、过度追求成本与收益的平衡，以及抱有投资侥幸心理。这些风险看似是无形的，其破坏性却是不可估量的。

②市场评估。

a. 定位评估：一个好的创业机会，一定具有市场定位。例如，你所针对的消费人群是哪些，你的创业项目走的是高端市场还是低端市场。市场定位不仅给创业者明确了努力的方向，也留给了消费者更加良好、清晰的购买服务印象。

b. 运作评估：创业运作评估主要包括顾客、供货商、经销商、替代产品的危险性，以及同行竞争力度这五大要素。只有掌握了这些，你才能清晰地认识到企业在市场上的地位。

c. 规模评估：创业起步的规模决定了在市场上的发展力度。例如，规模较大的企业往往进入市场的阻力较小。不同规模的市场往往也是影响创业是否可行的标准。比较完善的市场规模，其成长空间不足，创业前景和利润的上升空间自然也很有限。

d. 产品服务的成本评估：创业成本是否能够得到控制，这关系到今后的利润是否可观。这里所说的成本不仅包括资金上的成本，还包括劳动成本和服务成本。假如创业者的投入是以牺牲自己的健康为前提的，那即便有着高昂的资金收益，也是不合算的。

③效益评估。

a. 税后净利润。假如一个创业投资能赚取 15%的税后利润，那么这个创业机会值得一试。如果税后利润在 5%以下，则不值。

b. 毛利率。一般毛利率越丰厚的创业机会，相对风险性就越低，越容易达到收支平衡。相反，那些毛利率较低的创业机会，其风险性较高，一旦做出错误的决策，对创业者的打击和损失就较严重。通常好的创业机会毛利率要控制在 40%以上，假如毛利率低于 20%，则可以果断地放弃这个创业机会。

c. 收支平衡的时间。一家正常运转的企业，一般在创业两年内达到收支平衡，两年后开始盈利。假如三年还达不到收支平衡，企业就很难再有发展前途。

d. 市场活力考察。当项目置身于一个具有高度活力的市场时，相应的利益回报率就越高。选择不同时期入市，遭遇的入市门槛就有所不同：选择在市场活跃期投入资金创业，一般入市的门槛比较低；选择在市场低潮期入市，则要求的入市门槛比较高。

e. 市场自由度。无论是赢还是输，都可以自由地选择继续或是退出市场。但有时候市场会牢牢地拴住你的资金，不但不会让你退出，反而会逼迫你继续向市场投入，这样的创业机会需谨慎选择。

（2）创业机会评价目标。

①认识创业机会的价值。创业机会评价不管是对于创业主体还是对风险投资商来说，都是一个挖掘创业机会价值的必要过程。一个创业机会能不能开发，其根本标准是看该创业机会本身是否能够给消费者带来持续的商业价值。因此，对创业机会进行评价的目的是挖掘其潜在的商业价值。

②减少创业风险。风险与价值是同时存在的，对于创业者来说，创业资源往往是紧缺的，而创业环境往往又具有不确定性。因此，如何规避创业风险是创业者最关心的问题。

③吸引风险投资。对于创业者来说，创业资金一般是最为紧缺的。如果在这个时候吸收风险投资就能够很好地促进创业机会的开发，不过，风险投资商的钱也不是那么容易就能拿到的，投资商需要对创业者所提供的创业机会进行科学评估，通常这个评估是很苛刻的。如果将风险投资商的评价和创业者的评估结合起来考虑，以此作为创业者评价创业机会的标准，这样就能为在风险投资商进行风险投资评价时起一定的借鉴作用，又能为吸收风险投资打下基础。

3.3　创业风险识别与防范

创业风险是指企业创业过程中所存在的各种风险。由于创业过程中存在着各种不确定性和未知因素，例如，环境的不稳定、创业机会复杂、创业团队成员实力的参差不齐，导致创业的结果也是截然不同的。那么作为大学生创业者，究竟该如何识别创业风险呢？

1. 创业风险的主要类型

创业风险是指在企业创业过程中存在的风险，由于创业环境的不确定性，创业机会与创业企业的复杂性，创业者、创业团队与创业投资者的能力与实力的有限性，而导致创业活动偏离预期目标的可能性。

从创立企业的功能上，创业风险可分为五大类，即创业管理风险、创业市场风险、创业资金风险、创业技术风险和创业环境风险。

（1）创业管理风险。

创业管理即创业者对机会、资源和团队三者的协调管理，它要求企业管理层做到延续注入创业精神和创新活力，增强企业的战略管理柔性和竞争优势。一名优秀的创业者，可以不具备优秀的个人技术，但他一定要是名优秀的管理者。发达国家成功的创业企业，都是由技术专家、管理专家、营销专家和财务专家组成的有机结合体。

创业管理风险，即创业者对机会、资源和团队三者任何一方面出现协调管理不当的风险。创业管理更强调团队中不同层级员工的协同创业，而不是单打独斗式的创业。

【案例】

2010 年，拥有芯片无线传输模块新技术的秦溢创办了自己的公司。这位以才子自居的大学生在同学里面颇有号召力。得到他创办公司的消息后，好几个同学都找到他表示愿意加入，一同创业。这些被他吸引来的人都是平时与他关系较好的同学，好多是在大学期间进行技术问题研讨时认识和熟悉起来的，所以说，他的团队技术实力非常过硬。

公司创立后，秦溢的主要精力放在了无线传输模块的技术改进方面，公司的管理交给团队中的一名成员。几个月下来，秦溢发现公司内部纪律不严，员工工作积极性不高。于是他开始留心日常管理工作，才发现原来公司的财务工作更是一塌糊涂。

他马上意识到不能这样下去，要不然公司就垮了。于是，他找负责管理工作的团队成员谈心，主动提出要多承担管理工作。

他的这个想法一说出，负责管理的团队成员长长地舒了一口气："我本来就是做技术的，这几个月让我做管理，真是头都大了，还是你来吧。"就这样，秦溢接过管理的担子，谁知不试不知道，管起来才发现管理工作难做。又经历几个月的痛苦煎熬，他决定从外部引进管理人才，最后才化解了公司一成立便存在的管理危机。

拥有先进技术是技术型公司成功的重要基础之一。但仅有技术，没有得力的管理人才，先进技术的效用也得不到最大程度的发挥。管理不是小事情，它关系到创业者能否充分整合现有资源，形成团队合力，共创成功。

（2）创业市场风险。

创业市场风险是指在市场实施期间，由于市场环境的变化导致创业失败的情况。简单地说，新企业在创业之初，总会推出一些新型产品吸引消费者，许多消费者因为对新产品陌生，都采取观望态度，假如这种情况长时间持续下去，往往会使企业半路夭折；或者创业者对产品价格定位失误，导致产品的销售业绩长时间徘徊在低位，也会导致创业的失败。

新产品推向市场能否得到市场的认可，是很难预料的。所以在推向市场前先要多做调研，使产品尽可能地符合大众需要。此外，在遇到问题时，还要及时进行调整，做到时刻紧跟市场脉搏。

（3）创业资金风险。

创业风险中，最致命的恐怕要数资金风险了，因为创业中投入的资金极有可能会血本无归。大学生在创业初期，缺乏资金是最普遍存在的问题。例如，创业销售型企业，资金短缺有可能导致货源供应不上，就有可能流失客户；或者是创立某高科技技术企业，资金一旦供应不上，导致高科技技术无法转化成现成的产品，时间一长辛苦研究的技术就会迅速贬值，最后的结果是前期的投资付诸东流。

【案例】

朱同学大学毕业后，一直未能找到工作，就想自主创业。但是家庭条件不是很富裕，加上自己又是刚刚毕业，几乎没有任何积蓄，他就想到银行无抵押贷款 2 万元，作为创业资金。可是听别人说无抵押无担保贷款非常难贷到，他就先咨询了法律专家。

专家告诉他，一般无抵押创业贷款风险非常大，也非常难贷到。贷款的大学生必须具备这样几个基本条件：首先，企业要有固定的经营场所和个人住所；其次，贷款者要具备营业许可证和营业执照等必备证件；最后，创业者要准备一定比例的自由启动金。鉴于朱同学不太乐观的贷款条件，专家建议他去当地劳动局申请贴息小额贷款，这种贷款数额小，还贷时间灵活，很适合朱同学。所谓贴息小额贷款是贴息贷款的一种，是指国家为扶持某行业或特定群体，对该行业或特定群体的贷款实行利息补贴，贷款额度数量较小的贴息贷款。大学生创业符合国家贴息小额贷款的扶持条件，即便朱同学没有担保也没关系，国家会替大学生创业者作保。这样一来，就能将创业资金风险降至最低。朱同学听从了专家的建议，成功获得 3 万元的贴息小额贷款，开始了创业之路。

（4）创业技术风险。

技术创新与产品生产之间存在着天然的鸿沟，不是所有技术创新都可以在实践中转化为产品。一旦新技术在产品生产过程中出现障碍，那么掌握新技术的创业者极有可能要面对失败的结局。

【案例】

小李的专业是电子与信息技术。在大学期间他很注重实践能力的提高，当看到即时通信软件不断推出，他也尝试着设计自己的即时通信软件。

软件设计完成后，他在校园网内做了一些测试，根据测试的结果，他请教老师并再次进行了改进，经过反复测试改进后，他爱上了软件设计这个行业。

毕业时，小李开发了自己的软件，并注册成立了一家软件设计公司。经过老师的牵线搭桥，小李找到软件投资商，软件投资商很看好他的软件，要求他完成软件的跨平台移植，小李的软件只能在 PC 端使用，他要完成的是手机版和网页版的软件。按照约定，小李完成这样的设计工作并调试正常后，投资商将购买该软件。

开始设计网页版时还比较顺利，但手机版的设计一直没有进展。经过近一年的研究，小李发现他的软件存在致命缺陷，需要重新设计。听到这个消息后，投资商马上中止了与小李的合作。

大学生创业者创办创新型技术企业，担负着高于普通企业的技术风险，所以要一方面谨慎入市，另一方面寻求风险投资的支持以求度过技术风险期。

（5）创业环境风险。

影响创业的因素很多，包括市场需求变化，政治、政策、法律法规的调整，以及突发的自然灾害等。这些因素共同构成了创业的大环境，其中任一因素的改变，都可能对创业者带来致命的打击。因此，大学生创业之前，必须重视创业环境的分析和预测，从而将创业风险降至最低。

【案例】

小王的创业梦想在2007年变成了现实。

毕业后小王在学校创办了一家铁通电话超市。作为大学生，小王对思乡之情有着深刻的了解，学生最苦恼的就是电话费太贵，每次都有很多话要说，可只能说一会儿就挂断。于是小王就产生了创办一个电话超市的想法。由于各种原因，在校时这件事情没有做成，毕业时，他却如愿以偿了。

刚开业时，来电话超市打电话的人比较多，生意也不错。为了吸引更多的顾客，小王接连推出了许多优惠活动，同学们得了实惠，他的盈利也越来越多。

2008年，电话超市却迎来了不好的消息。中国铁通和中国移动合并为一个公司，关于电话超市的合作细则将要做出调整，此外，还要重新进行Logo的更换等。这一变化让小王措手不及，怎么办呢？继续经营还要投入新的资金，而且调整后的政策还不知道会有哪些变化。

更为恶劣的消息传来，小王彻底绝望了：那就是资费要向上进行调整。电话超市的优势就在于价格，如果涨价，那么现在的大好局面就有可能永远不再回来。思虑再三的小王放弃了创办的铁通电话超市。

2. 创业风险的特征

（1）客观性。

创业的风险往往是客观存在的，它不会因为人的意志而转移，无论创业者是否意识到，它都会客观地存在于市场环境中。由于企业的内外部环境的发展变化具有不确定性，所以创业风险也是无处不在的。如每个产品都有生命周期，在每个阶段都会客观存在着风险，一旦产品的结构、质量、更新换代速度等某一个方面与市场需求脱节，就会导致产品缺乏竞争力，那么该产品就会被市场淘汰，企业也很有可能被迫停止运营。所以说，客观性特征就要求创业者能采取正确的态度，承认和正视风险，积极应对风险。

（2）不确定性。

创业风险最大的特征就是具有不确定性。通常情况下，创业风险会随着环境的变化而产生，也会随着环境的变化而消失。如国家政策的变化，遭受意外事故（战争的爆发，台风的袭击），人为失职破坏等，虽然这些变化的发生是有原因的，但是发生的时间肯定是难以预计的，也就是这种难以预知性造成了风险的不确定性。也就是说，客观条件的不断变化导致了创业风险的不确定性，而不确定性会通过很多形式表现出来，如不幸事件发生与否的不确定性；损失发生的不确定性；可测定的不确定性。

（3）潜在性。

很多风险不一定存在于表面，它往往还具有潜在性。如企业如果在产品或服务等方面与消费者发生纠纷或是造成消费者重大损失，就会使企业的整体形象遭到损害，导致企业信誉度大大降低，最终使得企业陷入危机。人们所熟悉的“瑞典红牛饮料事件”、“三株口服液事件”都属于这类情况。

（4）损益双重性。

通常情况，风险和机会是同时存在的。在一定范围内，风险会随着创业环境的变化、或是随着时间的推移变为机会。所以说，风险对于创业收益不仅只有负面影响，如果能够把风险充分利用起来，反而会使风险很大程度地受到控制，并转化为新的创业机会。

【案例】

在 2000 年 1 月，中美史克公司由于感冒咳嗽药——康泰克处方中含有 PPA（苯丙胺）成分而遭到“PPA 禁令”，由于康泰克是中美史克公司的主要产品，一旦被要求停止使用和销售，中美史克遭受的直接经济损失就会高达 6 亿多元人民币。但中美史克经过及时的信息沟通、媒体关系管理和新产品的开发，在“PPA 事件：”289 天后，新康泰克以“国际药监局验证通过新康泰克、新配方，不含 PPA。OK！确认无误！新康泰克还是早一粒，晚一粒。远离感冒困扰”的广告语重返感冒药市场，并迅速获得了大额订单。

中美史克公司有效控制并处理了重大危机，并占领了更多的市场份额。这也充分地说明了创业者在面临风险时，不应该消极地预防，更不应该惧怕，而是应该将风险当作是一种经营机会，敢于去承担风险，在与风险的斗争中战胜风险。

（5）可测性。

虽然风险具有不确定性和潜在性，但创业者同样也可以根据详细的系统分析来推断风险，从而将某种风险发生的概率及其造成的经济损失程度的系数降到最低。另外，风险的测量过程也就是对风险的分析过程，它对风险的控制与防范、决策与管理具有举足轻重的作用。

（6）相关性。

创业者面临的风险与其投资创业行为及决策有着紧密的联系。同一风险事件对不同的创业者来说所产生的风险程度是不同的，同一创业者由于其决策或采取的策略不同，也会面临不同的风险结果。如 20 世纪 80 年代，全球范围的兼并、收购热潮，使众多的大公司、跨国公司实现了多元化经营，可是，在执行的时候，这些公司中很多公司并没有达到预期的效果，有的甚至发现自己进入了一个完全陌生的行业，既做不好新行业的经营，又耗费资源和时间，最终以失败告终。不过也有些公司成功了，企业规模得到了较大的扩张，多元化经营使得企业在市场竞争中游刃有余，有效地提升了企业的效益。决策是创业者根据自身状态自主选择的结果，决策是否正确，直接影响着创业者面临的风险及其程度。

3．创业风险的防范措施

（1）做好创业前期的准备。

创业是否成功，很大程度上取决于创业前期的准备工作是否充足。前期准备不充足，就为创业埋下了很大的隐患。通常大学生创业前期，要客观判断自己是否具备创业相关的技术、技能和素质，同时要衡量产品所需资金是否在自己可承受的范围内。其他准备工作还包括市场定位调查、产品销售渠道、创业团队构成分析等。

（2）强化风险识别意识。

创业者应该明白这样一个道理：在创业过程中，风险是如影随形的。大投资有大风险，小投资有小风险。树立正确的风险意识，并强化自己的风险嗅觉，才能以最小的代价面对风险带来的危害。

【案例】

今年刚毕业的小艳，因为一时找不到合适的工作，所以就在网上搜索哪些创业项目可以让大学生致富。经过再三筛选，小艳准备在网上开一家服装加盟店。

与这家加盟店取得联系后，对方并没有提出要考察她是否具有开店能力的要求，而是以建加盟档案为由，让小艳给他们汇去1万元的加盟经费。小艳想都没想就将1万元钱汇了过去。第二天，对方又以考验小艳的加盟诚意为由，让小艳再汇去1万元。小艳也是创业心切，不假思索地又给对方汇了1万元。谁知第三天，对方又有了新说法，对方声称创业投资额是越多越好，如果小艳一时凑不到足够多的创业资金，公司可以给小艳申请5万块的贷款，前提是小艳需要先缴纳7%的贷款利息，此时依然执迷不悟的小艳又将自己的材料和4000元现金汇给了对方。

骗子的贪欲是无穷无尽的。随后对方再次要求小艳缴纳3%的保证金，此时的小艳才恍然大悟，对方多次要求自己汇钱，莫非是中了骗子的圈套。于是小艳告诉对方要退出加盟，要求对方退款，谁知对方以各种理由拒绝退款，最后小艳报警才将钱追回。

还没走出大学校门，就想着“天上掉馅饼”的好事。许多骗子就是利用大学生这种迫切的心理，早早设计好了一些连环套，等着大学生往里钻。再次提醒大学生，创业风险无处不在，提高风险意识，为自己的创业多加一份保险。

（3）拓展融资渠道，科学管理资金。

资金的多少决定项目的发展。确定企业运作的项目后，创业者要明确资金的来源是否充足、可靠，同时不应将资金来源单一化，多元化的融资渠道能够大大降低创业风险。对资金做到科学化管理是很有必要的，创业者应在企业内部建立良性运转的资金管理制度，保证创业资金合理利用，避免出现资金浪费等不良现象。

大学生创业融资小技巧。

① 巧选银行，贷款货比三家。相对来说，大学生创业选择贷款是个很不错的融资方法。

在向银行贷款时要根据自身条件，仔细选择贷款银行。一般地方银行对贷款者的手续要求低一些，但利率浮动较大。国有商业银行利率较低，但手续要求严格。大学生要对各银行的利率及额外收费情况做详细调查，选择付出成本最低的银行贷款。

② 亲情借贷。这无疑是最快速、最有效的融资方法，假如你的亲人里，有剩余钱款存在银行，你可以高于银行利息为借贷条件，快速凑齐创业资金。这样不仅解决了个人资金问题，亲人们也能有所收益。

③ 创业融资宝。这是指将个人私有物品进行抵押贷款，只要价值在 300 元以上的物品都可以进行抵押，或是在法律允许下，抵押他人的物品，为创业者贷款。

（4）积极利用社会资本。

社会资本是个广泛的概念，它包括师生关系、合作伙伴关系以及客观关系等。大学生创业者的根本问题是经验的缺乏，这时不妨利用师生关系，从他人的身上学习一些创业经验。或者创业者以良好、诚信、优质的服务，牢牢抓住客户，客户也能客观上分担创业者的风险。当然在如今这个提倡合作共赢的经济时代，与上下游企业展开纵向合作，也不失为降低风险的好措施。

【案例】

研究生毕业的张力，在××市经济区开办了一家生物芯片研究所。创业 4 年来，张力的创业之路走得相当平稳，因为在他的身后，有一支创业导师队伍在帮助着他——××经济区高科技创业中心。该创业中心正是为了避免大学生创业者走弯路才成立的。这里会聚了一批创业经验丰富的专家，专家能为大学生创业者提供创业指导，这大大降低了他们的创业风险。

2011 年，在创业中心的倡导下，该经济区的中小企业集体融资 1 个亿元，竞购下一项经济区发展计划项目。所有的融资企业，不管出钱多少，都是项目参与人。融资人多了，每个人所担的风险也能控制在可承受的范围内，加上有创业专家一路护航，该计划项目最终顺利、圆满地完成，大家都分得了因投资而享有的那份收益。

社会资本是一笔无法用具体数字来衡量的财富，有时候它比金钱资本更具有帮助性。一个好的创业者，一定掌握着足以支撑企业发展的社会资本，这样才能使创业者面对任何困难时都能做到八面玲珑，不至于使企业陷入无路可走的困境。

3.4　商业模式的开发与评价

1．商业模式的内涵

什么是商业模式？商业模式的概念引进得很早，1887 年 10 月，亚信总裁田溯宁到美国融资，美国著名的投资商罗伯森问他：“你们公司的商业模式是什么？”当时田溯宁被问得一头雾水。罗伯森举例说：“一块钱进入你们公司，绕着公司转了一圈，出来的时候变成了一块一。商业模式指的就是这多出的一毛钱是从哪里来的？”其实罗伯森对商业模式的描述，重点突出的是企业内在逻辑，偏向于企业赚钱的过程，忽视了为客户创造价值。

如今，学术界对商业模式有着更全面、更客观的定义，商业模式是指为了能实现客户价值最大化，将企业内在和外在所有要素进行整合，从而形成高效率且具有独特核心竞争力的运行系统，并且通过推出的产品和服务，达到持续盈利目标的组织设计的整体解决方案。其中，“整合”“系统”“高效率”是先决条件和基础，“核心竞争力”是方法和手段，“客户价值最大化”是主观目的，“持续盈利”才是最终的检测结果。确定企业的商业模式，不仅仅是告诉你企业的努力方向，更是指明了通往方向的路。

2．商业模式的赚钱逻辑

（1）发现商业价值。

或许很多大学生创业者都有这样的商业理念：“只要生产出来产品，就会有顾客前来购买。”这种商业理念是错误的，产品的价值在于核心竞争力，如果绕过这一价值发现，创业者就会陷入错误的思维逻辑，这是许多创业者创业失败的重要原因之一。

【案例】

20 世纪 80 年代初，摩托罗拉公司专门成立了一家开发卫星电话的子公司——铱星公司。随后铱星公司推出了第一款铱星手机，当时铱星手机的定价是 3000 美元/部，通话费则是 3～8 美元/分。公司定位的消费人群主要是那些经常需要远途工作的商务工作者、建筑工人和海上监察人员，以及各国的军队人员。可是直到 1888 年 7 月，全球铱星手机用户只有 2 万人，铱星公司至少需要 5.2 万名客户才能勉强符合贷款合约的要求。一个月后，铱星公司因拖欠银行 15 亿美元的贷款而宣布破产。

（2）匹配商业价值。

新创立的企业，不可能拥有满足客户需求的所有资源和能力，这就造成企业常常要独自面临巨大的机会成本风险。商业模式的确定，可以为企业明确商业合作伙伴，降低创业风险，满足客户需求。

设想你创立的企业，拥有一两家可靠的原料供应商，就能帮助企业更快速地发展。假如没有这些原料供应商的支持，那你就不得不付出高昂的库存成本，库存成本提升了，产品就无法在价格上取得优势。假如你能稳定地从供应商那里下订单，供应商将成为你忠实的合作伙伴，这不仅可以为你节省库存成本，还能大大降低成本风险。明确与企业价值相同的商业合作伙伴，就是匹配商业价值。

（3）获取商业价值。

获取商业价值和产生商业价值并非一个概念。企业最大的商业价值无非就是产品创新，眼下许多新创企业能够做创新的开拓者，利用创新产生较大的商业价值。但是由于创业者不懂得推销创新产品，导致最后无法享受创新成果。成功的商业模式可以为企业获取这样的商业价值。无视商业模式的企业，就等于忽视了商业价值的获取，最终造成“竹篮打水一场空”的尴尬局面。

【案例】

商业价值的获取，最典型的案例就是著名的谷歌搜索网站。它能通过以下几种方式获取商业价值：①巧妙地安排一些广告同搜索结果一同显示出来，这在无形中就做到了为企业打广告的目的；②向其他门户网站提供搜索技术；③向一些企业提供搜索技术，帮助企业建立内部搜索引擎，但是向企业保守细节搜索秘密；④严守其他的获利途径，即便再有经验的观察家，也无法得知他们的获利途径。

可以说，商业模式是谷歌公司的最高机密，严守秘密防止了其他企业成功复制其运作方式。谷歌向企业提供的搜索技术保密时间越长，就越能长时间获取巨额利润。

3. 商业模式开发方法

（1）开发产业链空白区。

创业者可通过审视产品或者客户服务的价值链，来发现价值链的哪个阶段能够以其他方式增加价值，或者从产业链中寻找经营空白区，利用这种空白区制定商业模式，来达到获取利润的目的。

【案例】

最初的盛大网络公司，基本是什么都做，但实际上什么都不能做好。游戏、动画、漫画和周边产品是应有尽有，事实证明这样的公司运作模式是失败的。后来盛大调整了产业链，专心做网络游戏；他们后来的商业模式是："每人交35元，可以试玩一个月的网络游戏。"这一改变不得了，短短4个月，盛大获得了超过1个亿的盈利。

盛大的成功给另一个人——上海分众传媒CEO江南春带来了启示。当时的江南春做广告代理已10年，碰到了发展的瓶颈。盛大的成功促使江南春开始反思自己的问题，经过对盛大的分析，江南春认为，盛大的成功在于寻找到了产业链的空白，而自己的市场代理行业在整个广告产业链里是竞争最激烈的环节，这就是这么多年来问题的所在。

明确问题后，江南春开始寻找新的商业模式。他曾在一家书屋冥想了好几天。为了找到灵感，这段时间他经常约朋友出来陪自己吃饭。一次偶然的机会，他盯上了写字楼的大门，想："在写字楼的大门贴广告，应该是别人没想到的。"随后江南春将国贸老板请出来喝茶，询问国贸老板是否可以在他们的写字楼门上贴广告。国贸老板当时是断然拒绝，在写字楼门上贴满各种广告，在国贸老板看来，是严重损害了企业形象。

吃了闭门羹的江南春难免有些失落，这之后一次偶然的机会，江南春又盯上了写字楼的电梯口。"电梯怎么这么慢啊!"等电梯的人的一句牢骚，引起了江南春的注意。假如让等电梯的人看电视，是不是就不会感觉电梯慢了呢？随后，江南春再次找到国贸老板，询问如果在他们写字楼的电梯口安装液晶电视，播放表演节目的同时，夹杂一些广告是否可行？这次国贸老板表示可以考虑。

虽然得到了国贸老板的首肯，但是新问题又出来了，因为过去从未有过人这样做广告，所以几乎所有企业都持一种观望态度。他在上海五十多家写字楼安装了液晶电视，却几乎没有什么广告业务。眼见自己的钱每天都在流失，却不见任何盈利，那时的江南春几乎做了最坏的打算。

这时候一名投资商找到了江南春，表示要投资他的视频广告计划。余蔚，软银中国区首席代表。当时余蔚的办公室就在江南春的对面。余蔚很早就注意到了江南春的视频广告计划，私下还进行了详细的市场调查。调查结果显示，江南春的这一创新项目回报率甚至可能高达 20 多倍。此后余蔚注资 1000 万美金，江南春将业务拓展到全国 4 个大城市。随后两年，江南春的业务遍及全国 52 个城市的 3 万多座写字楼。“圈楼行动”让江南春成为户外视频广告的先驱。

（2）差异化经营战略。

大多数的创新想法，都是源自一种差异化的经营策略。何为创新？与传统有明显区别的就叫创新。寻找这种创业区别，实际上就是一种差异化的经营。

【案例】

两年前，高沛沛还只是个初出校门，月薪只有 2500 元的小白领。两年后的今天，高沛沛已经是身家百万，小有名气的商界精英。那么是什么让她产生如此翻天覆地的变化呢？她的秘诀就是“挣懒人的钱”。

原来事出有因，高沛沛的男朋友就是一个标准的“新时代懒人”，家里到处摆满了懒人用品——倒计时定时器、电动拖把、自动烤面包机……只要能让他偷懒的东西，几乎都有。有一次高沛沛在家里举行生日宴会，前来聚会的朋友们看见了他们家的这些懒汉用品，科技含量高，而且耐用，最重要的是能为每个人节省很多的操作时间。朋友们一个个喜欢得爱不释手。高沛沛从中发现了无限的商机，“既然朋友们都这么喜欢懒人用品，这里面蕴藏的商机该有多大啊！”

于是在和男朋友商量过后，高沛沛毅然选择了辞职。她用和男朋友共有的 6 万元积蓄，开了家“懒人用品店”。两个人分工明确，高沛沛负责到上海各大批发市场搜罗各种一次性用品，什么毛巾、牙刷、拖鞋、内衣裤等，他的男朋友则全国各地跑了一圈，带回来许多深受年轻消费者喜爱的时尚用品。在两人共同努力下，他们的生意越做越火，腰包也是越来越鼓。

谁知没过多久，上海本地陆续出现几家“懒人用品克隆店”，这些店铺把价格压得很低，严重影响了高沛沛的生意。生意不好，总不能坐以待毙。高沛沛经过认真分析，认为商品的质量才是经营的关键，只要店里的商品种类齐全，价格优惠，相信生意还是会恢复过来的。

之后，高沛沛往来于上海各种小商品交易会，还让男朋友上网查找国外出现的各种懒人用品。经过一番搜索，高沛沛的店里已陈列了 200 多种商品，涵盖了衣、食、住、行各个方面。她的小店生意不仅比过去还要红火，还将其他同行业竞争者比了下去。到了 2011 年，高沛沛已经发展了 3 家分店，其身家总值达 300 多万元，成为朋友羡慕的“成功创业家”。

高沛沛的成功案例，包含了两个差异化经营。

① 首先，选择“懒人用品”作为创业项目，本身就显示了独特的创业眼光。每个时期都会有一些受人追捧的热门行业，最后真正能做成功的，往往都是这些行业商机的发现者。只有突出创业者的差异性，才能首先占领那个有待开发的市场。

② 其次，当出现行业竞争者时，高沛沛能准确地进行市场定位。如何才能突出自己商店的与众不同？这是高沛沛首先考虑的问题。当别的竞争者都在着眼于抢占市场时，高沛沛却将注意力放在了产品身上，这又是差异化经营的体现。

（3）树立品牌核心价值。

对于创业者来说，掌握资源的多少往往决定着企业的发展。因此商业模式一定要向客户展示企业的核心能力和关键资产的价值所在。

① 核心能力：这是企业战胜竞争者的优势所在。它包括独特的产品制作设计能力、企业创新能力等，核心能力有四大特征。

- 独特的服务和技术。例如，联邦快递的服务口号：“我保证这辈子都不迟到，如有延误，原款退还。”
- 体现客户价值。例如，利郎商务男装所说的：“忙碌不盲目，放松不放纵，张弛有度。”
- 不可被模仿。例如，依云矿泉水所突出的“矿泉水中的奢侈品”。
- 可向新行业、新机会转型。例如，手机销售企业可随时转型为手机电池经营企业。

② 关键资产：指企业所拥有的稀缺的、有价值的事物，包括品牌、工厂设备、独特的合作关系等。例如，某企业拥有“中国驰名商标”品牌，或者有行业领先的技术设备，这些都属于企业的关键资产。

（4）连纵伙伴网络发展。

再大的企业，一般都不会完全拥有执行所有任务的资源，它们需要通过合作伙伴的帮助，一起完成整个供应链的各种活动。合作伙伴越多，表明企业可利用的资源越多元化。网络化的合作伙伴，能保证企业的供应链稳定运转。

4. 商业模式八大核心原则

（1）持续盈利原则。

判断商业模式是否成功的唯一的外在标准是看该企业能否持续盈利。因此设计商业模式的重要原则就是能盈利和如何盈利。当然，这里指的是持续盈利。持续盈利是指既要能盈利，又要能有发展后劲，具有可持续性，而不是一时、偶然的盈利。它是对一个企业是否具有可持续发展能力的最有效的考量标准。

（2）客户价值最大化原则。

商业模式能否持续盈利，与该模式能否使客户价值最大化有着直接联系。如果该商业模式不能满足客户价值，那么，即使盈利也只是暂时的、偶然的，是不具有持续性的。相反，如果一个商业模式能使客户价值最大化，即使暂时不盈利，但终究也会走向盈利。所以，我们应把对客户价值的实现与满足当作企业应该始终追求的目标。

（3）资源整合原则。

整合就是要优化资源配置，有进有退、有取有舍，以获得整体的最优。

①优化企业内部价值链，获得专业化集中优势。企业集中于产业链的一个或几个环节，不断优化内部价值链，获得专业化优势和核心竞争力，同时以多种方式与产业链中其他环节的专业性企业进行高度协同和紧密合作。

②深化与产业价值链上下游企业的协同关系，整体化。通过投资、协同、合作等战略手段，深化与产业价值链上下游企业的关系，在开发、生产和营销等环节上进行密切协作，使自身的产品和服务进一步融入客户企业的价值链当中，以提高产业链的整体竞争能力。

③强化产业价值链的薄弱环节，释放整体效能。包括由强势的高效率企业对低效率企业进行控制，或建立战略合作伙伴关系，或由产业链主导环节的领袖企业对产业链进行系统整合。

④把握关键环节，重新组织产业价值链。企业必须识别和发展所在产业价值链的核心价值环节（高利润区），并将企业资源集中于此，培育核心能力，构建集中的竞争优势，然后借助这个环节的竞争优势，获得对其他环节协同的主动性和资源整合的杠杆效益，使企业成为产业链的主导，构建起基于产业链协同的竞争优势。

（4）创新原则。

一个成功的商业模式不一定是在技术上的突破，而是对某一个环节的改造，或是对原有模式的重组、创新，甚至是对整个游戏规则的颠覆。商业模式的创新形式贯穿于企业经营的整个过程之中，贯穿于企业资源开发、研发模式、制造方式、营销体系、市场流通等各个环节，也就是说，在企业经营中，每一个环节上的创新都有可能变成一种成功的商业模式。

（5）融资有效性原则。

融资模式的打造对企业有着特殊的意义。我们知道，企业生存、发展和成长都离不开资金。资金已经成为所有企业发展中绕不过的障碍和很难突破的瓶颈。只要解决资金问题，就赢得了企业发展的先机，从而掌握市场的主动权。从成功的企业发展过程来看，无论其表面上对外阐述的成功理由是什么，都不能回避和掩盖资金对其成功的重要作用，而许多企业创业失败的原因就是没有建立有效的融资模式。如巨人集团，仅仅因为近千万元的资金缺口就轰然倒下；曾经与国美不相上下的国通电器，拥有过30多亿元的销售额，也仅仅因为几百万元的资金缺口而销声匿迹。所以说，商业模式设计很重要的一环就是要考虑融资模式。

（6）组织管理高效率原则。

每个企业管理者梦寐以求的境界就是高效率，这也是企业管理模式追求的最高目标。用经济学的眼光衡量，决定一个国家富裕或贫穷的砝码是效率，决定企业是否有盈利能力的也是效率。从现代管理学理论来讲，一个企业要想高效率地运行，首先就得从企业的愿景、使命和核心价值观入手，这是企业生存、成长的动力。其次是要有一套科学的、实用的运营和管理系统，解决系统协同、计划、组织和约束的问题。最后还要有科学的激励方案，这是如何让员工分享企业的成长果实的问题，也就是向心力的问题。

（7）风险控制原则。

商业模式设计得再好，如果抵御风险的能力很差，就会像在沙丘上建立的大厦一样，经不起任何风浪。这个风险指的是系统外的风险，如政策、法律和行业风险，也指系统内的风险，如产品的变化、人员的变更、资金的不继等。

（8）合理避税原则。

合理避税并不是逃税。合理避税是在现行的制度、法律框架内，合理利用有关政策，设计一套有利于利用政策的体系。合理避税做得好也能大大增加企业的盈利能力，不可小视。

5. 商业模式和商业战略的关系

（1）任何创业者在设计商业模式时，他已经不单单是为了谋求利润和商业价值，他已经进化成为政治家、外交家，产业规律缺陷研究专家以及行业协会，小政府等多个角色的混合体，虽然企业这个基本角色还存在，但已经是不可同日而语了。

传统企业制定战略的时候，肯定是要确定一个目标，然后通过战略来达成这个目标。围绕着实现这个目标，企业会思考确定怎样的客户，确定怎样的产品和服务，并以怎样的价值把这个产品和服务交给客户，最终实现价值的交付，这是传统战略设计的过程。

（2）商业模式是一种新的思维方式，它颠覆了传统战略的设计过程。创业者会以一个外交家、生态链的负责人、现有规律破坏者的角度思考：可不可以提供更大、更深、更有价值的产品或解决方案，能不能给客户提供一个更垂直、更一体化、更低风险的服务，企业能不能通过生态链产生一种能思考、有生命、有动能的价值。

一句话，商业模式这个思维把企业由单纯的利润制造者，变成了一个通过结构来制造利润的系统，其实战略本身没有变，只是路径变得更加网络化、无边界化了。商业模式改变了传统战略内部的空间、时间分布。

（3）商业模式异化了战略路径。过去企业的客户、产品和服务都相对是确定的。商业模式是在战略路径里面发育出来的一个新结构，它也是时代和企业运作的产物。它从外面借来很多价值，借来很多功能，但是并没有增加企业实际的投入，它在体外融资、融产、融智、融市场等，体外获得能力，但又不需要企业投入。可以这样说，本来商业路径相对是平滑的，但其中出现了一个小宇宙，一个新的功能环。

（4）商业模式是战略的一个组成部分。商业模式相对清晰地描述了整个生态链是干什么的，链主企业在生态链当中扮演什么角色等问题。虽然商业模式仅仅是战略里面的一个构件，但因商业模式这种网络式超边界整合思维的引入，它作为一种强大的反作用力，大大地强化、深化了战略的内宇宙，内空间，使战略内部出现了很多细腻的层次，甚至使内部空间多层次化，这使得新型企业在考虑战略的时候，思考的维度、空间变得非常广大、新鲜和自由。

案例点评

【案例 1】

出生于滕州的吴迪是一名毕业于北京某石油化工大学的高才生。他毕业后工作非常出色，曾经将自己的 4 个老板“炒了鱿鱼”，可见吴迪是一个多么自信的人。当朋友问起他为什么会如此的“不踏实”，他说自己总想着哪天能当回老板，哪怕是当个修鞋匠，也比给别人打工强。

有一次，吴迪的妻子新买的皮鞋后跟掉了。于是吴迪拎着鞋子，几乎转遍了大半个滕州城，最后，在一个小胡同里找到了一家修鞋店，谁知修补完后鞋却不能穿。鞋虽然没修好，不过这次经历却给吴迪一个不小的启示。接下来的几天，吴迪做了详细的市场调查，发现皮鞋保养是个有着巨大商业潜力的行业。

后来吴迪在网上查到，南方某省有一知名的皮鞋保养品牌。于是吴迪迅速向这家企业交了 2000 元的押金，成为这家企业的加盟商，并且从这家企业引进了皮鞋保养美容的技术和相关工具。就这样，吴迪在滕州开办了一家“皮鞋美容店”。

创业兴奋的劲头没持续几天，吴迪就发现这家企业企业提供的技术不是太实用。当他赶去总部询问缘由的时候，发现这里还有许多其他的加盟商也都在反应和吴迪相同的问题。事实摆在眼前，吴迪这次被人涮了，可是小店已经开张营业了。

吴迪并不死心，他咬咬牙，揣上一万块钱，亲自跑到温州皮鞋厂学习制作皮鞋的工艺。学艺归来后，吴迪将自己学到的东西，运用在皮鞋美容的生意上。很快，吴迪的小店生意开始红火起来，来的顾客不仅有滕州本地的，还有邻近城市的。短短一年，吴迪便在滕州开了 4 家分店。

【点评】

吴迪的创业之路之所以能成功，首先与吴迪本人的性格是有直接关系的。大学里的高才生、炒老板鱿鱼，这些都是吴迪自信的资本。创业者首先得是一个自信的人，只有自信才有勇气敲开创业的大门。

除了自身的自信，吴迪的成功具备多项创业成功因素：

（1）吴迪的成功源自他对创业机会准确的识别和先人一步开发市场。试问你会对补鞋这样看似很卑微的工作产生兴趣吗？如果你连兴趣都不会产生，那就更不用提从中发现创业机会了。而吴迪并没有在意工作的性质，在他看来，只要创业机会有着长足的发展空间，就是一个不错的创业选择。

（2）详细的市场调查，准确的机会评价。创业者首先要有一份齐全的市场调查报告，了解选择的创业项目在市场里究竟处于什么样的地位。假如这是一个饱和的市场，可能预示着发展潜力不大。详细的市场调查，是为了让创业者对创业机会能有客观的评估。吴迪所在的滕州市，几乎没有一家专业的皮鞋美容店，这就说明该市场几乎是空白，谁先占据市场谁就处于主动。

（3）对创业风险准确的评估。吴迪的创业计划其实还是稍显匆忙，在没有摸清那家皮鞋美容企业技术如何的情况下，就敢开张营业，这是吴迪考虑不够周全的地方。但是即便在知道企业技术不过关的时候，吴迪也没有想过要放弃。因为吴迪清楚这样小成本的创业风险是在自己可接受的范围内，更何况滕州市内该行业未有任何竞争者，更不用担心自己的小店会被同行挤垮。

【案例 2】

2004 年，“易家通有限公司”成立，最初公司定位是“通过派出‘职业阿姨’为城市家庭提供高端家政服务”。要想提供高端服务，就必须有一支高素质的“职业阿姨”队伍，这样的高素质的“职业阿姨”究竟该怎么培养呢？公司采取的是将生活中经常遇到的各种日常问题，如孩子护理、老人照顾、买菜做饭这些琐事，制作成视频放在公司的系统上，给“职业阿姨”每人配上一台上网本。这样，那些“职业阿姨”只要经过流程化的培训，再加上公司一些专家的指导，很快就能掌握要领，解决服务中遇到的各种难题。

在创业最初阶段，这样的模式很受消费者的喜欢，一段时间后，问题出来了。担当家政服务的“职业阿姨”大多来自农村，文化知识普遍不高，因此缺乏学习能力。更严重的是，应聘“职业阿姨”的人数在急剧减少。

公司高层经过仔细调查分析后认为，随着中国经济的快速发展，开设“职业阿姨”的公司相应会增加，将来能承担起高端家政服务的家庭会减少。中国的家政服务业，会像美国一样走向更专业化的道路。

2010 年，公司在这样的背景下，开始了商业模式的转型。转型后的易家通定位于社区服务，力图做一个“精准化的服务网络平台”。

在走访了很多小区的家庭后，公司发现每家平常都有很多让人头疼的小问题。例如，对于双职工家庭来说，每天买菜买米，每周买油、换煤气，都是很费时间的事情，或者修理鞋子，裁剪布料，附近又没有值得信赖的服务商。这些虽然都是小问题，但也总是让人感到头疼。

通过调查，公司得出结论，小区居民需要很多日常服务，重要的是每个小区大约有 500～1000 户人家，大家的消费水平都在同一个层次上。假如将这些小区通过一个服务网络整合起来，就能形成一个大规模的供求平台。同时，如果能将小区周围的商户和服务商也联合起来，就能提供全方位的便利服务。这个商业模式最大的魅力在于，它解决了电子商业最头疼的问题——物流。所有服务都是在小区几百米范围内开展，能节省下不少物流成本。

为了实现这样的模式设想，易家通给小区每家每户发放一台平板电脑，并且将平板电脑与客户实名登记，与房号绑定。平板电脑将会与公司系统联网，这个系统包括以下服务项目。

（1）便民服务。包括了家政、教育培训、餐饮等 24 个种类，公司通过招标的方式，将项目承包给周围的商户，中标的商户可以在公司系统中开设网店，为居民提供便利服务。

（2）日常品采购。发放的平板电脑上有个采购图标，如同沃尔玛的网上商城一样，小区居民只需每天将所用的日常品在网上订购，商家便会主动送货上门。因为是网上订购，能为商家节省库存成本，所以招来了大批商户竞标。易家通则可以轻松地挑选最合适的合作商家。

（3）该系统还有个最重要的作用——促进社区管理。小区居民可以通过公司系统网络选举“业主委员会”的成员，还可以对家政、采购等服务进行投诉或者建议，对商家的服务态度进行评比。让小区居民参与“业主委员会”的选举，等于是让居民参与实际的物业管理，这无异于在很大程度上减轻了政府管理工作的压力。因此，易家通的系统被纳入了政府的管理系统，政府和企业力图打造现代化的“智慧社区”。

对于易家通的商业模式，有人也发出这样的疑问：为什么公司不开发一个类似的软件，装到居民家已有的设备上，而是免费发放平板电脑呢？这成本未免有点高了。易家通老总这样解释道：“是的，每台的成本大概需要500元。我也是做过传统生意的人，了解小区的具体问题。我们可以将这笔投入看作营销成本，相比其他电子商务网站每笔高达2000多元的营销成本，这已经是很低的了。”

通过这样的商业模式，易家通可通过以下途径获取利润。

（1）收取商家的信息费。凡是在易家通系统展示服务的商家，每个月须缴纳300～400元的信息费。那些既展示服务，又使用易家通下单系统的商家，每个月则须缴纳1000元的费用。

（2）广告费。在每项服务的子项目页面里，根据不同的广告位，收取价格不等的广告费。

（3）佣金收入。将日常采购服务整体委托给沃尔玛或是麦德龙这样的大供应商，易家通可从中收取销售额2%的佣金。

【点评】

（1）有 类似“易家通”模式想法的公司很多，有一部分已经在实施阶段。但是这种模式最大缺点在是环节比较复杂，协调成本较高，而且效率也较低，公司在这方面应做好充足的准备。

（2）这种模式实施的初级阶段，业务量相对较少，会导致商家服务不积极。因此要积极拓展业务量，业务量提升了，才能吸引更多的用户和商家。

（3）易家通的经营逻辑总体没什么问题，可操作起来难度较大。应注意服务区域的快速扩张，防止其他企业抄袭。

素质拓展

医学专业毕业的李若云平常在家人眼中一直是一个乖乖女。大学毕业后，她按照家人的意思，规规矩矩地进入了一家国有企业上班。本来生活一直非常安逸，但是在李若云的心里，一直有一个自主创业的梦想。看着过去的那些同学，通过自主创业一个个都当上了小老板，李若云创业的梦想就更加强烈了。

终于3年后，李若云放着国有企业的“铁饭碗”不端，毅然辞职开始了创业。过去为了培养创业的工作能力，单位里有什么活，李若云都是抢着干，而且任劳任怨，从不言辛苦。有什么关于创业的消息，她恨不得像兔子一样支起耳朵听。她觉得第一次创业必须选择一个好项目。在经过再三斟酌后，李若云拿出这3年全部的积蓄，开办了一家房地产租赁咨询公司，这可是一个热门的行业。

以后的一个月里，李若云工作是勤勤恳恳，早出晚归，可是生意一直是入不敷出。一个月下来，她就赔进了1万多元。直到5个月后生意才有了稍微稳定的收入。但是近半年来，她总共赔了4万多元。

无情的现实令李若云对创业的决定进行深入的思考。在她看来，创业绝对不应该是儿戏，残酷的现实告诉她，一定是某个环节出了问题。她觉得自己已经快支撑不住了，再这么下去恐怕也是回天乏术。于是在公司开张的第6个月，李若云关掉了公司。

结合本章内容，你能帮李若云分析一下她创业失败的原因吗？

你认为李若云属不属于善于发现创业机会的创业者呢？如果是，她有哪些地方值得创业者学习？如果不是，请说出善于发现创业机会的创业者应该具备哪些素质？

第 4 章

创 业 计 划

创业计划对于创业者来说，就像是一块敲门砖。一份好的创业计划能够让大学生创业者事半功倍。如果创业之前，没有经过充分准备，就匆忙上阵，盲目行事，那么得到的结果很有可能是一败涂地，从此再也找不到创业的激情和勇气。所以大学生创业者需要认真对待，做好充分准备，制订一份有价值的创业计划。

在这里，大学生创业者需要认识到创业计划的具体作用、基本内容和结构、信息收集方法以及撰写商业计划的方法，便于在今后从事创业时开展工作。

4.1 创业计划的作用

创业计划既是创业的行动指导和规划图，又是创业者同外界沟通的基本依据。一份好的创业计划能够让创业者清楚创业的行动方向，能让创业者在未来少犯错误，并且可以帮助创业者顺利找到投资或合作伙伴。好的创业计划不是凭空想象，不是肆意妄为，它需要有现实依据，需要创业者付出劳动。

1. 为创业者行动提供指导和规划

在通过创业计划进行融资前，创业计划首先应该是给创业者自己看的。大学生创业者普遍年龄都不大，社会经验相对不足，他们很有热情，也很容易气馁和放弃；这时候，又都离开学校和老师的指导以及父母的庇护。他们分不清深浅和轻重，对待创业这个问题，态度容易走极端。所以，他们非常需要一个行动纲领，指引他们向前发展，这就是创业计划的第一个作用。

大学生创业者应该认真对自己所有的资源、已知的市场情况和初步的竞争策略做出尽可能详尽的分析，并提出初步的行动计划，以做到心中有数。对于初创的风险企业来说，创业计划的作用显得尤为重要，由于在酝酿计划的时候，通常都是很模糊的，创业者通过制订创业计划，把优劣都书写下来，再逐条进行推敲，就能对这一项目有更加清晰的认识。

【案例】

刘琴毕业后从事了一段时间的销售工作，她销售的主要是一些护发类产品。在工作期间，总是有顾客向她咨询头发湿蒸设备有没有的卖，以及在哪里买。问的人多了，她就发现这是一个非常好的市场。于是多方打探这种设备的成本以及利润情况，在确定了这是个非常好的创业项目之后，她果断地把工作辞了，决定创业。

当然，她没有盲目创业，在创业前，她制订了一份创业计划。在计划中，将自己的想法以及可行性作一些分析，确保以后的创业活动能够按照计划所指导和规划的进行。

她知道，前老板那里库存不够，所以她销售这些产品，可以和前老板形成伙伴关系。前老板有客流量，可以通过给需要头发湿蒸设备的客户介绍设备把其店里的客流量转换为自己的销售量。她根据自己的想法把这些方案都写进了创业计划里，并且规定了销售额的目标、运营成本、人员招聘、公司管理以及未来的发展和转型等。

有了这份创业计划后，她就不再是盲目创业，而是有计划的创业。在她开办了公司开始销售后，创业计划在很大程度上帮助了她，只要根据计划来，赚钱是肯定的，发展也有了方向。她的目标在努力之下一步一步实现。

创业计划书是指引创业的导航仪，刘琴非常清楚这个道理，所以她在有工作经验、了解产品市场的前提下，没有立刻行动，而是认真地做了一个创业计划，有了这个创业计划，她就能知道每走一步处于哪个阶段，在这个阶段，自己的目标和实际是不是相符，自己的方向正确与否。正是这份创业计划给她提供了依据。

2. 使创业者降低犯错误的成本

创业者犯错误是难免的。如果大家创业都没有风险，都不会犯错，那创业也不会具有这么多魅力，让很多人趋之若鹜。但不能因为它在客观上存在这种特征，创业者们就以此作为失败的借口。创业计划应对企业可能面临的风险作出分析并设计出规避措施，对突发事件的应对也进行相应的设计，这些都有助于新企业在面临危机时很快找出相对应的解决方案。

【案例】

小钟毕业后，决定自己创业，但项目的选择让她有些左右为难。

后来她向一些老板请教经验，并做了市场调查，发现煎饼果子加盟店是个不错的选择，于是她找到加盟商正式咨询加盟事宜。加盟商热情地接待了她，当然也给她描绘了加盟创业赚大钱的美好前景。

加盟商越是说得神乎其神，小钟越是觉得心里发毛。“如果这么容易就赚钱了，那大街上卖煎饼果子的不都成富翁了。”小钟心里盘算着这件事。后来，她在几家煎饼果子的加盟店前蹲了十几天的点，经过实地考察，发现煎饼果子的销售主要还是集中在早餐这个时段，很少有人在中午和晚上吃煎饼果子。紧接着一个问题就出现在她的脑海里——中午和晚上煎饼果子店应当做什么生意呢？

为了解决这些问题，也为了对创业行为有一个理性预估，小钟决定写一份创业计划书，指导自己创业。小钟从营业时间、客流量预估、成本核算（水电费、煤气费、原材料费、加盟费等）、营业点周边影响因素等方面考虑，制作出一份创业计划书。计划书完成时，她对煎饼果子加盟店的优劣势有了比较清晰的认识。加盟店的优势在于有品牌效应，操作规范，原材料供应不用自己担心；也有一些劣势，如经营内容单一，只有煎饼果子一种。

创业计划书的完成，实际上相当于一场想象中的“练兵”。小钟开始考虑怎样发挥煎饼果子加盟店的优势，如何应对劣势。几经思考，小钟选定了自己的创业项目，决定把项目改为营养早餐店，不做煎饼果子加盟店，但参照加盟店的服务标准，引入鸡蛋灌饼和热饮这两种产品。就这样，小钟开始了创业实践。刚开始时，真有点手忙脚乱，不过一个月过去后，慢慢熟练了，顾客都说她的煎饼味道很不错，而她也尝到了赚钱的滋味。

小钟梦想着创业赚钱，但并没有因为对财富的渴望而失去理智，她清醒地认识到钱可不是好赚的。后来经过实地考察和创业计划的“演练”更证实了这个想法。最后，她决定不再多支出加盟费而把这笔钱用在引进其他产品上，这样既增加了顾客的选择，又减少了成本支出，避免了浪费，可谓一举两得。

3. 为创业者与外界沟通提供依据

现在，商业越来越成熟，它再不是一个封闭的场所，而是一个需要各个方面精诚合作的市场。只要利益一致，那么就有合作的意义。如何去衡量合作有没有意义，就要靠创业者去推销创业计划，推销自己的点子以及个人素养。它的作用具体表现在：①寻求战略性合作伙伴和签订大规模的合同；②寻求风险投资；③吸引优秀管理人员；④获得银行资助。

【案例】

宋发准备辞掉手头的工作然后创业，他想做的项目是移动互联网产品。他的这份工作是毕业后的第一份工作，他在这个职位上做互联网产品有一年时间，积累了不错的经验。虽然是个新人，但他有着比平常人高的才能。他觉得，眼下正是互联网创业的好时候，很多热钱都瞄准有创意的新项目，所以大有可为。

他不可能马上就把公司办起来，先要去融资。想要融资就必须要用一个很能吸引人的创业计划去跟投资方谈，去说服对方。用行业里的一句话来说就是“你得讲一个好听的故事”。于是他就把自己的想法、产品的思路、融资的规模和资金运转的方式、公司的管理、人才的引进以及公司未来的发展都写进了创业计划里，再根据市场环境对计划做了一些调整后，就去找投资人。

在接触过几个风险投资者后，宋发没想到所有投资者都对他的创业计划非常感兴趣，因为这份创业计划内容非常详尽，把公司发展的每个阶段都做了介绍，把产品的创意和创意的实际价值以及风险和困难也给投资者讲明白了。宋发本来以为不知道要碰多少次壁才能拉到钱，没想到因为他的创业计划和讲的故事，钱很快就来了。现在是宋发大展宏图的时候了，他得好好感谢自己做了这么好的一个创业计划。

宋发如果没有把他的创业计划告诉别人，相信不可能吸引到那么多的风险投资商。没有好的创业计划，就没有好的创意和好的故事，这样当然无法打动人。宋发能够积极地同对方进行沟通，积极地去推销自己，这都是后来能够取得成功的重要保障。这些经验都非常值得大学生去学习。

4.2　创业计划的内容

创业计划包括产品（服务）创意、创意价值合理性、顾客与市场、创意开发方案、竞争者分析、资金和资源需求、融资方式和规划以及如何收获回报等内容。

一份好的创业计划书能够服务于内容，起到支撑创业计划的作用，让创业计划看起来更具有可信度和实效性。而创业者也能够更有效地利用它们完成创业的每个阶段。

1．产品（服务）创意

创意是创业的核心结构，它所蕴含的内容很多：包括产品和服务的创意本身、创意价值合理性和创意开发方案。

一个好的创意，在不同人的手中所能产生的价值也不一样。而创意开发方案是指创业者怎么把创意变成实际的能产生价值的东西。这些都是创意不可或缺的。

【案例】

纪坤是个程序员，毕业之后他服务于一家知名互联网企业。在工作半年后，纪坤准备开始他的创业之旅，他把自己的想法都写进了创业计划中。纪坤选中的创业项目是互联网社区，他想做一个爱漂亮爱购物的女生分享网购经验的社区网站，纪坤希望这个社区能够变成国内最大的购物分享类网站，而这个网站最大的特色就是网站设计。在网站的首页，会有一些形象气质极佳，或者风情比较另类的女生，这些女生都是来自于一些模特服务公司，纪坤和她的团队会和这些女生展开合作，将她们的穿衣心得和购物心得分享在网站的首页，就可以起到一个吸引大家来参与的作用。这样，大家不仅可以分享自己和他人的心得和购物经验，还可以对其他人的心得和购物经验作评价。另外，在这个社区活跃程度非常高的用户，还能够获得各种名牌打折的机会。而很多服装品牌销售商才可以在这里投放广告。投放广告的类型，会根据用户打开页面的不同而出现各种差异。这个创意，在国内有几家网站正在做，但是评价度都不是很高，原因是他们在一般情况下，设计的主页直接分享的是普通用户信息等，而她们对待时尚的看法又不是非常好，所以造成用户对网站的品位和眼光都产生质疑。但纪坤做的网站却会给用户带来不一样的感觉。

纪坤有着一个不算好也不算差的创意。不算好是指，他的创意并不是非常的新，并非全球第一人，但不算差是指他懂得如何让一个创意升值。让这个创意变成一个能够获取利益，能够让新创企业不断发展的创意。这些对于创业者来说，都是非常重要的。很多了不起的企业，都不是某一个行业的先驱者，但是他们有着能把一个创意的价值无限放大的本事，这些都是大学生创业者亟待学习的地方。

2. 创意价值合理性

创业者的创业计划中，总免不了要详细地列举一些具有创意的方案，以此来打动投资商。但是创业者的新创意必须能够为其购买者或是最终使用者合理“增加价值”，价值是判断创意可行性和合理性的有效途径。如当绝大部分消费者对现有产品感到满意，创新产品被消费者接受的难度就会很大。此外，如果一个创意过于颠覆消费者以往的消费行为的话，往往也会让投资商对该创意生疑，从而使他们避开这种创意。

3. 顾客与市场

顾客和市场对于一份创业计划来说，是很重要的部分。因为顾客和市场是一个企业的衣食父母。没有它们，再有创意，再有体力的企业也存活不了，尤其对新创企业。什么样的顾客可能会是自己的顾客，什么样的市场能让自己存活下来，这些都是创业者需要仔细去斟酌推敲的地方。

【案例】

叶婷准备开一家饰品店，专门卖一些精致的小饰品。但叶婷在开店之前，先是对这项生意做了一些分析，她想赚大钱，但她觉得也应该先做一份创业计划，不然马失前蹄可不好。她认为这一市场还是非常有发掘潜质的。为什么呢？试想一下，其实市面上已经有那么多的品牌的衣服可以选择了，为什么新品牌的衣服还是络绎不绝的涌现而且饱受大家欢迎呢？因为人们喜欢不一样的价值，不喜欢和别人一样，大家喜欢自己的风格是独一无二的。而这个道理也可以用在饰品上。现在市面上流通的饰品同质化现象比较严重，原因是商家想节约成本，只在本地进货。而她则要专门去广州、杭州等地批发款式比较独特，品质比较不错的饰品，这样就能够在当地形成市场上的差异化，而这种差异就会给她的店带来不一样的品位和气质。而顾客定位方面，叶婷瞄准的当然是那些愿意为美而舍得花钱的“小资”了，通常情况下，这些“小资们”选用的饰品都是非常独特的，她们不愿意跟别人一样。而她们本来形象气质上就比较好，通过她们能产生非常好的传播效应，一些穿衣打扮喜欢照着她们做的女生就会忍不住跟她们打听，饰品是在哪里买的，或者多少钱之类，这时候，这些仰慕者就会来光顾叶婷的店，叶婷的经营策略就开始起作用了。

叶婷在创业计划中，对顾客和市场作了详尽的分析。相信这份创业计划也是一份有质量的创业计划，能够帮助叶婷最后实现梦想。她在创业计划里对顾客的心理和行为也作了特定的分析，这是非常值得学习的。而一个好的创业者，尤其是做消费者领域，一定要对消费者的消费心理有所掌握，这里面也有很多技巧值得关注。

4. 创意开发方案

完美的创意只是成功的开始，将创意以书面的形式展示给投资商，从而验证创意方案的可行性则是最关键的。因此，为了使创意开发方案更具说服力，创业者需从创意的背景、市场调研、消费者需求、创意执行性等多方面，进行详细的阐述，以求吸引投资者，获取他们的投资。同时，为了降低投资者的顾虑，创业者必须把将来可能遇到的风险，以及规避风险的方法，甚至风险投资退出策略写明，如此一来可能更能获得投资者的好感。

5. 竞争者分析

竞争者分析在创业计划中也有着比较重要的地位。竞争者对于创业者来说，其实既是对手，又是利益共同体。他们既会去争夺共同的市场，又要维护这个市场的繁荣，而市场繁荣的条件则是市场中的所有竞争者都能提供好的产品和服务。所以竞争者分析对于一份创业计划来说，是一个难点。大学生创业者要理性看待竞争者，实现共赢要比恶性竞争强得多。这需要创业者的智慧、勇气以及胸怀。

【案例】

李荣早就看中了学校打印市场这块“肥肉”。

毕业之后，他把创业的目标锁定在了校内打印市场。根据他大学几年的经历，他明确地感受到，随着每年的扩招，打印是越来越难了。学生的人数在不断增加，但校内的打印社却还是两家，而且打印机数量也没有增加，一些校外的打印社都趁机来分一杯羹，自己如果开办一个打印社，应当是可以有发展的。

于是，他开始了校内打印社的创业之路。在创业之初，他知道新开打印社，校内的两家打印社必然会不悦，但自己创业也要生存，因此，在开业之际，他搞了开业酬宾的优惠活动，打印双面 8 分/张、单面 1 角/张，复印、装订也都有优惠。因为优惠力度大，所以一开业就生意兴隆。

不过这让另外两家打印社很不高兴，他们随之也搞起了自己的优惠活动。经过一个多月的时间，李荣的打印社知名度也有了，这时李荣主动找到另外两家打印社的老板沟通感情，并约定以后在经营上相互协作。两个打印社的老板，对他的举动表示出了好感。

后来，李荣又想扩大打印社的规模，不过这次他找到另外两家打印社的老板，请他们入股，虽然两个老板最终没有入股，但却维持了他们之间友好的关系。随着李荣的加入，学生们打印、复印也减少了排队等候的情况。

良性竞争，是李荣坚持的一个原则。市场竞争可以说是无处不在，但是他没有把竞争者看作是死敌，而是利益的共同体，在保证自己能够生存和发展的前提下，他十分注重保持与竞争者的合作关系，这样他市场的服务能力得到了提升，消费者得到实惠，而自己的事业也得以健康地发展。

6. 资金和资源需求

创业不是搭建空中楼阁，而是需要一定的资金、技术等资源基础，这也就是人们常说的创业的资金和资源需求。考虑资金需求时，创业者需要做一个财务预算，利益和现金流量预测，以及企业发展的损益表。最好是做个财务预测，看看要完成这些计划需要什么财务资源，这样的计划是否能吸引投资者。如果不能，计划可能要作出修改。

创办企业需要各种资源作为运营基础，其中就包括要素资源（如场地资源、资金资源、人才资源、管理资源、科技资源）和环境资源（如政策资源、信息资源、文化资源、品牌资源等）。这些资源需要在计划中列出明细单加以说明。特别需要注意的是，像原材料采购和招聘人才这些资源，会随着生产的进行追加需求，因此创业计划中对这些问题也不得不提前考虑在内。

【案例】

黄嘉毕业之后，想开一家家具店。成本不小，但是收益也应该非常不错。所以他在创业之前，就先做了一份创业计划，好好盘算一下资金还有其他资源从哪里来，以及怎么合理地使用它们，帮助自己成功。当然，他会先跟家里人要一些经济支援，然后根据国家有关扶持大学生创业的计划申请一些贷款；然后他还有一个关系不错的朋友，这个朋友也答应跟他一起合伙做生意，而朋友家正好有一个门面房，这个门面房也可以算作是资源的一部分。因为前期投资有限，再加上希望节省成本，他们就不打算再请员工。店里的活就由黄嘉、黄嘉朋友，以及朋友的弟弟三个人一起分担起来。这样的话，前期的投资基本上就可以全部用来当周转资金了。这些周转资金中，三分之一用来进床、沙发和衣柜，三分之一进桌椅板凳、书架等，还有三分之一留做应急之用。大概需要半年，他们就可以把成本收回来。这时候，他们就在市里的家具城买下一个摊位，而家里的这家店则交给朋友的弟弟打理。他们再雇佣五个人，给朋友的弟弟留两个，然后他们带着另外三个就到家具城去打拼。再需要差不多一年时间，他们就可以把家具城的成本赚回来，这样，黄嘉和大家再齐心协力赚三年的钱，再找一个好一点地段，然后自己开个小型的品牌家具城，还包括销售装修材料。这就是黄嘉整体的资源需求和整合规划方案了。他相信，在他和朋友们的一致努力下，他们能够创造辉煌。

黄嘉没有一个人单打独斗，他有非常好的合作伙伴。当然，如果他的想法不是做家具店，而是一个小规模的创业项目，那么他也就不需要后来的这些合作伙伴，也不需要那些支付资金的场地。但正是因为有了这些需求，黄嘉才想办法来一一解决，让这些需求最后能转换成能量，帮助自己获得成功。

7. 融资方式和规划

融资是创业者根据创业的需要、资金拥有的状况以及公司未来经营发展的需要，通过科学的预测和决策，采用一定的方式，从一定的渠道筹集资金，以保证创业需要的行为。但是大学生创业者的融资渠道普遍比较单一，无非就是个人、亲朋好友和贷款等几种途径。在技术含量较高的领域，如今比较普遍的融资方式是风险投资，创业者在向风险投资商筹集资金时，必须认真做一份融资计划。融资计划的主要内容包括以下几个方面。

（1）创业者可出售公司股份（优先股、普通股）、债券，或是以贷款的方式征求到投资商的风险投资。

（2）企业目前的实际资金情况，包括全部债务情况的说明。

（3）获取风险投资的条件。

（4）企业投资收益和将来的二次投资相关事宜，要有提前的计划。

（5）取得风险投资后，双方对企业将来的所有权和利益比例的分配问题。

（6）风险投资后，投资资金的收支安排及财务报告的编制，注明编制的种类和周期（按月、季度、年）。

8．如何收获回报

很多创业者，有好的想法，也有远大目标，并且也能找到投资和客户，但他们不知道怎么拿这个东西赚来钱。很多创业者在做创业计划时，算完之后发现这个生意根本不挣钱，或者挣的钱还没有“端盘子”多，他们就索性放弃了，这是一种不好的思考方式，用在创业中，害处很大。

这个世界上不存在没有回报的生意，存在的只是不懂得如何收获的创业者。只要有充足的智慧，以及完整的分析，都能够从一个行业里赚钱，所以大学生创业者也要认真去思考这个问题。

【案例】

包勇是个音乐发烧友，也是朋友们之间少有的对正版音乐抱有热情的人。毕业之后，他来到某音乐试听网站工作，在积累了一定经验之后，他想出来单干。一方面，他看不惯这家音乐试听网站对正版冷漠的态度，另一方面，他也发现，其实正版在国内，会有非常好的市场，只不过现在被低估了而已。不过首先，他得做一份创业计划，因为他需要用这份创业计划去拉到投资，没有投资，他再厉害，企业也办不起来。在这份创业计划中，最难的当然是如何获得回报。这对于版权产品来说，对于国内来说，回报一般都比较低，甚至没有。因为毕竟不用花钱的盗版很容易下到，而且正版的体验又非常差。所以他希望能够做这样一家网站，帮助中国的歌手销售自己的音乐。首先网站建立之初，音乐销量肯定不好，这时候可以用广告收入和风险投资作为补充。然后就做一个包装歌手的计划，先制造一些话题，让乐迷围绕着这些话题喋喋不休地讨论。接着设法让歌手跟乐迷们互动，来增加乐迷对歌手的好感，对正版音乐的好感。这时候，开始大力推广正版音乐，然后将盗版音乐和正版音乐相比对，突出正版音乐的超值体验。同时辅助一些摇奖计划，用 5%的用户来撬动 95%的用户，带动正版音乐的销售。最后再推出自己的移动设备软件，继而推出移动设备，这时候，音乐的销售就能够更上一层楼，同样，如果音乐做好了，就可以做出版物以及其他文化艺术类产品。包勇对自己的创业计划非常有信心，他相信他一定能打动投资者。

包勇有着远大的目标，也是一个有想法的人，他准备进入的这个行业可谓是凶险颇多。但如果他能够找到合适的营收方式，那么这里面大有可为。也许中国现在知识产权的保护还不是很完善，但随着法制的健全，社会文明的发展，正版音乐将日益得到普及。就像现在大家都喜欢正品衣服一样，这都是一个思维转变的过程。

世界上最大的互联网公司 Google 在很长一段时间里，都不知道怎么去赚钱，它有着非常大的流量，但这些流量最初都无法换取资金，不过后来得到了改变。而包勇也正在向这一方向努力，并且找到属于他自己的盈利方式，希望他能够成功。也希望大学生创业者能够像他一样找到自己创业项目的赚钱方式，最后获得成功。

4.3 创业计划中的信息搜集

创业计划的准备过程，其实也是创业者搜集信息的过程，是分析并预测创业项目所存在的问题，以及给出解决方案的过程。信息的搜集，关乎着一份创业计划是否能够成立，是否能够创造效益。

信息搜集分为两个部分：信息搜集的内容以及信息搜集的方法。

1. 信息搜集的内容

（1）经营环境。

要了解经营环境所需要搜集的信息很多，它包括经营业务和开展项目的行业情况，政策和法律信息，这些信息对创业项目造成的影响，以及该项目的发展情况、发展趋势、行业规则和行业管理措施等。最重要的是，它是否具有相对可行的市场，市场的需求如何，自己的创业项目能否满足其需求。

【案例】

林树毕业后，回到自己出生成长的城市，准备开始创业。她对开饰品店，开服装店，开饭馆，都没有什么兴趣，却对手陶情有独钟。她上学期间曾经多次到一家手陶店，亲手制作手陶，还将手陶绘制好颜色和图案送给亲朋好友。她觉得这是个不错的项目，不过她对这个方案在自己所在的城市可不可行不是很确定，所以打算先根据想法写一份创业计划，然后对本地的经营环境、市场需求做好调查，搜集好信息后再作决定。于是她决定调查从以下几个方面进行。首先，这里的人对手陶感不感兴趣。她知道当地有插花培训和刺绣培训，尤其是插花培训特别受欢迎，所以她觉得当地人对艺术、对这种业余生活还是有追求的。手陶是大人与小孩、情侣之间可以协同进行的活动，对培养感情有非常大的帮助。其次，当地有一个上规模的商圈，现在处于招商引资的阶段，优惠政策比较吸引人，她也觉得这是一个非常好的机会，不能错过。她不想让店铺局限在一个小的空间里，这个商圈有一个商场的二楼，人流量比较多，有敞开式的摊位，价格也合适，非常方便来往的人观看制作过程，从而能带来生意。林树想进一步对这些情况进行详细的调查与核实。

林树在做创业计划时，搜集了市场需求和经营环境方面的信息。这些信息对她将来的创业有着非常大的帮助作用。经营手陶，在一线城市，可以说不算是非常新的项目。它是否具有市场，这需要创业者进行相关的调查、分析。

（2）销售策略。

销售好不好，跟销售的人有很大关系，懂得销售的人通常情况下比别人厉害的就是有销售策略。创业者需要先通过调查，分析现有市场的销售策略是怎么样的，网上一些好的销售策略是怎么样的，然后要根据这些销售策略制定出自己的办法，这样才能够给创业者带来回报和收获。

【案例】

黄植毕业后在一家进出口贸易公司工作，他学习的是市场营销。在工作的过程中，他接触到一位客户——李某。李某是做挂画生意的，主要将世界名画的电子版精良打印后，配上好的画框，批发给销售商；这些销售商主要是在一些家居行业。目前没有一家正规的销售商专门做这个生意，因为这个生意不是非常好做。没有专门销售挂画的一个区域，消费者不可能长途跋涉到偏远的地方购买挂画，毕竟，它不是消耗品，可能很多客户一辈子只买这么一次也是有可能的。而李某的生意做得好，主要是因为他有庞大的客户群，不止本地的，还有外地的，他把利润也控制得很好，虽然单个商品利润少，但销量大了，生意就变得好做了。黄植的想法则是要把它做成一个网上店铺，这样就可以把货撒向全国各地，运输上，可以把包装做得好一点，结实美观一点。不过他对网上销售这种商品的策略不是非常了解，虽然搜集到一些信息，但这些信息不是非常全面。他希望能够从艺术、品位和质量方面去推广这个产品。首先他要在本地打开市场，然后依靠本地的销量拉动全国的销量。当然，打开市场没有非常好的策略，只能采取一家一家去拜访的方法。这个方法虽然笨拙，但是在初期，还是非常有成效的，而且他和李某关系不错，拿到的进价也比一般的家具市场要便宜得多。李某跟黄植商量过，如果黄植做得好，李某将和黄植成为合伙人，那么进价基本上就是成本价，以后的销售路线就更加清晰了。

黄植想要做的这个项目有比较大的风险，万一产品不好卖，出现货物积压的状况，那必死无疑。艺术品这种东西，它不是生活必需品，有好的销售策略，才能实现销售上的成功。黄植没有把目光限制在当地这样一个区域，而是面向全国，这是非常好的想法，同时要注意量力而行。

（3）竞争对手。

对竞争对手的信息搜集，比较困难，这不仅需要观察，还需要实地考察，诸如价格、品牌质量、营销策略等。这有可能会触犯到竞争对手，所以请大学生创业者在进行这类信息搜集时，一定要有所节制，以后大家会在一个行业里做生意，影响自己的形象。

【案例】

蒋任在毕业后，准备做服装生意。家里人也支持他创业，不过家人建议他应该先去搜集一些关于市场情况的资料，然后写一份创业计划，他们希望蒋任能够有所准备，要敢闯但不能过于盲目，服装这一行，竞争比较激烈，不好好计划是不行的。

于是蒋任在创业开始前遵照父母的意见开始做创业计划。他想认真对竞争对手调查一番，搜集到有效信息。既然是服装店，那么就不能开在没人知道的地方，应该开在人流量多的商铺群，当地正在开发地下步行街，租金也便宜。他把这里的竞争对手分为几类，一类是正面竞争者，他们的服装店跟蒋任想经营的品牌时尚服装店类型完全一样，只是款式和品牌有差别。这类服装店占步行街店铺的50%。这些店铺中，有80%经营的服饰款式都非常老气或者浮夸，都是在非常廉价的进货渠道拿到的，蒋任准备做的是精品服饰，所以在竞争力上来说，他们是完全不如蒋任的。剩下的20%则是精品服饰，这些服饰店的衣服都是品牌货，款式也非常好，这些店的生意也十分不错，这些竞争对手是蒋任主要学习的榜样，他要好好看看他们是怎么做品牌推广和促销计划的。另一个是剩下的50%的店铺，是一些经营其他商品的店铺，他们虽然不对蒋任的服装店直接构成威胁，但也有潜在威胁，为什么呢？因为人们口袋里的钱是有限的，如果花在别的方面，那么在蒋任的店里消费就会减少。所以蒋任既要和他们合作，又不能让自己的客流量有损失。这些都是蒋任在做创业计划时需要调查清楚并且搜集的内容。

蒋任经过对竞争对手的调查和搜集信息后，相信对今后的经营会更加有信心。知己知彼，方能百战百胜。他搜集的信息还是非常可靠的，而且对待竞争对手的态度也很正确。

2. 信息搜集的方法

（1）观察法。

观察法是一种最常用的信息搜集方法。它非常方便，只需要创业者仔细对市场、环境、消费者进行观察就可以了。这种方法不只限于营业环境周边走动，还可以通过网络或者书刊获得。它是信息搜集方法里最主观的一种，实际效果比较有限。

【案例】

陈兰很久以前就想开一家甜品店了，苦于爸妈非要让她考公务员而没有实现；但公务员考试在毕业后一直杳无音讯，于是她打算实现当年的愿望，靠自己的能力开一家甜品店。她没有非常远大的抱负，类似要开全国连锁店之类的。她只是希望能实现自己的梦想就行了，不过这个梦想要能够养活自己才行，所以她准备先进行一番市场调查，搜集一些必要的信息，然后做一个创业计划。她打算把店开在学校附近，因为这里来往的大学生非常多，他们比较乐于消费这些甜品。有了这个想法后，她就仔细把学校周围同类型的店铺作了一些了解，经过观察，同一个街面上一共有4家店跟她形成竞争关系，两家奶茶店，一家鲜果榨汁店。他们的生意都异常火爆，尤其是下课或周末学生们出来吃饭的时候。陈兰还发现一个比较有趣的现象，就是很多同学并不太在意这些店的品牌，如果发现人多，就会立刻换一家，不会一直等着。那么这就说明，她的甜品店是一定有生意的。一定要注意同学们的等待时间，既要让门口有一定的顾客在等候，形成店铺生意好的景象，又要确保每位客户等待的时间不能过长，以免客户流失。

通过观察法，陈兰获得了一定的信息，相信这些信息能够在陈兰未来开店时帮助到她。如果她想要得到更好的效果，建议能够将以下几种方法综合起来运用。

（2）访问法。

访问法主要是创业者和创业伙伴通过对潜在消费者的调查，搜集信息的方法。它能带给创业者的反馈是情绪上的，也许不是非常真实，但能够让创业者跟消费者有一个接触的机会，而这样的机会是没有什么敌意的，消费者不会有任何损失。

【案例】

张琪想要创业，她打算找一个项目做，不能被工作给锁死了。于是她逛了小商品批发商城，看到一个不错的店铺，这家店铺是卖 DIY 小家具的，成品的长宽高大概有 30 厘米，供选择的种类非常多。她发觉自己喜欢上这个项目了，脑子里充满了以后开店时的情景。即使她很冲动，但还是冷静下来准备先做个创业计划，不然万一失败了，不好跟家里人交代。她不想纸上谈兵，决定亲自去问一下，看看周围的人对这样一家店铺的反映到底好不好。她制作了一些问卷并配合一些小礼物询问来往的幼儿家长。她跑遍了当地几乎所有的幼儿园，表示非常喜欢的有 28%，表示想看看别人是怎么做的有 61%，还有 4.3%表示没有兴趣，以及 0.7%的人很质疑这些小家具会不会对小朋友的身体造成危害。经过这些调查后，张琪觉得这个项目还是非常有希望的，表示想看看别人是怎么做的，这些人就是潜在客户，如果产品和服务足够有吸引力，这个事情便可以做成。有一部分人觉得这个可能有些难，小朋友如果没有耐心做不完，会不会有受挫感。另一部分人则认为，拼几下就完了是不是有点过于简单。这时候，张琪想到了办法，那些认为手工过程非常难的家长，可以专门为他们准备一些简单一点的模型，而那些认为简单的家长，可以给他们教进阶一点的 DIY，就是连木块形状切割和上色都需要自己动手来做的那种。经过这次访问式的信息搜集方式，张琪觉得心里更有底了。

张琪选择这样的信息搜集方式，跟她所想从事的行业不无关系。因为她可以确切地听到这些潜在消费者——孩子父母的一些真实想法。张琪最后跑了非常多的地方，相信她的收获也是非常大的。

（3）试营法。

试营法是这三种信息搜集方法中最好的一种，它完全是一种客观的信息搜集方法，不依赖于创业者的主观判断。一个好创意是不是好，检验一下就知道了。试营法需要创业者消耗资金和时间成本，还需要创业者能够有耐心，给自己定一个试营期限。在试营期限之内，最好不要随便下结论。

【案例】

白静毕业后成为了一名白领，朝九晚五的生活令她感到有点乏味，她想过创业，不过不知道做什么好。最近她在某商场看到有专门 DIY 香皂的，款式和颜色都可以根据自己想要的样子进行制作，因为那是商场的关系，所以价格蛮贵的，不过生意却异常好，很多情侣、一家三口都乐于享受这种情趣。她想到她家附近的一个商圈，客流量不错，完全没有这样的一家店，她觉得，非常值得一试。但白静不知道自己的想法是否可行，也没有别的渠道帮助分析和理解市场情况，所以白静准备先做一些市场调查，搜集一些市场信息，看一看，是不是如自己所想这个产品会在自己所在的商圈流行起来，如果可行的话，她也准备开一家这样的店，这样就可以告别枯燥的白领生活了。她跟商场里那家店的老板商量了一下，准备代销对方的成品，如果好的话，她想跟对方展开合作。对方明白了她的来意之后，欣然同意。白静亲自选了一些她觉得颜色和款式好的 DIY 香皂，抽出下班的时间，在自家附近的商圈试卖，看看市场反应如何。刚开始效果不是很好，很多人走过只是看一眼，鲜有人会问这是什么东西，白静很沮丧，都有点想放弃了，觉得这个生意根本不好做。3 天下来，问的人不超过 20 个，购买的人竟然 1 个都没有，可是每天从她的小摊走过的人何止上百啊。就在白静快要放弃的时候，突然有几个小姑娘过来问是什么东西，但她们得知是 DIY 香皂时，顿时惊呼起来，都说这东西真不错，她们一惊呼不要紧，引来了很多围观的人，大家你一言我一语，有些人还说在商场看到过，但太贵，这种成品价格还不错，质量也不错。然后就有人开始购买，这样就引发了很多人的消费冲动，香皂竟然在一天之内快卖完了。白静觉得市场很好，很值得尝试一下。

白静如果第一天就放弃了，那么就看不到后来光顾生意的几个小姑娘了。一个产品进入市场，实际上是有一个磨合期，谁都不愿意去当第一个吃螃蟹的人，如果有第一个人，并且反响不错，那么收获也会是巨大的。

4.4　撰写与展示商业计划书

商业计划书，是指创业者在创业初期根据自己的创业计划所制作的一份专业的书面文件。商业计划书是一份全方位的项目计划，它从企业内部的人员、制度、管理以及企业的产品、营销、市场等各个方面对即将展开的商业项目进行可行性分析。它是企业融资成功的重要因素之一，商业计划书还可使创业者有计划地开展商业活动，增加成功的机率。

商业计划书的起草过程是一个展望企业未来，探索生产运营具体思路，确认所需的各种必要资源，谋求所需支持的过程。它和创业本身一样是一个复杂的系统工程，不仅要对行业、市场进行详细的研究，还需要很好的文字功底。对于大学生创业者来说，撰写专业的商业计划书既是寻找投资的必备材料，也是创业者对企业自身现状及未来发展战略全面思索和重新定位的过程。

1．撰写商业计划书的原则

（1）简明扼要。撰写商业计划书的目的是获得风险投资，或是向合作者展示企业的发展思路。所以，在表达时要直截了当，简明扼要。风险投资家没有兴趣和时间去看一些对他来说毫无意义的东西。另外，撰写商业计划书时不可塞入过多的技术术语和英文缩写，通常情况下，阅读商业计划书的人看重的只是这项计划能够创造的价值，而不是技术。

（2）条理清晰。良好的写作水平虽然不能挽救创业者不成熟的创业理念，但是思路不清晰的表达方式却很有可能会使一个很好的创意因无法有效地和阅读者交流导致夭折。所以说，清晰的材料可以使创业者在商业计划中所阐述的理念更具可信度，主要表现在商业计划书中所做的每一条主张都会有相对应的证据。

（3）客观公正。创业者在商业计划书中应实事求是地用数据来说明该创意存在哪些市场机会，而不是用夸张的措辞来炫耀市场是多么的巨大。只有对市场或是该创意有一个客观公正的评价，才能让阅读者相信你是对这个市场进行了深入的了解与分析的。

2．撰写商业计划书时易犯的毛病

（1）急功近利而缺乏全盘考虑。商业计划书由一套关系密切的模块组成，无论从哪一个环节着手，都要坚持执行下去，不可急功近利。这些环节可以是目标市场、业务、概念、预测、策略、口号、愿景等。一旦急功近利就会满盘皆输。

（2）高估商业创意。创意的价值并不在于创意本身，而在于建立在创意之上的业务，创意本身不会打造出优秀的企业。

（3）忽略细节。计划需要关注细节，包括财务状况、重大事件、责任和截至时间等。现金流是最重要的。但是如何保证这份商业计划书能被有效地执行以及收回投资资金却是容易被忽视的问题。另外，有的商业计划书过分强调所熟悉的业务而刻意忽略不熟悉的部分。例如，强调技术功能，而忽视市场营销。

（4）不切实际的预测。没有人会相信不合理的虚高销售额预测。通常情况下，超高的盈利预测只会让阅读者觉得创业者对费用成本缺乏实际认识。

3. 投资人想从商业计划书中得到什么

（1）该公司或公司项目有什么独特之处？

（2）该公司是如何运作的，如何保持盈利？

（3）风险投资会给该公司带来什么样的好处？

（4）该公司的管理能力是否足以执行商业计划书中描述的商业计划？

（5）财务预算是否合理？

（6）投资者是否能够退出？

4. 商业计划书书写规划程序

（1）进行创业可行性分析。

创业可行性分析如图 4-1 所示。

（2）商业计划书的写作阶段。

分为现状分析与评估阶段、计划形成与制定阶段。

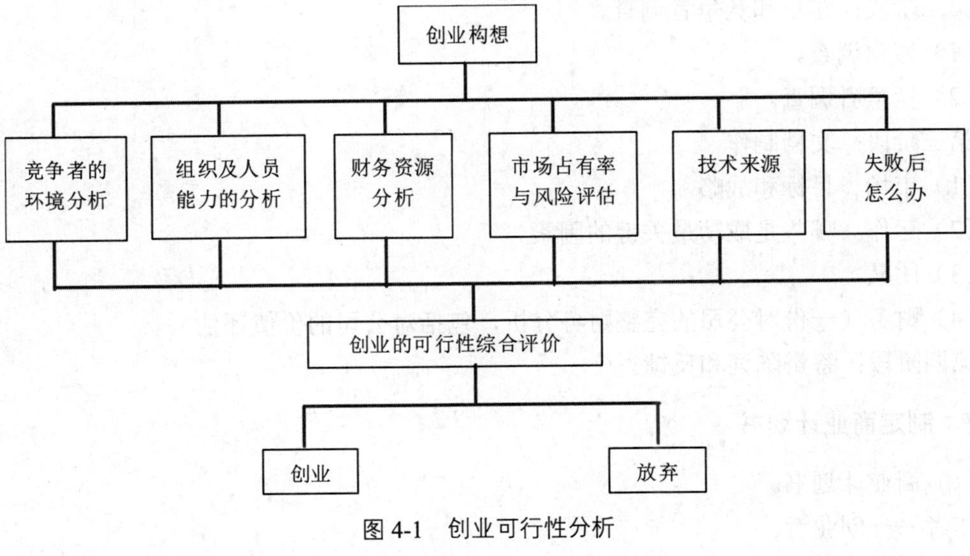

图 4-1 创业可行性分析

5. 商业计划书的写作阶段

（1）第一阶段：现状分析与评估。

项目启动→商业环境分析→竞争状况分析→资源与能力分析→企业以往业绩分析→初步综合评估（见表 4-1）。

表 4–1　商业计划的现状分析规划表

<table>
<tr><th>商业环境分析</th><th>竞争状况分析</th><th>企业资源与能力分析</th><th>企业以往业绩分析</th></tr>
<tr><td rowspan="2">A. 宏观环境
政治及政策
经济
技术
社会
B. 市场及行业环境
市场规模及潜在空间
消费者行为及地位
供应商及其地位
销售渠道
价格走势
需求价格弹性分析</td><td>直接竞争者
潜在竞争者
供应商的前向整合
客户的后向整合
替代产品分析
市场进入障碍分析
客户转换成本分析</td><td>设计开发能力分析
生产能力分析
营销能力分析
融资能力及财务状况分析
管理能力及组织效率分析
其他社会与政治资源能力分析</td><td rowspan="2">企业现行生产产品及价格定位分析
企业现行发展战略分析
财务报表分析</td></tr>
<tr><td colspan="2">自身优势与劣势</td></tr>
<tr><td colspan="2">行业成功关键要素/外部商机与威胁</td><td colspan="2">现行战略及以往业绩</td></tr>
</table>

（2）第二阶段：商业计划形成与制定阶段。

定义企业战略目标→提出多样战略选择→战略选择之评估→确定最后战略。

6. 完成商业计划书的步骤

第一阶段：商业计划构想细化。

第二阶段：客户和竞争者调查。

（1）客户调查。

（2）竞争者调查。

第三阶段：文档制作。

（1）市场、目标和战略。

（2）运作（哪些是成功最关键的因素）。

（3）团队。

（4）财务（一份对公司的完整财务分析，包括对公司的价值评估）。

第四阶段：答辩陈词和反馈。

7. 制定商业计划书

（1）商业计划书。

作者——创业者。

读者——投资人。

核心内容——你把钱投到我这个项目上肯定赚钱。

（2）商业计划书的主要编写格式。

① 商业计划书摘要。商业计划书摘要是风险投资者首先要看到的内容，它是商业计划书之精华，反映了商业计划书之全貌，是全部计划书的核心所在。它必须让风险投资者有兴趣并渴望得到更多的信息。篇幅一般控制在 2000 字左右，主要包括以下几项内容。

a. 公司概述。介绍公司过去的发展历史、现在的情况以及未来的规划。具体而言，主要有以下内容：公司概述包括公司名称、地址、联系方法等；公司的自然业务情况；公司的发展历史；对公司未来发展的预测；公司与众不同的竞争优势或者独特性；公司的纳税情况。

b. 公司的研究与开发。介绍投入研究开发的人员和资金计划及所要实现的目标，主要包括：

- 研究资金投入；
- 研发人员情况；
- 研发设备；
- 研发的产品的技术先进性及发展趋势。

c. 产品或者服务。创业者必须将自己的产品或服务创意向风险投资者作一介绍。主要有下列内容：

- 产品（服务）的名称、特征及性能用途；
- 产品核心技术及一般生产流程；
- 主导产品与产品系列结构；
- 产品处于生命周期的哪一阶段，产品的市场前景；
- 产品的技术创新、产品规划。

d. 管理团队和管理组织情况。风险投资商考察企业时，“人”是重要考察因素。从某种意义上讲，创业者能否成功，最终要取决于该企业是否拥有一个强有力的管理团队和人力资源队伍。包括以下几点：

- 公司的管理团队（公司管理团队的战斗力和独特性及与众不同的凝聚力）；
- 公司的组织结构，部门职能分工；
- 公司人力资源政策，关键的雇员与薪酬激励政策；
- 主要股东、董事，是否有经理人或者员工股票期权。

e. 市场环境与竞争分析。创业者为什么要选择进入这个市场（行业），要说明以下几点。

首先，基于对市场整体环境分析，作出有充分依据的判断。

其次，目标市场是企业根据自身资源、优势与外部机会选择的重点，市场细分是对企业的定位。创业者应该细分各个目标市场，并且讨论你想从哪里取得多少销售总量收入、市场份额和利润。同时估计产品真正具有的潜力。

风险投资家是不会因一个简单的数字就相信创业计划的，创业者必须对可能影响需求和市场策略的因素进行分析，以使潜在的投资者能够判断公司目标的合理性，以及他们将相应承担的风险，一定要说明是如何得出结论的。

行业环境与竞争分析，应该回答以下问题：

- 该行业发展程度如何？
- 现在发展动态如何？
- 该行业的总销售额有多少？总收入多少？发展趋势怎样？
- 经济发展对该行业的影响程度如何？
- 政策是如何影响该行业的？
- 是什么因素决定它的发展？
- 竞争的焦点可能是什么？创业者应取什么样的战略？
- 进入该行业的障碍是什么？创业者应将如何克服？

目标市场的阐述，应解决以下问题：

- 你的细分市场是什么？
- 你的目标顾客群是什么？
- 你的经营阶段（5 年）营运规模、收入和利润目标是什么？
- 你拥有多大的市场？你的目标市场份额有多大？
- 你的营销策略是什么？

在这个目标市场上，竞争分析要回答如下问题：

- 目标市场上的主要竞争对手？可能出现的潜在对手？
- 目前的竞争对手所占的市场份额是多少和市场策略是什么？
- 行业竞争可能出现什么样的变化？
- 创业者的策略是什么？
- 在竞争中公司优势、市场和地理位置的优势在哪里？
- 能否承受竞争所带来的压力？

产品（服务）价格、性能和质量在市场竞争中所具备的特有的市场营销策略，这是风险投资家十分关心的问题，创业者的市场影响策略应该说明以下问题：

- 营销机构和营销队伍；
- 营销渠道的选择和营销网络的建设；
- 广告策略和促销策略；
- 价格策略；
- 市场渗透与市场拓展计划；
- 市场营销中意外情况的应急对策的优势。

f. 生产经营计划。生产经营计划主要阐述创业者的新产品的生产制造及经营过程。

这一部分非常重要，风险投资者从这一部分内容中要了解生产产品的原料如何采购、供应商的有关情况，劳动力和雇员的情况，生产资金的安排以及厂房、土地等情况。内容要详细，细节要明确。这一部分是以后投资谈判中对投资项目进行估值时的重要依据，也是创业者所占股权的一个重要组成部分。

生产经营计划主要包括以下内容：

- 新产品的生产经营计划；
- 公司现有的生产技术能力；
- 品质控制和质量改进能力；
- 现有的生产设备或者将要购置的生产设备；
- 现有的生产工艺流程；
- 生产产品的经济分析及生产过程。

g. 融资需要。资金需求计划：内容包括为实现公司发展计划所需要的资金额，资金需求的时间，资金用途（详细说明资金用途，并列表说明）。

融资方案：内容包括公司所希望的投资人及所占股份的说明，资金其他来源，如银行贷款等。

h. 财务分析。财务分析是一个需要花费相当多时间和精力来编写的部分。风险投资者将会期望从财务分析部分来判断未来经营的财务损益状况，进而判断能否确保投资获得预期的理想回报。财务分析包括以下 3 个方面的内容：

- 过去 3 年的历史数据，今后 3 年的发展预测。

主要提供过去 3 年现金流量表、资产负债表、损益表以及年度财务总结报告书。

- 投资计划内容具体如下：

预计的风险投资数额；

风险企业未来的筹资资本结构如何安排；

获取风险投资的抵押、担保条件；

投资收益和再投资的安排；

风险投资者投资后双方股权的比例安排；

投资资金的收支安排及财务报告编制；

投资者介入公司经营管理的程度。

i. 风险因素。详细说明项目实施过程中可能遇到的风险，包括技术风险，市场风险，管理风险，财务风险，其他不可预见的风险，提出有效的风险控制和防范手段。

j. 风险投资的退出方式。股票上市：依照商业计划的分析，对公司上市的可能性做出分析，对上市的前提条件做出说明。

股权转让：投资商可以通过股权转让的方式收回投资。

股权回购：依照事先商业计划的分析，公司对实施股权回购计划应向投资者说明。

利润分红：投资商可以通过公司利润分红达到收回投资的目的，按照本商业计划的分析，公司对实施股权利润分红计划应向投资者说明。

② 撰写商业计划书应注意的几个问题。撰写商业计划书应注意的几个问题如表 4-2 所示。

表 4-2 撰写商业计划书应注意的问题

自身定位	阶段定位	种子期
		成长期
		扩张期
	市场定位	国外
		国内
		区域
	特色定位	核心优势
		主要劣势
调查研究	竞争对手	工艺、成本、营销状况
	消费群	现在的结构、心理和未来的趋势
	市场活力与风险	
理清思路	到底想怎么干	第一步
		第二步
		第三步
写好摘要	（2000 字左右）	不可缺项
		要突出重点、亮点
		使投资人相信肯定赚钱

③保密条款。

a. 在商业计划书中处理保密问题。

- 要求收件人在一份保密协议上签字。
- 在商业计划书中添加一段条款，对读者提出保密的约束。
- 尽量不把敏感信息写进文件（但是文件中必须包括充足的信息才能让人信服）。

b. 保密条款的内容。

- 确定文件中所给信息的界限，并说明该信息非常重要，不能传递给未经授权的第三者。
- 明确要求商业计划书的阅读者承担以下几个方面的义务：

对该商业计划书（或其中的某个部分）进行保密；在其业务中不使用该商业计划书（或其中的某个部分）；只能传给他们的职员和顾问，同时要求他们承担本协议规定的相同的义务。

c. 保密声明（样例）。

本商业计划书属商业机密，所有权属于北京××医药科技开发有限公司。其所涉及的内容和资料只限于有意向投资者使用。收到本计划书后，收件人应该即刻确认，并遵守以下的规定：

若收件人不希望涉足本计划书所述项目，请尽快将本计划书完整退回；

在没有取得北京××医药科技开发有限公司的书面同意前，收件人不得将本计划书全部和/或部分地予以复制、传递给他人，影印、泄露或散布给他人；

应该像对待贵公司的机密材料一样对待本计划书所提供的所有机密资料。

案例点评

【案例】

商业计划书

中联汇科担保公司未来 5 年的商业计划由经营计划、资金计划、理财计划和管理费用计划 4 部分组成。

1. 经营计划

中联汇科担保公司是国内第一批担保企业，其发展历程大体上可分为创业期（1999 年—2001 年）、成长期（2002 年—2004 年）、成熟期（2005 年及以后）3 个阶段。创业期业务量较小，业务增长较快；成长期业务年增长率逐年减少，影响业务增长的主要瓶颈为资金。中联汇科担保公司上市后进入公司发展的成熟期。

根据中联汇科担保公司业务发展趋势，预计 2001 年底公司业务规模（包括互助基金和分公司担保额）超过 5 亿元人民币，到 2005 年达到 168 亿元人民币，5 年实现累计担保金额约 336 亿元人民币。

中联汇科担保公司 2001 年—2005 年经营计划如表 1 所示。

表 1　中联汇科担保公司 2001 年—2005 年经营计划　　单位：万元人民币

指标	2001 年	2002 年	2003 年	2004 年	2005 年	合计
一、运营资金						
计划（实际）担保金额	50 700	140 000	350 000	750 000	1 100 000	2 390 700
个人担保	25 350	70 000	175 000	375 000	550 000	1 195 350
履约担保	5 070	14 000	35 000	75 000	110 000	239 070
企业担保	20 280	56 000	140 000	300 000	440 000	956 280
互助基金担保金额	2 500	24 000	56 000	128 000	288 000	498 500
保证金外余额	5 263	11 096	8 385	108 896	103 415	237 055
可用理财资金	4 419	7 959	2 853	100 219	64 819	180 269
现金及流动资金	1 273	1 990	713	25 055	16 205	45 236
债券与开放基金	1 273	1 990	713	25 055	16 205	45 236
委托理财	1 273	1 990	713	25 055	16 205	45 236
当年长期投资	600	1 990	713	25 055	16 205	44 563

续表

指标	2001 年	2002 年	2003 年	2004 年	2005 年	合计
累计长期投资	1 110	3 100	3 813	28 868	45 072	81 963
二、收入合计	1 508	5 797	13 303	33 625	47 877	102 110
保费收入	760	2 800	7 000	15 000	22 000	47 560
配套服务收入	254	1 680	4 200	9 000	13 200	28 334
担保保证金利息	204	467	1 000	1 875	2 444	5 990
互助基金担保收入	25	240	560	1 280	2 880	4 985
理财资金综合回报	265	611	543	6 470	7 353	15 242
现金与流动资金收益	11	20	7	251	162	451
债券与开放收益	33	60	21	752	486	1 352
委托理财收益	88	159	57	2 004	1 296	3 605
长期投资收益	133	372	457	3 464	5 408	9 835

编制说明：

（1）担保业务量按个人贷款：履约担保：企业融资为 5：1：4 的比例计划；

（2）担保保证金与担保金额倍数按 2001 年取 5 倍，逐年递增 1 倍计算；

（3）担保费率平均为 2001 年 1.5%、2002 年—2005 年 2.0%；配套服务费率为 2001 年 0.5%、2002 年—2005 年 1.2%；互助基金代理费率为 1.0%；

（4）利息收入为用于担保保证金部分按年利息率 2%计算；

（5）投资收益指未用于担保保证金部分按综合回收率 6%计算；

（6）2001 年为根据 2001 年 3 季度实际报表预测实际发生数。

从经营计划表中可以看到，担保及配套服务和担保投资是中联汇科担保公司收入的主要组成部分。担保及配套服务收入约为担保投资收入的 8 倍，充分体现了公司以担保及配套服务为主，担保投资为辅的业务发展战略。

2. 资金计划

因为行业特点的原因，中联汇科担保公司依靠借贷扩张业务，但发展又需要资金，所以公司选择通过股本扩张来融资，获得资金主要用于用于满足主营业务迅速增长的需要，同时兼顾公司的抗风险能力。

中联汇科担保公司 2001 年—2005 年资金计划如表 2 所示。

表 2 中联汇科担保公司 2001 年—2005 年资金计划 单位：万元人民币

指标	2001 年	2002 年	2003 年	2004 年	2005 年
一、资金来源					
总股本（万股）	15 550	30 000	40 000	53 500	53 500
股本金	15 550	33 613	53 613	188 613	188 613
所有者权益	16 367	38 385	67 646	225 637	257 970
长期负债	500	4 000	8 000	16 000	32 000

续表

指标	2001 年	2002 年	2003 年	2004 年	2005 年
二、资金用途					
担保保证金	10 140	23 333	50 000	93 750	122 222
个人担保	5 070	11 667	25 000	46 875	61 111
履约担保	1 014	2 333	5 000	9 375	12 222
企业担保	4 056	9 333	20 000	37 500	48 889
互助基金	500	4 000	8 000	16 000	32 000
可用理财资金	4 419	7 959	2 853	100 219	64 819
营运资金	1 273	1 990	713	25 055	16 205
长期投资	600	1 990	713	25 055	16 205
短期投资	2 546	3 979	1 427	50 109	32 409

表 2 数据显示，上市后大大提高了公司抗风险能力，随着资本的增加，担保业务获得大幅提升。从稳健经营的角度考虑，中联汇科担保公司在经营计划中选择了较低的增长速度，以便更好地控制经营风险。同时，将上市所获资本分 3 年投入主营业务，稳步发展。

3. 理财计划

中联汇科担保公司将担保保证金按现行存款利率存入银行。其他用于理财的资金平均分配到现金、债券、委托理财和长期投资 4 个项目上，年回报率分别按 1%、3%、8%、12% 计算，理财资金的综合回报率约为 6%。

中联汇科担保公司 2001 年—2005 年理财计划如表 3 所示。

表 3 中联汇科担保公司 2001 年—2005 年理财计划 单位：万元人民币

指标	2001 年	2002 年	2003 年	2004 年	2005 年	合计
可用理财资金	4 419	7 959	2 853	100 219	64 819	180 264
现金及流动资金	1 273	1 990	713	25 055	16 205	45 236
债券与开放基金	1 273	1 990	713	25 055	16 205	45 236
委托理财	1 273	1 990	713	25 055	16 205	45 236
长期投资	600	3 100	3 813	28 868	45 072	36 381
理财资金综合回报	265	611	543	6 470	7 353	15 242
现金与流动资金收益	11	20	7	251	162	451
债券与开放收益	33	60	21	752	486	1 352
委托理财收益	88	159	57	2 004	1 296	3 605
长期投资收益	133	372	457	3 464	5 408	9 835

由于担保公司对现金需求量较大，因此中联汇科担保公司选择了变现性很强的投资组合，同时也为这一选择付出了较低资产回报率的代价。

4. 管理费用计划

中联汇科担保公司的管理费用较少，即使按照较高的增长率进行预测，这部分支出占经营收入的比重不会超过12%。

中联汇科担保公司 2001 年—2005 年管理费用计划如表 4 所示。

表 4 中联汇科担保公司 2001 年—2005 年管理费用计划 单位：万元人民币

指标	2001 年	2002 年	2003 年	2004 年	2005 年	合计
工资福利	100	130	180	250	410	1 070
办公费用	67	75	80	100	300	622
设备折旧	5	125	240	420	900	1 690
社会保险	8	15	26	32	93	174
律师、会计师费	20	65	80	150	500	815
私募上市费用	20	110	400	2 700	2 700	5 930
研发费用	30	50	70	100	200	450
其他	21	30	34	48	397	530
合计	271	600	1 110	3 800	5 500	11 281

中联汇科担保公司 2003 年成功上市后，将其上市产生的费用分 3 年摊销。中联汇科担保公司上市费用约为 8 100 万元人民币，将分别在 2004 年、2005 年、2006 年摊销 2 700 万元人民币。

中联汇科担保公司的商业计划包括经营计划、资金计划、理财计划和管理费用计划 4 个部分，这份计划深入分析了现状和发展趋势，确立的目标具有可行性，提出的分项计划有一定的依据，对指导企业发展有很大帮助。

（1）方案中的经营计划对各个阶段需要实现的目标都进行了数字化的预测，目标较为明确，但实现目标的措施和方法，不够深入细致，这样很难保证经营计划的顺利实现和企业运作的成功，应适当增强经营计划的可操作性。

（2）该商业计划书对项目的未来现金流动情况作了分析，结合行业发展特性，对现有资金的投资组合作了较为稳妥的安排。在上市资金的摊销方面，为了避免经营压力过大，采用了分年摊销的做法，也是较为可取的。

（3）在该商业计划书中，几乎没有涉及公司面临的经营风险、财务风险和系统风险方面的分析及防范措施，这将使投资者难以对商业计划风险做出准确评估，影响投资者的热情。

素质拓展

（1）请按如下情景设置制作一份餐饮公司创业计划书。

现拟创建一家股份制餐饮公司，通过现代化的管理，实现对社会资源的整合，在全国建立连锁川菜酒楼，为特定的客户群提供特色鲜明、个性突出的餐饮服务；目标市场为四川省外和国外对川菜情有独钟的高中收入阶层以及团体消费者；主要竞争者为四川省知名川菜企业在外埠开办的分店和连锁店；现有竞争优势——现代化的管理模式和管理手段以及川菜品牌的集合效应；现有资金 30 万元，需筹集资金 20 万元。

请同学分成若干小组，每组 4～6 人，制作创业计划书。每组按成员数量分配创业计划书任务，每人完成一个部分，共同制作创业计划书。

（2）请按如下情景设置制作一份母婴用品销售网站创业计划书。

现拟创建一个母婴用品销售网站；目标市场为城市年轻夫妇；主要竞争者为拥有母婴产品频道的各大电商及母婴用品实体店；现有资金 2 万元，需筹集资金 3 万元。

请同学分成若干小组，每组 4～6 人，制作创业计划书。每组按成员数量分配创业计划书任务，每人完成一个部分，共同制作创业计划书。

第 5 章

整合创业资源

整合创业资源，对大学生创业者来说，是一个难题，是一个挑战，同样也是一种磨炼。如何理解创业资源，如何通过对创业过程中的资源需求作出分析，找到获取资源的合理方法，如何认识创业融资渠道和风险，掌握好创业资源管理的技巧和策略，都是大学生创业者一定要认真对待的问题。

5.1 创 业 资 源

1．创业资源的内涵

资源是一个企业的经济主体，是企业在向社会提供产品或服务的过程中，所拥有或者所能支配的，能够实现企业战略目标的各种要素的组合。巴尼（Barney）认为创业资源是指企业在创业的过程中，先后投入使用的企业内外各种有形与无形资源的总和。阿尔瓦兹（Alvarez）和布森尼兹（Busenitz）认为创业本身也是一种资源的重新整合。布里（Birley）认为企业创业过程中搜索的财务、人力等物质资源和信息、观点、建议等非物质资源都是创业资源。综合以上观点总结得出，创业资源是创业者所拥有的各种有形资源与无形资源的总和。包括知识资源、技术资源、管理资源、人脉资源、政府资源、货币资源、市场资源等多种资源类型。创业资源涵盖了货币、心理和生理本钱的范畴，且是一种动态的、广泛的、可再生的创业“本钱”。创业者对资源的掌握程度，决定了可用社会资源的大小以及利用的程度。一个善于呵护、挖掘和开发资源的创业者，则他可利用的创业本钱将绝不仅限于货币资源。例如，拥有良好的人脉关系网络，那么这种人脉资源有时候将发挥出远高于货币资源的价值。拥有独特的创新能力，则能吸引到更多的货币资源。

创业资源能够成为企业发展的外部助推力，帮助创业者在创业的过程中少走弯路。因此，对于创业者来说，永远要整合自己的创业资源。一个创业者潜力的大小，并不决定于他能提供的资金的多少，而是看他能支付的资源有多少。

2. 创业资源的分类

目前创业资源主要有以下几种类型。

（1）直接资源与间接资源。

林强、林嵩等人（2003、2005）按照资源要素对企业战略规划过程的参与程度，将创业资源分为直接资源和间接资源。如将人才资源、财务资源、市场资源、管理资源等，这些直接参与企业战略规划的资源要素定义为直接资源。而像信息资源、政策资源、科技资源等资源要素，它们更多是为创业的实施与开展提供便利和支持，但未直接参与企业战略的制定和执行。因此，将这类对企业战略的规划起到间接作用的资源要素定义为间接资源。

财务资源：是否具有足够的创业启动资金，以及是否具有创业初期亏损的资金支持？

经营管理资金：凭什么应对变化？凭什么找到客户？以及凭什么让创立企业内部按照当初自己的设想一样运作？

人才资源条件：是否有足够多的专业技术人士来完成企业所需的任务？

市场资源：是否具有充足的客户资源和营销网络？这个行业的进入准则和特点是什么？拥有什么样的盈利模式？销售的渠道在哪儿？

信息资源：进行决策的依据信息是什么？从何处获取创业资源的信息？

政策资源：可不可以有一个"助推器"或"孵化器"推进我们的创业，如某些准入政策、鼓励政策、扶持和优惠政策等。

科技资源：创业所创立的企业凭什么立足于市场？我们为社会提供怎样的产品和服务？惠普公司、微软公司、美国硅谷的建立等，无一不是大学生利用科技资源作为核心资源进行的创业活动。

（2）核心资源与非核心资源。

根据资源基础论，创业资源可分为核心资源和非核心资源。核心资源主要包括人力、管理和技术资源。这几类资源有别于其他企业的核心竞争力，是创业机会识别、筛选和运用的主线。人才资源是知识财富的来源，只有拥有了高素质的人才资源，企业才具备可持续发展的基础。管理资源可视作是创业者资源，创业者本人的能力、素质的高低，直接影响了创业的成败。科技资源是一种积极的机会资源，对于新创企业来说，积极引进具有商业价值的科技成果，将是企业快速成长的助推器。

非核心资源主要包括资金、场地和环境资源。创业者是否能在较短的时间内吸收足够于企业立足的资金，并且保证企业创立之初的资金周转，这是关系到企业生存的根本问题。场地资源主要指的是高科技企业用于研发、生产和经营的场所。良好的场地资源，能够帮助创业者节省创业成本、降低运营成本等。而环境资源作为一种外围资源影响着创立企业的发展。如信息资源的及时获取，能为创业者提供优厚的场地资源等关键资源，文化资源则可促进管理资源的持续发展。

（3）自有资源和外部资源。

自有资源主要是创业者个人的能力，创业者本人所占有的生产资料和知识技能，也就是我们通常所理解的有形资产与无形资产，这些都是创业活动的基础。而创业者家族的资源也可以视为自有资源的一部分。不过自有资源中有相当一部分并非是创业者通过个人的努力获得的，更多的是自然存在的，不具备天然的属性。

外部资源可以包括亲戚、朋友、商务伙伴或其他投资人．投资资金等。可以看出，外部资源建立的关键是人脉资源的积累。假如一名创业者无法在短时间内，建立自己最广泛的人际网络，那么可以预见他的创业之路将会比较艰难。即便创业之初的他能够凭借某些领先技术或者自身素质获得暂时的成功，如某些独特的发明技术，或者具备吃苦耐劳的精神，但是从长远来看，可以断言他的生意做大的可能性很低。

人际资源从其重要性来看，第一是同学资源。学堂里的同学都处于少年时期，彼此之间很少存在利害关系，因此所建立的情感关系也比较纯洁、可靠。对于创业者来说，同学资源是十分值得珍惜的人际资源之一。第二是职业资源。职业资源是创业者在创业之前工作时所建立的各种资源，主要包括项目资源和人际资源。职业资源的特点是效用性比较高，创业者从职业资源入手，符合创业活动中“不熟不做”的基本法则，尤其是在遵循“竞业避止”法则的欧美国家，从职业资源入手创业，已经成为越来越多的人创业成功的法宝和捷径。第三是朋友资源。朋友资源的涉及面很广，如同学、老乡、发小、战友都可以称为朋友资源。作为一名创业者，三教九流各种各样的朋友都要交，说不定哪天当你遇到困难时，一些平时很不起眼的朋友便能帮上你的大忙。不会交朋友的创业者，最后一定是死路一条。

如果大学生创业者能够利用好创业资源，并且有效地整合它们，那么，在创业的过程中，大学生创业者会比竞争对手占取更多优势，使创业活动更加平稳和快速地发展。寻求和获取创业资源的过程其实也是创业者们磨炼创业能力和提升创业技巧的过程。

3. 创业资源的特殊性

创业资源与一般商业资源相比有多个不同之处。首先创业资源多为外部资源。新创企业所控制的创业资源短缺，则意味着直接控制的内部资源也一定不足。这时候绝大多数创业者是选择将外部资源内化（股权安排、战略联盟、信用贸易等），从而解决创业资源短缺的问题。

其次，创业者在创业资源中所起的作用举足轻重。伯德（Bird）指出，创业家开创事业的意图与开创事业前的资金积累，都是日后新企业的发展目标、策略与结构的成型因素，并且对企业日后的存活与发展有着重要的影响。

最后，专有化知识在创业资源中至关重要。知识是创业资源中非常重要的一项因素，它为企业进行差异化经营提供了基础，是企业奠定竞争优势的源泉所在。更为重要的一点，专有知识是各种创业资源中最不容易被模仿与交易的资源。

【案例】

张文东是国内第一多媒体音响品牌“漫步者”的老总。他靠 4 万元起家，在国内市场先后打败一些国际顶尖品牌。其实他本来不是做这一行的，他最初毕业留校当老师。他平时喜欢听音乐，喜欢捣鼓电子产品，经常抱怨劣质音箱的音质。有一次，他和自己的学生肖敏决定动手做木质音箱，在他们做好功放后，张文东又设计了音箱外观。音箱中的一个部件倒相管，必须要使用塑料管，他们没钱专门开模。这时他突发奇想用柯达胶卷盒来替代这个部件，没想到大小正合适，如果把底儿切掉，正好把木箱上导音孔盖住，天衣无缝。他们就这样东拼西凑地制作着，第一台音箱终于诞生了。刚开始，张文东并没有打算将音箱商业化，这时，张文东的弟弟突然找到他，希望他给介绍个活干，于是张文东就跟弟弟商量把音箱卖出去，弟弟答应了。接着张文东凑了点钱利用工作之余，在单位里做了差不多 100 台音箱，音箱里的倒相管也都是用他弟弟满大街收来的柯达胶卷盒做的，5 分钱一个，结果北京的柯达胶卷盒几乎快被收光了。张文东的弟弟，每天骑着自行车，一次拉 3 套音箱，去 20 千米外的王府井百货大楼卖。生意逐渐有了眉目，于是张文东就联合学生肖敏，3 个人租了一间便宜的小平房，正式开始创业。他为自己的音箱起名为“漫步者”。在经历了无数艰辛后，张文东和他的创业伙伴最终实现音响品牌的登顶。

相信张文东在企业取得市场认可后再也没有使用柯达胶卷盒作为音箱的零部件，但在那个特殊的创业时期，这种创业资源对张文东和他的音箱来说，起到了巨大的作用。不仅节约了成本，获得了市场竞争优势，还使创业者开阔了思维，拥有了将梦想变为现实的信心。这对于创业者来说，是非常宝贵的。

4．创业资源的作用

（1）人力和技术资源是决定性资源。

人力资源包括创业者以及创业团队所具有的创业激情、技能和知识，以及创业者及创业团队所掌握的各种社会资源和信息等。创业团队本身的人才资源在创业之初最为关键。而技术资源是决定新企业产品的市场竞争力和获利能力的决定性因素。

（2）财务资源是根本资源。

说白了，创业没有钱，任何人都玩不转。新企业在原材料的采购、加工、销售等各个环节，都需要财务资金的支持。而大多数初次创业者本身并没有过多的创业资金，因此在创业活动中，经常出现资金短缺的情况，因此合理的财务资源管理是新企业生存的大事。

（3）信息资源是重要资源。

在这瞬息多变的市场经济环境中，若要寻求生存和发展的空间，就必须准确及时地掌握各种有价值的信息。特别是在创业初期，及时获取信息资源，能够帮助新企业在市场上快速站稳脚跟。

【案例】

张仁在毕业后开始创业了，他选择的创业项目是牛肉大饼。他家里有一位亲戚是大厨，在酒店里工作完回来的时候，会给张仁及其兄弟姐妹做一些好吃的，其中就包括这个牛肉大饼。

张仁把这种饼的制作方法了解清楚后，和亲戚一起把量产方案做好，顺便对工具进行了设计。张仁非常看好自己的决定，所以一毕业，就开始了创业之旅。

虽然有了技术，但他的创业资金不怎么充沛，好在国家对于大学生创业有特别的扶持计划，张仁得到了贷款。技术有了，钱有了，人就是他和他亲戚，这样他的店就可以顺利开起来了。

他没有选择在市中心的繁华地带发展，而是选择了当地一个著名的居民社区。一方面因为资金不够；另一方面他不希望刚开始就把这种饼做得看起来很高档，这样不利于市场推广。在张仁和亲戚的努力下，店的生意发展得非常快，才半年时间，就考虑要在别的社区开设连锁店了。

张仁非常好地利用了这些创业资源，让它们发挥了应有的作用，这使得张仁不仅在高档居民社区成功创办了牛肉饼店，且让张仁的牛肉饼名声远扬，张仁由此取得了创业的初步成功。更重要的是，这些创业资源为张仁日后的发展——向连锁市场进军，奠定了良好的基础。

【案例】

南京某师范大学法学院的唐正，在学校里很出名，他不仅学习刻苦，还带领他的“兄弟帮”创业团队在校园里卖了两年红薯。为了能够卖出文化和品位，让红薯与众不同，吸引同学们的注意，他们把一些时兴的网络用语套用成卖红薯的口号，例如，“哥卖的不是红薯，是文化！是情调!”等。他们的目标是要烤出学校最有爱、最有思想的红薯。他们不仅去相关部门申请了烘烤技术专利，还专门成立了红薯产品研发公司。刚开始，他们把红薯摊位驻扎在学生宿舍楼附近，每天红薯的香味就会飘到周围的宿舍楼，同学们马上就感觉饿了，觉得该吃点什么，这时，就会来买。唐正为了吸引同学们的注意，专门采用了台湾无烟竹炭烘烤技术，红薯也是搭载长途客车从昼夜温差大的内蒙古运来。他们糖分十足的红薯是用高科技红薯烤箱烤成，再加上秘制的糖油，自然口味别具一格，在产品销售过程中，颇受同学们的喜爱。唐正不仅卖红薯，还在校园开了几家奶茶店，这样可以借助同样的品牌资源进行推广，他没有雇全职员工，而是吸纳了家庭有困难的同学做兼职，然后用提成的方式激励他们更加努力地把事业做好。现在，唐正把主要精力放在发展番薯新产品上，如薯仔、薯棒、地瓜干、地瓜片和红薯芋圆等，他以后还要做成加盟连锁店。

唐正很懂得利用创业资源，从刚开始使用台湾先进烤箱技术，到去内蒙古进糖分十足的红薯，还将摊位设在学生宿舍楼附近，以及雇用贫困学生兼职，这些创业资源都帮助他和他的红薯形成了有口皆碑的品牌文化，他的事业也蒸蒸日上。倘若唐正没有借助这些创业资源，或者整合这些创业资源的方式不好，那么唐正的红薯跟街边游贩的红薯也就没有什么差别了。

5.2 创业融资

1. 创业融资的含义

创业融资是指创业者根据创业计划，运用一定的融资方式，从不同的融资渠道经济有效地筹集创业所需资金的财务活动。创业融资是创业管理中的关键内容，它在企业成长和发展的不同阶段具有不同的侧重点和要求。在大学生创业者努力寻求创业资本的过程中，对市场信息不了解，对创业发展不确定，自身经验不充足都是造成创业融资难现象的因素。

在创业融资过程中，大学生首先应该正确测算创业所需资金，确定筹资数额，然后选择合适的融资渠道，有计划、有策略地降低创业资金成本。大学生创业融资的主要渠道包括自我融资、亲朋好友融资、天使投资、商业银行贷款、担保机构融资和政府创业扶持基金融资等。创业融资对于大学生创业者来说，是非常难的一个问题，它不只与技术和能力有关，还和社会政策等有关，所以大学生应该在制订创业计划、测算不同阶段资金需求量、建立个人信用、积累社会资本等方面做好准备。

2. 大学生创业者融资难的影响因素

据有关调查显示，我国大学生中有高达 79%的人都具有自主创业的意向，无疑这是一个令人可喜的消息。但是实际中只有 0.3%的大学生最后选择了创业，就连大学生创业比例最高的广东省，创业比例也仅仅只有 1%，而这个比例在美国却是 25%。

通过调查显示，影响大学生自主创业的因素中，最主要的还是资金短缺，且融资难度相较于其他创业者来说更明显。大学生创业融资难是由多方面原因造成的，主要体现在融资渠道单一，以及大学生创业者自身等方面。

（1）融资渠道单一。

大学生融资难，难在资金获取的渠道有限。大学生由于长期身处校园，大多数人并没有多少个人积蓄。比较容易想到的无非是从家庭成员那儿寻求资金的帮助，但是大多数家庭的支持都是很有限的。于是能想到的比较常见的融资渠道便是银行贷款和风险投资。

在影响银行贷款的因素中，无法找到银行贷款保证是最重要的一条。首先，找贷款关键是拥有良好的个人信誉，但是个人信誉需要长期的积累，需要各种各样的事实来证明。这对于刚刚踏入社会不久的大学生来说挺难的。其次，贷款手续繁琐复杂、政策模糊不够细化也是影响贷款成功的重要因素。至于风险投资，这对于社会经验欠缺、风险承受力薄弱的大学生而言更是缺乏竞争力。

（2）大学生自身问题。

首先初次创业的大学生中，创业企业的结构多数是以无形资产为主，如拥有某项专利技术、某个新产品的开发创意等，缺少有形资产作担保的大学生创业者，自然也就融资困难。其次新创企业发展目标不明确，管理机制不健全。大学生创立的新企业，由于时间短、底子薄、经验少、抗风险的能力较弱，因此许多银行和风险投资机构格外谨慎。最后，大学生对信用的培育意识比较欠缺。有些大学生为了自己企业的生存，对所借贷款采取“能拖就拖”的态度，甚至出现了“有钱不还”的现象，这就大大地降低了创业者在银行的信用度，为企业日后的贷款融资设置了障碍。

3. 创业融资原则

（1）合理性原则。

创业者要根据新企业的使用成本与风险承受能力，合理确定出融资的金额和期限。融资金额过大，不仅会导致资金浪费，而且会加大融资成本。融资金额过小，则会导致企业资金供应紧张，大大影响企业的正常运营。

【案例】

张九毕业之后，开始做进出口贸易工作。做了一段时间后，发现老板能力不强，性格也不合他的胃口，于是他凭借手上的客户资源决定单干。单干的第一件事就是要去融资，他是个好大喜功的人，认为手里钱越多，就挣得越多。所以，开始的时候，把所需资金的预算定得非常的高。为了这笔钱，他到处走动，在公司成立后，还是不停地在找钱，不惜去借一些高利息的贷款。其实，公司的业务量不是非常大，就是一般情况吧，人员也不多，不需要那么多支出。他拼命拉钱，带来的结果是，利息非常大，资金利用率非常低。他又陷入两难境地，如果把贷款还清，万一遇到用钱大的时候，再贷款就麻烦了，如果不还，贷款利息又让他承受不了。在勉强撑了半年之后，他实在撑不下去了，就把贷款全还掉了，剩下的是亲戚和家人的钱。这时候，公司出现了一个资金流转的危机，令张九一下陷入困境，他赶紧把公司该卖的卖，该清的清，赔了一些，总算保住了救命钱。他觉得他在创业上还是有点嫩，想再回到原来的公司锻炼好了之后再创业。

融资并不是越多越好，它要符合企业的发展规律，这需要创业者进行详尽的测算。张九所碰到的问题，是很多大学生创业者都会碰到的，好高骛远，想一步冲天。基本的融资测算没有做好，一次性筹集了非常多创业资金，花的时候又大手大脚，这样危害极大。所以对创业的每个阶段，都要进行必要并且合理的测算，这样才能用好资源，不至于不充足，又不至于浪费。

（2）效益型原则。

融资的目的是为了加大资金的投入，从而使得新企业获得更大的成长空间。但是不同渠道，不同方式获得的创业融资，都是需要付出一定的融资成本的。因此，创业者应考虑融资成本的支出情况，平衡资金的效益型。

（3）及时性原则。

瞬息万变的市场环境下，创业机会是稍纵即逝，一时的资金短缺就有可能导致产品无法及时开发和上市，或者导致新产品过时而丧失竞争优势。

（4）合法性原则。

要求创业者融资的渠道和方式，一定是要在法律认可和允许的范围内。否则一旦将来出现因融资问题带来的经济纠纷，创业者很难寻求到法律的保护。

4．创业所需资金的测算

创业者在测算投资时，要充分考虑到难度，要对各个阶段所消耗的资金作出大致合理的预估。不然会融资不足，后续的运营、发展也会出现大问题。做好融资测算，不仅可以避免在创业活动中乱用钱，也可以使创业者对创业项目有一个整体把握。

（1）启动资金的测算。

创业者一旦确定对市场和行业信息掌握充足后，接下来就是确定开办企业必须购买的物资和必要的开支，测算出总的费用，这就叫启动资金。启动资金包括固定资产投资和流动资金两部分。

①固定资产。企业的主要固定资产包括建筑投资和设备投资。无论是开办大型的工厂，还是小型的工作室，都需要选择一个固定的办公地点，作为自己的创业基地。假如能够选择在家创业，无疑将最大限度地削减企业建筑投资的支出，但是假如不具备在自家创业的条件，则需要计算建房或者租房所需建筑投资的费用。设备投资包括新企业的必备设备的引进和购买，如需要的机器、工具、车辆、办公家具等。一些特殊的行业，如制作业和服务行业，其设备投资往往高出其他行业，因此做这些行业的创业者，一定要通过仔细走访和调查，准确测算出设备投资所需费用。

②流动资金。任何一件产品都需要一个生产的过程才能面市开始销售。在这个生产的过程中，是没有任何利润产生的，这就需要一定的流动资金储备，以保证生产过程能够顺利进行。另外，即便产品生产出来后，还需要各种促销和宣传活动，以拉拢消费者购买，而这些费用都属于流动资金的范畴。再者，无论是生产还是促销的过程，都需要雇佣一批员工来保证这些环节的顺利实施。而这些员工的工资也应该计算在流动资金内。最后就是各种其他费用，例如，保险费、交通费、电费等，这些也是不可漏算的流动资金。

（2）企业运转过程中所产生费用的测算。

①在销售和采购的过程中，经常会出现赊账的情况，这些赊欠的款项往往要好几个月之后才能收回。因此创业者在制定市场销售和采购计划时，一定要将赊欠所产生的费用测算清楚。既然设置了赊欠政策，那么就需要考虑到这个因素。

②设备在使用的过程中，难免会出现消耗损坏的现象。假如创业者未能将这些情况考虑在内，造成某些设备无法及时的更新换代，则很容易出现生产活动无法顺利开展的情况。

5. 创业融资渠道

大学生作为一个特殊的群体，有热情，有斗志，受国家和社会政策扶持，其创业融资渠道比较多。利用好融资渠道，对年轻的大学生创业者来说，不是一件易事，要谨慎对待，在认真对待的同时也是对自己相当好的一种磨炼。

（1）自我融资。

自我融资，顾名思义，是大学生创业者依靠自身获取的融资。这种融资量比较小，但是比较可靠。因为，一方面资金都是自己的血和汗积累起来的，看得见摸得着，在运用时，创业者会足够的警惕和谨慎；另一方面，自我融资是一种对毅力和勇气的考验。一般情况下，优秀的创业者都是靠自我融资起家的。

【案例】

小靳是个很自立的人，从小就失去了双亲，是在孤儿院里长大的，很多时候，都要靠自己的力量来做成事情。他从小就下定决心，要好好努力，保护好自己的家人，不要再失去他们。所以，小靳从小就从事各类兼职活动，赚一些满足生活所需的钱。股市好的时候，他也做过股票，有赚有赔。

大学毕业后，他开始创业。他创办的是一家旅游公司，这跟之前做导游兼职的工作有关，在这一行他有很多不错的朋友和资源，而且他讲着一口流利的外语，形象气质也非常不错。创业后，他比之前更加勤奋了，不仅白天忙公司的事情，晚上还写一些关于旅游的书籍，赚取稿费。这些钱，他全部用来投资旅游公司。他很辛苦，如果他不这样辛苦和努力，那么旅游公司就会垮下来。他正是怀着要把事业做好的决心，才会有这么大的动力。

他凭着努力，在没有别人融资的情况下，把这家公司办得非常好，公司在当地非常有名。现在，他希望尽快能把业务从当地推向周边城市，因为周边城市的旅游资源非常有特色，也非常吸引人。他对未来充满了信心。

像小靳这样的年轻人，确实值得大学生创业者去学习和借鉴。他有创业的恒心，也有创业的毅力，吃得了这份苦，懂得去坚持。他能够在艰难的情况下一个人顶下来，靠得全是自强自立的精神和一股拼劲。这非常好地磨炼了他作为一个创业者的意志，相信未来他的梦想会成真。

（2）亲朋好友融资。

亲朋好友融资，也是大学生创业惯用的一种融资方式，父母都会予以资助。但大学生创业者要切记，不能就这样任性地让父母为自己的年轻气盛埋单，做事要有计划、有准备。无论怎么说，这种融资渠道比较靠得住，在大学生创业早期，都十分常用。

【案例】

杨威在朋友们心中一直都是很讲义气的大哥。他确实像他的名字一样，有威严和威信。毕业后，他开始创业。因为他毕业的院校不是非常好，专业也算不上是高新科技，所以，他没有什么相关的资源。他选择的是一个普通的项目，做纯净水生意。

这个生意不只是卖纯净水，也做纯净水饮用机，还有厨房水净化器等。生意多元化，未来才会有竞争力。做这个生意需要库房，也需要人工，他一时凑不出那么多钱，人工的话，他可以干多一点，好兄弟也可以帮忙。

在他跟好兄弟吐露了缺钱的心事后，这帮难兄难弟虽然没有一个是有钱人，不过都算是有一点小小的积蓄，而且他的好兄弟又多，所以在这些好兄弟的筹资下，在家人和亲人的帮助下，这家纯净水公司开张了。

这帮好兄弟，除了出钱以外，还出力，他们知道杨威一个人很辛苦，所以平时休息的时候，或者晚上下班的时候，都过来帮忙。晚上忙得太晚了，大伙就一起到夜市吃个烧烤喝点啤酒。在大家的努力下，公司取得了非常好的业绩，在街坊邻居的眼里，突然饮用水好像变成了一项特别赚钱的生意，其实这中间凝聚了杨威和亲朋好友们的心血。当杨威想把钱还给这些亲朋好友时，亲朋好友都表示拒绝，希望杨威一条心把公司做好。而杨威也觉得非常感激。

在这个案例中，杨威跟他的好兄弟们同甘共苦，闯出了一番天地。而一些大学生创业者在创业初期，确实需要这些力量和资源。不过，这些力量和资源都是人情换来的，希望每个大学生在选择这个渠道的时候，身上都要承担起一份责任，争取日后都能拿出实际行动来回馈他们。

（3）天使投资。

天使投资，是一些私人资金或私营投资机构资金。一般情况下，他们投资的对象都是那些有前景、有实力的创业项目，并且创业者能够在一定时间段内实现该项目的高速增长，使这些天使投资获得巨额回报。筹措此类资金，一般需要创业者有过硬的素质、优秀的创意、极佳的团队，或者至少有其中之一。能否用故事来打动投资者，就是创业者融得此类资金的关键所在。

【案例】

兰俊是一所名牌大学的高才生，在学校算是小有名气，曾屡次在国际软件比赛中获得不错的成绩，从那时候起他就有了创业的想法。他的老师，以及校领导都对他的想法表示赞同和支持。

带着大家的希望，兰俊开始了创业。在大学时，他曾经开发过一个网页游戏，就是“猩猩吃香蕉”，这个游戏非常简单，也非常好玩。兰俊准备把这个游戏做成手机游戏，他认为这个很有市场，所以一毕业，就着手这个项目。

因为工程量不是非常大，所以他一个人就把这个游戏完成了。当把游戏发到手机软件市场上去卖时，反响非常好，出乎所有人的预料。这时候，他希望能把这个项目做大，做成一个系列的游戏，然后组建公司，让自己的事业正规化，走专业化的道路，这样做需要一笔不小的资金。这时，他就找到了国内知名的天使投资机构，递交了投资意向书，将自己的想法，项目的创意点，以及公司未来的发展前景传递给对方。对方表示非常感兴趣，专门同兰俊当面沟通和交流。在会谈的过程中，兰俊谈了很多，包括这些年的经历，对业界的一些看法，还结合国外成功的例子谈了自己的产品和创业理念，这些引起了投资代表的兴趣。

天使机构在进行一系列研究后，决定投资兰俊的项目和他的团队，并且利用他们的人脉资源帮助兰俊做推广，还给兰俊相当多的创业建议，同时要求兰俊能够在一段时间内满足他们所预期的增长速度，实现投资回报。

兰俊在接受了风险投资的建议并做出承诺后，顺利拿到了这笔钱，开始组建公司和团队。因为游戏的号召力，公司招到了非常不错的人才。公司在兰俊的带领下和投资者的帮助下，发展得越来越好。目前，他们慢慢向游戏多元化转变，非常受广大用户的欢迎。

兰俊是个有才华的人，有属于自己的个人成就，他能把故事讲得动听，这是成功获得天使投资的关键所在。天使投资不仅为他提供了现金资源，还提供人脉关系资源以及合理的建议，这些使得兰俊能够带领公司越走越好。

一般来说，风险投资商对利益的野心非常大，如果没有巨大的收益作为前提，天使投资也不会青睐他们。所以在面对这类投资时，创业者要抱有谨慎的态度，保护好自己的创意和理想，要让天使投资来帮助你，而不是“挖空”你，或者“抢劫”你。

（4）商业银行贷款。

商业银行贷款虽然稳定、正规、可靠，但贷款条件非常苛刻，贷款手续和审批也比较复杂。商业贷款的目的是促进商业发展，也要满足最大限度的收益。他们不希望借给一个人钱，回报不足，甚至最后什么都没能收回来。在寻求此类贷款时，一般情况下，需要创业者有符合要求的抵押物以及担保人。

【案例】

陈露在毕业后，回到家乡，开起了超市。家乡经济发展水平提高得很快，家乡人的消费水平也在逐渐提高，但当地却没有一家像样的大超市，陈露看到了这一机遇，于是果断地向这一领域进军。

当然，家人是非常支持她，希望她能够好好干，实现自己的梦想。但家人的资金实力确实非常有限，不能够支持她把这个大超市办起来，即使能够办起来，也无力经营下去。陈露在梦想与现实相矛盾的情况下，愁坏了。

她在银行工作的二姨知道了这一情况，主动找来，跟她说，你可以申请贷款啊。大学毕业生创业，国家本来就很支持，可以享受非常优惠的贷款，加上他们家的房子和车之类的可以作为抵押品，这样的话，办理贷款是非常轻松的。

陈露终于笑开了怀，主动到商业银行办理手续，贷到了款，然后把大超市开起来了，生意非常得好。她家乡的人李某见此感到欷歔，因为李某当时也看中了这一项目，苦于没有资金而没有做。现在陈露成功了，说明他当时的想法是正确的，应该早点去商业银行贷款就好了。

陈露最后能够做成大买卖，跟去商业银行贷款有巨大关系。如果没有贷到这笔款项，那么在家乡开办大超市的将是别人，而不是陈露。陈露能够咬紧牙关把事情拿下来，可以看到她的决心非常大，后来她确实取得了成功。

创业者能够取得商业银行贷款，需要履行相应的义务。如果不及时还款，不仅会影响到个人信用，还有可能承担法律责任。

（5）担保机构融资。

担保机构融资是有具有资格的民间信贷机构进行的一种融资，他们的审批条件相对比较宽松，审批手续也比商业银行贷款要简单。但是，这类融资的回报率要求比较高，法律对其的约束性也有限，所以风险比较大。寻求此类融资，需要创业者极其谨慎。

【案例】

李昌毕业后，搞起了创业。他家在江浙一带，这一带的纺织业比较发达。他家乡的人都是做这一行的，所以，他决定在这一行闯荡一番。

首要的问题就是难以融资，家里虽然有一些钱，可毕竟不够，机器、厂房、人工等，都是大开销，不是一般家庭所能承受的。去一般的商业银行贷款，他们家的房子等可以用作抵押的物品又不是很值钱，这时李昌都想放弃了。

在李昌向他的好兄弟吐了心里的苦水后，他的好兄弟张某说，这有什么难的，他能帮李昌想到办法。没过多久，张某找到了某家知名资金担保机构的客户代表，客户代表跟李昌聊完后，非常支持他，向李昌介绍了一些融资方面的知识，这些担保机构对于抵押的物品要求不高，都是通过中间人进行担保，所以一些有威信的担保人是可以起到非常好的作用的。

李昌找到了他的一个办厂的亲戚，让他做了担保人，顺利拿到了融资。有了钱，李昌不用担心厂子开不起来了。下面他要做的就是努力努力再努力，因为这笔融资的利息不低，他得好好干才行。

李昌在朋友的帮助下，利用担保机构进行融资，实现了创业梦想，真是可喜可贺。这之中存在着一定风险，毕竟担保机构的实力非常有限，国家也没有义务扶持他们，一旦经营不善，担保机构就会钻一些法律空子，让融资者尽快还钱，或者私自提高回报率，这会对融资者造成一定危害。所以，在进行此类融资时，融资者一定要谨慎小心。

（6）政府创业扶持基金融资。

政府创业扶持基金的融资是非常好的一种融资。一般来说，它针对特殊人群，如大学生等。这类融资的审批和发放都非常快捷和方便，还款条件十分宽松。不过它存在一定的问题，例如，融资额度不是很高，一般最高在 2 万元左右，不过对于一般的小型创业来说，已经绰绰有余。

【案例】

常慧是今年刚毕业的大学生。找工作找了一阵后，她有点失望，物价这么高，工资待遇等又非常低，活下去都困难，更别提实现梦想了。这时候，她的好姐妹小文找到她，两个人详谈后，决定要创业，毕竟现在创业是主流，年轻人更应该闯一闯才对。

她们想要创业，但是没有什么积蓄，大学的时候做过一段时间的兼职，女生一般都是喜欢买一些服饰之类的小玩意儿，然后赚的钱都花完了，怎么会剩下，而且她们也不想问家里人要。这时，她们想到好像国家是支持大学生创业的，在专门查看了相关资料后，发现国家有扶持基金，金额还不小，足够开一家小店的。于是她们就去有关部门申请贷款，在申请到后，就开始了创业之旅。由于她们吃苦耐劳，注意点滴积累，人缘又好，后来获得了创业的初步成功，大学生圈子里面称她们为“创业双花”。

常慧受到了国家扶持计划的帮助，最终实现了创业梦。在这一过程中，她享受到了诸多益处，虽然筹集的资金不多，但也足够把店开起来，维持一般的运营。不管融资数额有多少，都需要每个大学生创业者脚踏实地去努力，并且承担起相应的义务。

6．创业融资策略

在创业融资的过程中，不一样的创业项目会对应不同的融资渠道和手段，这些渠道和手段都是不唯一的，需要大学生创业者去分析和把握，正确、合理地选择。

创业融资不单单是技术和能力的问题，它还是一个社会问题。创业者在进行融资策略选择和融资准备时，需要从以下几个方面进行：制订创业计划、测算不同阶段的资金需求量、建立个人信用、积累社会资本等。

（1）制订创业计划。

制订创业计划是大学生创业者进行融资时一项最基本的策略。没有合理的创业计划不可能进行正确的融资选择，这样极有可能导致创业者盲目创业，使得创业成本严重浪费，在与投资者商谈时，也没有可靠的依据来说服他们对自己进行投资。

【案例】

小齐的几个要好的同学在毕业后，几乎都选择了创业。这跟他们所学的专业有很大关系，他们都是学金融的，小齐也准备创业。学金融的都会讲一个词，叫“计划”，所以小齐在创业前没有一股脑儿地马上冲出去就干，而是先做好相应的创业计划，做作好创业最基本的准备工作。

他想做一家贸易公司，主要经营玩具类产品。现在国内对安全问题越来越重视，玩具类产品面向的一般是幼儿和青少年，他认为如果好好做，主打“安全”这张牌，在这一行里一定会有发展，因为哪里有不完善哪里就有机遇。

他先制订了计划，做多大规模，聘用多少人，营销对象分哪几个层次，如何打造和推广品牌，未来的发展方向，每天和每月的资金流动状况，全年目标是什么，如何使用营销策略达到全年目标，以及需要预留多少资金来对抗突如其来的变化等，这些都是小齐计划的一部分。

他在看到一些家人和朋友做生意的过程中，没有进行充分计划，走了不少弯路，损耗不少成本的情况下，认为一定要避免这一现象的发生。而且，他现在正属于创业阶段，本身的资金就少，家人的资助也较为有限，如果没有计划，就谈不上选择什么样的融资了。例如，需要融多少资，哪些是长期贷款，哪些是短期的贷款，哪些是需要向亲朋好友借，只还本金不需要利息。这些他都要计划好才行，不然随便乱融资，结果就会像他的那些生意失败的家人和朋友一样。

因为小齐是学金融的，所以在这一方面，看得比较清楚，分析得也到位。做出了好的创业计划，按计划行事，才不会因鲁莽而横冲直撞。只有有计划的推进，创业才可能有好的收获，不然不仅发不了财，还会欠一身的债。

（2）测算不同阶段的资金需求量。

除了做创业计划，创业者在融资前还需要对不同阶段的资金需求量做一定的测算。根据创业规模测算出宣传和推广等营销费用，人员聘用资金，流动资金，以及应对突发事件的应急资金等。测算虽然无法做到完全准确，但也要尽量客观、合理。因为这关系着大学生创业者在融资过程中的决策正确与否。

【案例】

创业者需要列出公司启动的各种费用开支，下文提供一种资金需求量的测算方法：

① 列出公司运营不同阶段所需的设备、家具、办公用品以及人员配备情况；

② 将启动费用按项目进行细致分类，包括库存费用、公司标志制作费用、销售和营销印刷品或工具费用、产品研发费用、营业执照申请费用、相关许可证办理费用、流动资金、法律与专业服务费用等；

③ 计算每月应支付的房租、办公用品、设施、商业和健康保险、税金、网络接入、运输及其他服务的费用；

④各种费用开支还要包括创业者个人工资、员工工资或外包商的费用。

不同行业的公司在启动阶段可能会产生不同的附加成本，因此，为了确保费用估算相对准确，创业者可以将每项费用多估算出一部分，从而将估算费用控制在安全范围内。

然后，在开始撰写商业计划书和寻找启动资金前，对所估算的费用进行合计并复查。

（3）建立个人信用。

没有投资者愿意把钱交给一个没有诚信的人，所以，个人信用是融资过程中非常看中的一个部分。它不仅能够帮助创业者拿到初步投资，从长远来看，随着信用的慢慢积累，新创企业能够建立起良好信誉，在未来企业出现经营困难，或者需要资金周转时，创业者能够凭借良好的个人信用迅速找到解决资金问题的途径。

【案例】

小唐在毕业之后，做起了服装批发生意，这个生意目前利润非常高，小唐也有信心做好。不过在融资上，他认为还是存在一定问题，随着事业越来越大，资金问题也越来越突出。

在融资初期，他主要借助的渠道是担保机构。因为担保机构对抵押的要求比较低，融资额度相对较大，只需要几个担保人就可以迅速拿到现款。而且随着不断贷款、不断还款，也能够积累个人信用，这将帮助他贷到更多资金。

小唐找了几个做企业的亲戚当担保人，担保机构也信得过小唐，在拿到第一笔创业资金后，他顺利地开办起服装贸易公司。在熬过非常辛苦的三个月后，公司的经营状况上了轨道，这时候，如他所料，公司在资金运转上非常紧张。为了做好冬季服装的供应，他急需一大笔周转资金，这时，通过跟担保机构的沟通，鉴于之前有着良好的借贷信用，他又顺利地拿到了资金。他说，别看这么顺利就拿到钱，如果不及时还款，会产生很多不必要的麻烦，个人信用额度会降低，担保人的信誉也会受到影响，对日后的融资非常不利。

小唐两次顺利拿到融资依赖于良好的个人信用。对于大学生创业者来说，这是非常重要的。也许有些创业者抱着侥幸心理，在拿到投资后，觉得不守信用也没关系，不过是罚点钱，找找关系就可解决。但这会严重危害大学生的创业思维，不仅以后会难以拿到融资，甚至还会败坏企业声誉。

（4）积累社会资本。

社会资本包括人脉关系、个人声望等，认真把握这些社会资本是大学生创业者进行创业融资的重要策略之一。不过，这需要一个创业者具备优秀的沟通能力，良好的社会关系，或者一定的社会影响力，能把各种社会资本有机地结合在一起，吸引投资商注意，并进行洽谈游说，从而实现创业融资。

【案例】

孙辉毕业后创立了一家互联网公司。这家公司的服务对象主要是移动产品用户，在业界的评价不错，尤其是得到了某社会名人在微博上的点名称赞，孙辉及他的公司有了不错的声誉。这些良好的声誉帮助他积累了不错的社会资本，包括业界的关注，人才引进，公司知名度等。

孙辉说，一家互联网公司，最重要的就是有声名传播，传播得越广越值钱，越容易赚到钱，而之前积累的社会资本就起到了这个作用。现在公司几乎不存在融资困难的问题，每天都有风投想跟他合作，或是打听他跟某某名人，跟互联网大佬的关系，并且在各种场合围堵他。孙辉现在要做的就是努力选择一家合适的投资机构，能够一直支持他发展壮大。

不过，在融资问题上他并非就此一劳永逸，还是需要继续把名声打出去，例如，致力于一些公益事业，以及和一些社会名人搞好关系，这些能够提高他和公司的知名度。如果把个人效应和公司的品牌效应做响了，在需要持续融资的情况下，他才有底气去跟对方谈条件以及其他合作事宜，不然就得割肉给这些投资机构，严重一点，甚至未来融资也困难，互联网世界是非常喜新厌旧的。

孙辉很懂得积累社会资本，他也从中收获良多。除了收获融资外，公司的声誉也得到了提升。把握社会资本并不是一项容易操作的策略，如果孙辉没有个人才能，做出来的产品没有市场效应，或者途中没有贵人相助，融资都不可能实现。所以，在信息时代的大背景下，一个创业者应该具备这样的远见卓识。

5.3 创业资源管理

一般情况下，大学生创业者最初能够取得和利用的创业资源相当稀缺，这是创业容易失败的原因之一。大学毕业生进行创业，想要推动创业活动的前进与发展，满足企业生存和高速发展的要求，如何管理所掌握的创业资源，让它们最大限度地发挥效力，尽可能使成本得到控制是关键所在。一个优秀的创业者与众不同的创业能力之一就是拥有高超的创业资源管理能力，通过对资源的管理创造出企业的竞争优势，使之稳健、快速地占领市场。

1. 创业资源的识别

创业资源的识别，是指创业者根据自己所掌握的资源的特性，对企业所需资源进行有针对性的分析确认，并最终确定企业所需资源的过程。资源的识别可分为两个方面：企业内部资源的识别和企业外部资源的识别。一家企业为了了解企业发展所需要的资源类型，必须列出一个详细的明细表，以确定资源的数量、质量和时间，以及如何挖掘内部资源和获取外部资源。资源的识别能为企业的发展奠定扎实的基础。

（1）影响创业资源识别的因素。

①创业者素质。成功的创业家，一般具有创新力、敏锐的市场洞察力、风险承担力、新企业的管理能力，以及个人的决心、能力、责任感等优良素质。创业者的这些素质的优

劣，在创业资源的识别过程中起着至关重要的作用。大学生创业，要面对多变陌生的市场，所以大学生创业者要时刻提高自己对市场变化的敏锐度。另外，企业创业初期的创业网络是不稳定的，创业者要根据市场的情况，凭借自身素质，及时调整创业理念、思想和行为，在市场中获取到稀缺、有价值和不可替代的创业资源，来保持企业的竞争力。

②企业初始资源。初始资源对于创业资源的识别有着重要影响。从初始资源可以识别出所需创业资源的类型、数量、质量、时间和来源。另外，人力资源也是初始资源不可或缺的组成部分。初始创业团队成员不同的教育程度、背景、工作经验，对于创业资源的识别也起着至关重要的作用。最后就是初始财务资源会影响新企业识别所需资源的数量、质量、获取的先后顺序等。

③创业环境的动态性。对于创业者来说，创业环境变化往往影响着对创业资源的准确识别。创业环境动态性具体包括顾客、增长机会、竞争者、创新的动态变化性和不可预测性。创业者若想获得独特的竞争优势，必须及时了解动态环境的变化，在动态环境下识别创业资源。

④关系网络。关系网络是新企业获取信息、资源和社会支持，以便识别机会或资源的一种有效途径。通过关系网络，创业者可将亲朋的资金、能力、技术资源、熟识的人才引进新企业，为新企业的发展推波助澜。很多成功的创业家，特别愿意将更多精力投入到关系网络的维护上，如建立有保障的投资商和供应商渠道、可靠的中介机构以及稳定的客户群等。

（2）创业资源的识别方法。

根据创业者不同的驱动因素，可将企业资源识别分为决策驱动型创业资源识别和机会驱动型创业资源识别。

① 决策驱动型创业资源识别。决策驱动型创业资源识别，简单来说就是创业者先做创业决定，再寻找创业机会、组织资源、创建企业的过程。这类创业计划性、实用性很强，一切的最终目的就是为了创建企业。这种类型的创业者会根据自己所掌握的初始资源的质量、数量等进行反复的评价，也会对创业愿景进行不断的修改，从结论中识别最适合自己的机会。

新企业在创业过程中需要考量自身已有资源和需求两方面内容，建立已有资源和需求的优势、劣势矩阵，如图 5-1 所示，以此确定资源与机会的匹配程度，确定企业发展的具体方向。自身资源特性包括两个方面——现有资源和需要获取的资源。创业者可将自身资源的特性与市场需求进行反复比较，从而发现创业机会。

第一象限——创业者现有资源丰富，创业需求也较多，则需要对资源进行匹配，以此确定差异，合理利用资源。

第二象限——创业者现有资源较少，但是创业需求较多，说明资源相对比较贫瘠，需要寻找相应的资源。

第三象限——创业者现有资源和创业需求都较少，也需要将资源与需求进行匹配，确定差异，填补缺口。

第四象限——创业者现有资源丰富，但创业需求较少，说明创业者的资源基础雄厚，满足创业需求。

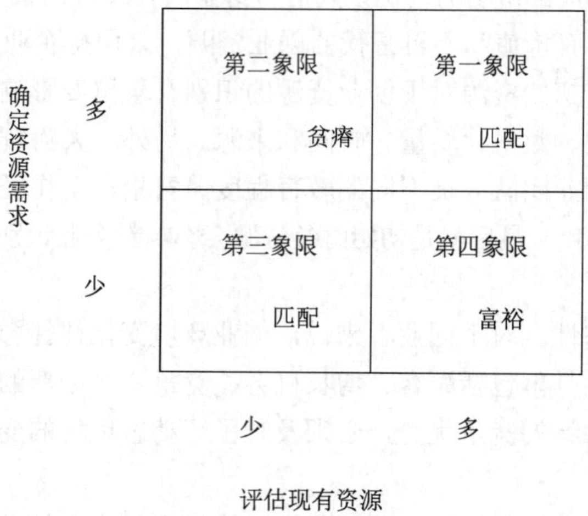

图 5-1　已有资源和需求的优势、劣势矩阵

② 机会驱动型创业资源识别。如果说决策驱动型创业资源识别，是一个自上而下的过程的话，机会驱动型创业资源识别则刚好与之相反。机会驱动型创业资源识别是创业者首先发现创业机会，然后评估创办企业所需资源，最后再创建企业。这种方法具有一定的偶然性，对资源的识别、评价，一切都是为了与创业机会匹配。与决策驱动型创业资源识别不同的是，机会驱动型创业资源识别更注重核心资源。

2．创业资源的获取

创业资源的获取是指在识别资源的基础上，利用其他创业资源或途径得到资源，并使之为新企业的发展服务。获取资源是整合创业资源不可或缺的环节，也是企业生存发展不可忽视的关键步骤，因此创业者要根据实际情况，将创业资源与创业途径进行合理的匹配。

（1）影响创业资源获取的因素。

① 创业者能力。创业者的能力在获取创业资源的过程中扮演了关键的角色，包括管理能力、激励能力、协调能力、学习能力和公关能力。创业者拥有出色的管理能力，则能提高创业团队的凝聚力，促进成员间的合作，获取必要的外部资源；创业者能有效地激励团队成员，将有助于提升创业团队的综合能力，使团队产生外溢效果；创业者有较强的协调能力，便能将各种资源进行合理的匹配和组合，这将大大提高资源的利用率，吸引更多的人力资源和无形资产；创业者拥有较强的学习能力，企业将可以频繁地进行创新型发展，这便加大了新企业对无形资源的需求；创业者的公关能力越强，与合作者（投资商、供应商、销售商等）达成一致的可能性就越大，创业者就可以利用外部资源为新企业服务。

② 创业者先前工作经验。工作经验分为创业经验和行业经验两大类。创业经验是指创业者在创办企业的过程中，所积累的关于创办企业的各种观念、知识和技能，为创业者提

供了识别与评价机会的条件。行业经验是指创业者在某个行业先前的工作经验，它为创业者提供了有关行业的行业规范和规则、供应商渠道、客户源等信息。创业者的这两种经验将有利于新企业对人才、资金、技术等创业资源的获取。

③集聚经济效应。在同类企业集聚区域创业，创业者更容易获得资源，因为集聚的领先企业对新企业具有孵化作用。一方面，集聚经济能够提供更丰富的创业资源；另一方面，许多曾经是集群中企业的员工成为创业者，这些曾经的员工具有行业经验以及与集群中的企业和机构之间的关系网络，这样，企业更容易接近资源所有者并说服其提供创业资源。所以，集聚经济能为创业者快速提供大量资源。

④信息的捕捉。创业资源的信息分为显性信息和隐性信息两种。显性信息包括资源拥有者所具有的基本信息和资源的基本信息，而隐性信息往往是以技能和经验的形式存在。信息的捕捉对于创业资源的获取能起到杠杆作用，通过对信息资源的捕捉，继而获得更多的资源来源。

（2）创业资源的获取途径。

从创业资源的来源方向看，资源的获取可分为资源外部获取和资源内部积累两种。

①资源外部获取。新企业可通过资源购买、资源租赁、资本运营三种方式，从企业外部获得所需资源。资源购买主要是指购买专利和技术，聘请有经验的员工，通过外部融资获取资金等。资源租赁是指通过租赁方式获取需要的创业资源，但获取的是创业资源的使用权而不是所有权。资本运营是指通过兼并、收购或联盟获取创业资源。

②资源内部积累。资源内部积累，是利用现有资源——如企业的厂房、设备装置，在新企业内部开发新技术，通过培训来增加员工的技能和知识，通过新企业员工获得市场订单、扩大销量、提高利润等自我积累获取资金，通过建设创业文化和培养全员的创业精神来积累创业资源。

3. 创业资源的开发

在创业者识别和获取创业资源之后，如何开发这些创业资源，使这些资源发挥更大的作用与价值，这是创业者需要重点考虑的问题。创业资源的开发策略主要分为三种：分步投入，稳扎稳打；杠杆效应，以小博大；废物利用，重新整合。

（1）分步投入，稳扎稳打。

新创企业初期，往往面临资源匮乏的局面。因此，创业者要努力挖掘自身创业资源。在投入创业资源的选择上，创业者可分多个阶段投入创业资源。如在每个决策点执行时，前期先少量投入资源，如果成功可继续大量跟进投入资源。如果效果未能达到预期的话，创业者应当立即悬崖勒马，以减少损失和浪费。

（2）杠杆效应，以小博大。

新企业若想取得成功，仅仅依靠自身的资源是远远不够的。应当学会利用自身的资源去吸引和撬动自己所缺乏的稀有资源，这就如同物理学的杠杆效应一样。以自身资源作为支点，采用“四两拨千斤”的方式获得更多的资源。美国著名的银行家罗伯特•库恩说过：

“一个企业家要具有发现价值和创造价值的能力，就要有在沙子里找出钻石的工夫。”如一个不被人们注意的资源，而创业者却从中发现其尚未被开发的特殊价值。创业者即可以自身的一些资源去换取那些资源的使用权，这其实是以一种创造性的方式获取资源。

（3）废物利用，重新整合。

新企业获得的资源总是不全面的，因此在资源条件有约束的情况下，创业者可利用那些被他人废弃的创业资源，与自身资源巧妙地整合拼凑，打造出一种新的、能为己所用的资源。

4. 影响创业资源利用的因素

新企业仅仅拥有资源还是不够的，正如哈佛商学院著名教授霍华德·史蒂文森所说：“创业者在企业成长的各个阶段都会努力争取用尽量少的资源来推进企业的发展，他们需要的不是拥有资源，而是控制这些资源。”资源自己不会转化为竞争优势，需要新企业通过一定的运作，将不同来源、不同类型、不同效用的创业资源，进行科学合理的利用，来形成新企业的核心竞争力。影响创业资源利用有以下几个因素。

（1）创业者有效配置创业资源的能力。

新企业如果不能将各种资源进行合理的配置，无疑会大大降低资源的使用价值。只有将资源转化去满足市场的需求，才能获取相应的利润。对新企业来说，可利用的资源本来就很有限，若要生存下去，更需要创业者将资源转化为具有强劲竞争力的价值。

（2）创业者的风险偏好。

资源转化的过程中，情况会受市场环境的变化而有所波动。面对这种波动，不同能力、性格的创业者会有不同的风险偏好。如能力强的创业者更愿意选择具有较高产出潜力的产品，相应地，这种方式所要承担的风险也较高。而风险承担能力较低的创业者，则会小心翼翼地选择一些产出潜力较低的产品。因此在资源利用的过程中，能力与风险的匹配起着举足轻重的作用。

（3）企业的超前行动。

企业的超前行动是指新企业为了改变市场的固有格局，以先动行为在市场中产生积极的影响，从而引导市场发生一些变化，新企业可从中获取新的市场需求。超前行动是影响新企业资源利用的另一个主要因素。例如，超前行动会影响企业资源利用的相对时间，资源利用时间上的选择，有时甚至可以决定企业是否能抢占新的市场。

（4）创业者的个人素质。

创业者本人的素质也是影响创业资源利用的一个重要因素。每个创业者具有不同的教育背景、社会阅历和社会声誉，因此在创业资源利用的过程中，不同的创业者会有不同的选择。

（5）创业资源的利用途径和过程。

如果说创业资源的识别是整合创业资源的开始，那么创业资源的利用就是资源整合的结束。识别出有价值的创业资源，就为接下来的资源利用打下了可靠的基础。正确选择资源，可使资源的利用达到最优。在创业过程中，创业者需要对资源用绑聚、匹配等方式进行整合，摒弃精简一些无用资源，使资源更具柔性、条理性、系统性。

下面介绍几种常见管理类型。

（1）经济资源管理。

创业者在拿到融资之后，进行经济资源管理的目的只有两个：成本控制以及防止资金链断裂。充分做好预算，寻求合理资金结构，做好资金的调剂使用，减少负债，促进资金快速流动，实现最大盈利等，是企业经济资源管理的重中之重。

有些创业者，年轻气盛，想一步登天，存在一种赌一把的心态，不懂得合理运用资金，最后落得失败收场。

【案例】

周贺是个“80后”，毕业之前，曾经和朋友一起在学校周围开花店，花店经营得还算不错。毕业后，他参加了工作，年薪几万块，收入也还算满意，这时他心中又掀起创业热情，于是，工作刚满半年就辞职了。

趁着全家老小过年聚餐的机会，周贺拿出自己的创业方案，开一个美容美发店。因为周贺给长辈的印象不错，所以长辈都表示支持，大家凑了15万元给了周贺。周贺拿到钱非常兴奋，和一个朋友来到青海省西宁市，他们认为那里的专业美发店不多，应该很有市场。

开始筹备之后，周贺才体会到创业之艰难。人生地不熟，光选址和装修就把两个人折腾得够戗，后来索性外包给别人去做，工钱花了不老少。到了6月，店铺开张，却没有他们想象中的滚滚客流。周贺这才发现选址出现问题，虽然是市中心，各项费用基本是最高的，但那个区域的人流量并不集中。6月是美容美发的淡季，资金流出远远大于流入，创业资金本来就少，现在更是几乎弹尽粮绝。

虽然周贺和朋友后来更加卖力地工作，生意也初步进入轨道，但只能达到温饱水平。这时候，一所师范院校的美发老板要将店铺转手，周贺和朋友觉得这是翻身的绝佳机会，那所师范院校光学生就有几千人，9月盘下来刚好开学，就能赚大钱了。于是两个人到处去找投资，正当转让事宜要谈下来时，那个老板却突然反悔，而市中心的店，因为那段时间一直疏于管理，营业额下降了一大半。为了避免再亏下去，两个人只得把店转让出去，最后一共赔了10多万元。

周贺创业失败的原因有很多，最主要的原因恐怕就是对资金的管理不善，缺乏计划，以及冒失。在第一家店本就经营困难的情况下，两个人还下赌注于第二家，最后赔了不少钱。这里也请广大创业者充分建立起危机意识和现金流意识，做最坏的打算，脚踏实地，才能顺利过关。

【案例】

郑佳来自云南，现在是西华某师大商学院的学生。郑佳家的经济条件不错，但从前年起，郑佳就开始过着一边读书一边经商的生活。刚开始，她在网上淘一些便宜的小东西，价格在20～60元之间，其中有美容品、服饰等。大学生经济实力不是很强，但消费观念却很超前，郑佳就先试着做寝室营销，向室友推销她淘的小东西，她的室友平时也买这些，不如就送她个人情。在建立了固定客户后，她又将目标转向同楼层的其他女生和自己所能接触到的其他同学。去年暑假结束，郑佳的父母给她寄来5000元学费，但郑佳没有马上交学费，而是申请了缓交学费，先用这5000元到浙江进货，然后选择在校园里人流量很大的路口摆摊卖货。女生就是钟情于这些小玩意儿，之前的创业活动中，她已积累了不少人气，经过一个多月的奋斗，郑佳不但用赚的钱付清了学费，还拿出其中的3万元在校园附近商业区租了一个店面，然后和外地的供应商建立起长期的合作关系，开起了自己的小店。没过多长时间，生意越来越好的郑佳在别的大学开了另一家店铺，由男朋友的好哥们打理。郑佳经过9个月时间，用5000元起步，最后赚回10万元，挣到的钱又全够用在未来的发展上。

郑佳是个非常懂得经济资源管理的创业者。她能够利用时间差，将家里寄来的学费用作进货，继续自己的创业，这里面有智慧、勇气还有决心。这三样东西对于一个创业者来说是非常有帮助的。她合理地运用手中的资金是成功的重要原因。

（2）人力资源管理。

现代管理学之父彼得·德鲁克曾经说过："所谓企业管理，最终就是人事管理。"由此可见人力资源管理的重要性。因为创业者经验不足，资源缺乏，所以进行人力资源管理时，要在人员招聘、人员配置、奖惩制度方面多下工夫。例如，谨慎招人，给员工的工作职责和内容都要有具体规定，配合适当的奖惩制度，既不能让员工丧失信心，又要充分调动员工的积极性。这些都能帮助创业者更好地进行人力资源管理。如果忽视这一方面，管理不当，那么极容易导致创业走向失败。

【案例】

去年5月份左右，小刘不想再继续当打工仔，想趁着年轻，实实在在地做一个项目。小刘看到一个豆腐加工连锁店的项目在央视栏目播放，便联系了这家企业，申请加盟。去总部考察和培训后，小刘发现这个项目确实不错，如果在一个没有连锁店的城市做总店并发展分店，那么发展一家，会有5000元奖励。小刘算了一下，如果自己经营得好，3年内开10家连锁店，那3年后，每年的利润能达到20万元左右。于是，小刘在临近家乡的一个城市开起了总店，做了没几个月，就打算扩张，于是赶紧招了一些新员工，还把家里的亲戚叫来，筹集资金连着在3个地方开了3家分店。由于他天天忙于开分店，运营方面交给了堂弟和以前的老员工，这样，人员管理显然不如刚开始，营业额开始大幅度下降，明显入不敷出。小刘大发雷霆，每天都打电话指责他们，后来堂弟负气走了，而老员工们的意见也很大，再加上员工难招聘，培训时间短，工资低，有几个小伙子干了几天就无声无息地跑了。小刘后来开的这几家店经常处于关门状态。没办法，他只好将后开的几家店便宜转让出去，这才避免了进一步的损失，而小刘也确实体会到创业的苦处。后来，他总结了自己的问题，盲目扩张是一个，更重要的是当时忙着开分店，忽视了对人员的管理。如果当时谨慎一点，少开几家店，先把员工培训好，再走扩张路线，可能会更好一点。总结了教训之后，他又开始努力，伺机东山再起。

从小刘创业的案例可以看出，在创业资源的管理中，人力资源管理确实很重要。即使小刘当时资金充足，各方面条件也具备，如果在人员管理上不得当，最后的结果还会是一样。人是最难管的，如果管理好，产生的效应也是最大的。在大学生创业初期，可能对人员的管理不重视，而且本着节省成本的态度，宁可请亲戚朋友来干，也不招员工，这样资金成本可能降下来了，但极容易造成管理上的混乱，损失反而更大。

（3）时间资源管理。

对于第一次创业的大学生来说，创业者的工作精力和工作时间很难分配合理，这是一个很大的问题。在创业资源贫乏的情况下，创业者既要完成各项日常工作，还要筹划公司的生存和发展，所以，在工作时间的分配上，创业者经常顾此失彼，造成一定程度上的混乱。

【案例】

乔辉和他的朋友毕业后，准备一起创办一家开发防盗系统的公司。他们一共凑了 50 万元，开始准备选址、注册公司。几个人都没有什么创业经历，虽然在产品研发上非常在行，但在筹备创办公司的问题上，还是一筹莫展。为了搞清楚注册的基本程序，他们找来很多资料，准备好好研究一番，结果却越研究越糊涂。他们不知道开这样一个防盗系统公司，以 4 个人的名义，到底注册什么类型的公司合适，需要提交哪些材料，各种费用如何，公司起什么样的名字？4 个人讨论了好几个晚上，好不容易把公司名称定好，又出现新问题，公司当初只是决定做防盗系统开发这一块，而市场的产品定位，未来的发展方向，几个人还没有明确。于是，他们决定走一步看一步，具体情况根据公司发展再定。就这样，公司创办起来后，4 个人的分工和职责缺少明确规划，他们经常针对一件事要进行长时间的讨论，效率极其低下。不仅如此，公司成立之后，创业团队计划很多，执行力却很差。接到任务后，总是发生研发人员拖延的情况，公司不能及时按要求完成任务，最后客户也不能如期拿到产品，在经过长时间的协商后，对方才答应以 8 成价格付款。这样，几个人忙了几个月，最后几乎颗粒无收。

乔辉和他的朋友确实在时间管理上存在很大问题。时间资源对于创业者来说，是非常重要的一项资源。在这样的情况下，乔辉的公司效率极低，不仅不能快速成长，甚至还有生存危机。所以大学生在创业过程中要注意时间资源的管理，分清楚事情的轻重缓急，合理安排工作任务，使公司的投入产出比最大。

（4）营销资源管理。

无论是新创企业，还是成熟企业，他们都以市场为导向。一项新产品或新服务的市场供需直接决定着企业的成败。对于新创企业来说，宣传和推广能力相对缺乏，新产品或新服务在市场中几乎不为人所知，所以，新创企业必须集中精力，致力于营销资源的分配和新市场的开拓，让销售得到巨大提升，这就是营销资源管理的内容。

【案例】

杰米·唐查科非常喜欢威布廉公司的“五指系列”超轻量跑鞋，但这种跑鞋对于一个普通大学生来说太过昂贵。于是，唐查科开始利用能找到的材料设计凉鞋，他曾试过快递信封纸，做出的鞋子虽然足够轻，鞋底的保护效果却很差，唐查科继续为制作轻便、廉价的鞋子而努力。

在一个偶然的情况下，他发现户外广告公司废弃的一些乙烯塑料广告布非常适合制作超轻鞋。于是，唐查科找到相关负责人仅用 20 美元就拿到了一张麦当劳的大幅饮料广告布，开始他的新制作。

在经过多次试验、修改和完善后，唐查科最后确定出一款设计。刚开始，唐查科只是按成本价出售，销量不错。紧接着唐查科推出了自己的网站，利用这个资源开发出多款凉鞋，售价从 19.99～39.99 美元不等。这些环保再生鞋全是在密歇根州完成，公司网站上称，公司聘用的都是“当地优秀工人”，其实只有唐查科一人。

后来他正式注册了公司“唐博罗”，并他对潜在的客户群进行了相关研究。此时唐查科还申请加入洛杉矶的一个非营利性机构“火星种子”，这个机构专门为有益于社会的创业者提供种子资金以及顾问指导等资源。加入 4 个月后，年仅 21 岁的唐查科被“火星种子”评为优秀创意家。得到“火星种子”提供的资源后，经过短短 2 个月时间，唐查科将网站彻底大变样，无论是创意、产品还是服务，都令人耳目一新。

唐查科经过测算，预计今年夏天环保再生鞋销量可以达到每月 1000 双，而且有些精品店也对唐查科生产的产品有兴趣。现在他争取在下一年的春假宣传期间，让环保再生鞋成为多个品牌的买赠礼。从第一双“快递信封鞋”以来，他花了很多时间才走到现在，虽然经历了很多挫折，但在谈起成果时，他还是很兴奋。

很多人不会想到，可以用快递的信封纸作为鞋子的材料。当然唐查科一开始并没有成功，但他的废物利用、环保再生的理念没有改变。正是如此，普通的信封纸把他引上创业道路。在创业过程中，他努力为自己的产品寻找到营销热点，拿到“火星种子”的优秀创意家称号，这不仅吸引到了投资，还让自己有了光环。正是因为唐查科善于运用和管理创业资源，才让他最后走向了成功。

【案例】

田胜毕业后来到某机械公司当销售代表。有一次，他去海南陪一个客户谈合同，谈判非常顺利，客户尽地主之谊请田胜在海南岛游玩。游玩时，田胜觉得很多奇形怪状的贝壳很可爱，出于喜欢，他就随手捡了一些回去，准备送人。回公司后，田胜把那些贝壳洗净，放在自己的办公桌上，当作摆设，结果被关系好的几个同事一抢而空。于是，田胜找人花几百块请海南当地的两位老人给他捡贝壳，两位老人捡了 1000 多只形状各异的贝壳，给田胜邮寄回去。田胜挑了一些洗好，趁着下班，在当地最有名的夜市上摆了一个地摊，其间还大跳韩国“鸟叔”的《江南 Style》，吸引了很多围观的人，他们除了看田胜的搞笑表演外，对这些贝壳也爱不释手。一个晚上，田胜就以低价 3～5 元卖出了 100 多只贝壳，赚了 400 多元。此后，田胜就抽晚上的时间，到各个夜市摆摊，跳鸟叔舞。因为他很踏实能干，所以基本每天收入都维持在 300 元左右。在积累了一定的资金之后，他专门请设计师在贝壳上刻上鸟叔、LadyGaGa、迈克尔·杰克逊等人的经典头像或舞姿。普通贝壳也有很多人买，但并不受人们青睐，人们喜欢的是有趣的购物体验，这些贝壳本身没有什么特别之处。后来，许多人看到田胜卖贝壳非常赚钱，就一拥而上地也去卖，这时，田胜就不再摆摊卖了，而是把产品批发给这些做生意的人。随后他在当地开了多家贝壳工艺精品店，这极大地提升了贝壳这种商品的形象价值。经过一番艰苦创业，田胜成了当地远近闻名的“贝壳大王”。

田胜在创业的过程中，极好地把握了普通贝壳这种原材料，懂得在宣传方式上下工夫。可能同样的资源，在一般的创业者手中，就无法闪出像田胜这种创意灵光。当大家竞相模仿田胜时，他摇身一变，成为上游供应商，而且努力给贝壳这种产品赋予特殊价值，让产品的销量更好。所以，大学生创业者，在创业过程中，要对手中的资源认真思考，发现它们的独特之处，找到营销热点，从而实现企业快速成长。

案例点评

【案例】

大学毕业的陶莉因为缺乏靓丽的外表，过人的口才，多次被用人单位拒之门外。自尊心受到打击的她为争一口气，放弃了给别人打工的想法，决定自己创业。想了几天，也没有想到合适的创业项目，突然想念起儿时家乡的米酒，一个念头就从脑子里蹦了出来，不如就挑着自己酿的糯米甜酒去大街小巷叫卖吧，如果生意好，那就努力干，争取开家店。就这样，陶莉放下大学生的架子，每天穿街过巷、顶着风吹日晒叫卖五六个小时。一天下来，发现竟然也能赚到近100元。这样过了一个月，陶莉总共挣了3000多元，吃饭睡觉的问题算是基本解决了。陶莉制作米酒采用的是父母传授的民间做法，因为做得多了，又上过大学，懂得搜集资料进行研究，没多久，她就在传统做法的基础上加进了一些现代工艺，结果，陶莉做的米酒，口感非常好，符合现代人的口味。有时候时间紧，没来得及转一些巷子，有的老顾客没买到甚至还朝她抱怨，她有些乐不可支了。陶莉就这样辛苦了大半年，生意也越来越好，女孩子平时就注意节约，所以她稍微攒了一点积蓄。这时候，她决定开一家实体店，日后如果发展好，就做成连锁形式的，兼卖奶茶果饮，而米酒是主打。她拿着自己的创业计划跟亲戚朋友借了一些钱，又申请了国家的大学生创业贷款，在各种有利政策的帮助下，陶莉终于开了一间属于自己的饮品店。她把这家店开在一所大学附近，而这所大学在市中心，紧邻着居民区，生意非常好。慢慢地，米酒的生意打出了名声，很多酒楼的老板看中了陶莉的米酒，希望每天都给他们供应一些。陶莉觉得机会来了，必须把握，于是用家里的房屋做抵押，向商业银行贷了一笔款，一部分用来开分店，一部分用来招人。在和一些酒楼的老板关系熟络后，老板知道她资金困难，并且相信她的为人，付款时跟她用预先结算方式，先付她一个月的钱，然后供应一个月米酒，虽然钱不算多，但至少减轻了陶莉的负担。她非常注意节约成本以及人员招聘，很害怕自己辛苦做出来的事业，因为自己的管理疏忽而功亏一篑。她给员工制定了长期的发展计划，干得好的员工则有机会担任下一家分店的店长，这样，员工的积极性也高了，自己费的心思也少了，于是她就有充分的时间思考连锁店的发展方向，以及改良米酒工艺。就这样，陶莉渐渐把创立的品牌名声打响了，她接下来的目标是把连锁店开在其他大中城市。她相信，未来一定会取得更大的成功。陶莉的企业既发扬了民族文化，又实现了个人价值。

【点评】

陶莉靠着自己的拼劲、干劲和务实精神，打出了一片天地。在这个过程中，她懂得充分整合各种创业资源，让它们发挥作用，最后，陶莉终于走向属于她的成功。下面着重分析一下她在整合创业资源方面的独到之处。

（1）她最初的创业资源是家乡的米酒酿造工艺。虽然她只是穿街走巷的叫卖，但是取得了最初的成功，这不仅帮她积累了人气，了解了市场需求，还让她积累了营销常识，让她做好了开实体店的准备。

（2）她没有盲目地到处筹钱，而是先做好一份创业计划，然后拿着这份创业计划去打动亲朋好友，拿到了一些投资，并借助国家的相关政策，开起了第一家店。为求稳妥发展，她没有孤注一掷把宝押在米酒这单一的产品上，同时，一直努力改良米酒口味，让这一产品给顾客带来更深刻的印象，这些都是创业资源。

（3）她在准备开办连锁店之前，很多酒楼老板看中了她的米酒，这时候，她突然发现，原来还可以做供应商，凭借良好信用，酒楼老板愿意预付款，这样，陶莉的资金在周转上就更充裕了。

（4）在开办连锁店时，陶莉知道从家里亲戚和朋友那里已经不可能再融到资了，但不能因此放缓发展步伐，因为商机转瞬即逝，所以她抵押了房子，拿到了更多资金，果断开办起连锁店，这为她后来的发展奠定了好的基础。

（5）虽然陶莉已经是几家连锁店的老板，但她丝毫没有放松对员工的管理，她设置了明确的激励制度，让员工变得更加积极，从而节约了自己的时间，让自己更好地着眼于公司的大局。

素 质 拓 展

情境训练：

准备物品：纸条

分组：6～8人/组

步骤一：每个人在纸条上写下自己的创业项目折好放一堆，再准备6张纸条写上“自我融资”、“亲朋好友融资”、“天使投资”、“商业银行贷款”、“担保机构融资”、“政府创业扶持基金融资”，折好放一堆。

步骤二：每个人从创业项目中抽一张记下项目名称，然后大家轮流从创业融资的纸条中抽3张记下融资方式。

步骤三：每个人按照所抽到的创业项目，结合抽到的融资方式，制定相应的融资策略，然后从经济、人力、时间以及营销4个方面制定相应的管理方式，模拟创业，将整合创业资源的过程讲给大家听。

步骤四：抽到与被抽到的组员之间，互相作出创业资源整合过程的评价。

活动目标：使同学们进一步理解创业资源整合的过程。

第6章

新企业创办

想要创业，就必须要了解创办一家新企业的方法、要求和其他一些关键问题。这需要大学生遵循国家和有关部门制定的法律法规，在法律法规的范围内创办新企业；充分了解新企业注册的必要程序与关键性步骤，注册新企业所需要考虑的法律和伦理问题，以及新企业选址的影响因素等。此外，大学生创业者还需要认识到新企业获得社会认同的必要性以及基本方式。这些都是大学生创业者在创办新企业时必须要面对的。

6.1 企业组织形式的选择

大学生在创业前，认真考量企业组织形式的选择是非常重要的，因为这会在比较大的程度上影响企业和创业者，甚至影响其未来的发展。企业的组织形式会影响企业的注册流程、创业者的社会责任、创业者的融资行为以及企业的纳税额等，所以大学生创业者应该对如何选择适合自身发展和理念的企业组织形式有一个较为清晰的理解。

企业最常见的组织形式有个人独资企业、合伙企业、有限责任公司、股份有限公司等。如果大学生创业者选择个人独资企业作为企业的最初组织形式，之后因为某种原因希望将企业组织形式改为其他形式，那么可以将企业重组为合伙企业或者其他形式。如果大学生创业者希望重组企业，那么必须通知国税局和创业者所在地的税务机构。

1. 个人独资企业

个人独资企业，又简称独资企业。它是按照《中华人民共和国个人独资企业法》在中国境内设立的，有一个自然人投资，财产为投资人所有，投资人以其个人财产对企业债务承担无限责任的经营实体。个人独资企业性质上属于非法人组织，具有团体人格的组织体属性。个人独资企业是一种相对比较古老的企业形式，至今仍然被广泛地应用于商业经营中。个人独资企业的典型特征就是个人出资、个人经营、个人自负盈亏和自担风险。

国家在法律上对个人独资企业并没有明确的规定，给了出资人相当大的空间，企业的设立也很简易。但是由于个人独资企业本身并没有独立的法律人格，因此出资人对企业的债务承担无限连带责任，即当企业的财产不足以偿还所欠债务时，出资人要以所有的其他财产对债权人进行清偿。所以说，虽然个人独资企业设立的门槛很低，但出资人所承担的法律责任较重。

【案例】

小郑毕业后选择了创业，她选中的项目是花卉生意。一方面，她非常喜欢大自然，另一方面，她觉得现在城市里的人越来越多地需要花卉装点门面。花卉能够给人带来生机勃勃的感觉，摆放在家里也让空间非常富有活力。最重要的是，现在的人都喜欢追求不一样的东西，所以她就想办法找来一些特别的花卉来卖。

她的好友小雯知道了这个消息后，马上找到了小郑希望能够一起创业，她能够筹集到一定的资金帮助小郑，不过小雯要求占公司一半股份。

小郑很犹豫，一方面，小雯是她的好朋友、好姐妹，她希望能有一个好姐妹跟她一起做事业，但一人一半股份的话，以后出现利益问题就会很麻烦。如果只是钱的问题还好说，一旦两个人的经营理念起了冲突，在不能调和的情况下，两个人可能会从朋友变成仇人。小郑不希望两个人的关系变成那样。如果采取独资的方式，虽然盈亏风险需要自己来承担，但决策权也牢牢把握在自己手里。

经过一番深思熟虑后，小郑委婉地拒绝了小雯的要求。

小郑委婉地拒绝小雯的要求是出于保护两个人的友谊。因为如果弄到有一天要对簿公堂就不好看了。所以小郑宁肯拒绝小雯也要坚持让企业的法律形式是个人独资。

对于大学生创业者来说，虽然个人独资是非常古老的一种形式，但它也是非常好的一种形式，适合刚开始创业的大学毕业生。

2. 合伙企业

合伙企业，是指自然人、法人和其他组织遵照《中华人民共和国合伙企业法》在中国境内设立的，由两个或两个以上的合伙人订立合伙协议，为经营共同事业而共同出资、共同经营、共享收益、共担风险的营利性组织。合作企业可分为普通合作企业和优先合作企业两种类型，在创办企业时，要在企业名称中明示“普通合伙”还是“有限合伙”。

与个人投资企业相比，合伙企业虽然同样没有独立的人格地位，但是法律对其的规制要更为严密、细致。根据《合作企业法》第 14 条的规定，设立合伙企业前，合伙人之间必须签署书面的合伙协议，并且对利润分配方式、协议有效期等合伙协议必须载明的内容做出了严格规定。

【案例】

兰峰和张启元就读于同一所大学的经管系，两个人学习成绩都不错，关系也很铁。毕业后，两个人商量了一下，一拍板就决定开始创业做生意。因为两个人没有什么经验，所以就先从摆小摊做起。他们都比较有吃苦耐劳的精神，虽然是小生意，也做得非常不错。在不长的时间里，就攒足了开店的钱。

接着他们决定把赚到的钱拿出来，一人一半，开一家饰品精品店，这样就不用风里去雨里来了，还能做得正规一点。于是两个人就去有关部门登记了营业执照，开始营业了。

在两个人辛苦的努力下，慢慢地，一家店做成了四家店，生意越做越火。这时候两个人因为管理和发展方向上的问题起了分歧，矛盾越来越大。两兄弟并没有因此而彼此怨恨，只是很难再合作下去，所以两个人决定拆伙，各做各的生意。因为两个人成立的是合伙公司，所以他们达成了一定的协议，去有关部门做了变更手续，这个合伙公司就算是解散了。

合伙制企业不像独资企业那样，什么事都可以单方做决定。各自占有投资比例，各自就有话语权。合伙制企业也有好处，就像案例中所说的一样，能够共同负担创业的成本，包括财力资本，也包括人力资本。但确实会存在一些合作上的分歧，希望大学生创业者在寻找创业伙伴时要谨慎。

3．有限责任公司

有限责任公司（包括一人有限责任公司）简称有限公司，是指在中国境内设立的，股东以其认缴的出资额为限对公司承担责任，公司以及全部资产为限对公司债务承担责任的企业法人。倘若有限公司被债权人清盘，债权人不可以从股东个人财产中索偿。根据《公司法》的相关规定，在公司名称中必须标明“有限责任公司”或者“有限公司”的字样。

有限责任公司（有限公司）是我国企业实行公司制最重要的一种组织形式。优点是设立程序比较简单，不必发布公告，也不必公布账目，尤其是公司的资产负债表一般不予公开，公司内部机构设置灵活。缺点是由于不能公开发行股票，筹集资金的范围和规模一般都比较小，难以适应大规模生产经营活动的需要。因此，有限责任公司这种形式一般适合于中小企业。

【案例】

小周、小刘和小张三个人大学时关系就不错，其中两个人的家庭条件非常好。3 个人决定毕业后一起合伙开公司，他们开的是一家贸易有限责任公司，主要经营服装饰品之类的商品。

在他们的苦心经营下，公司的业绩蒸蒸日上，确实为他们积累了不少资本。公司规模慢慢开始扩大，3 个人也算是没有白费这么多的心血。

突然，家庭条件不好的小张的母亲身体出现了很大状况，得了癌症，非常痛苦，随时都有可能撒手人寰，而小张的父亲早早就过世了，他又是独子，经历了这样的遭遇后，小张想回家陪年老的母亲过完最后的时光，他决定拆伙然后把属于自己的资产拿回来。此时公司正是需要人的时候，如果小张撤资，影响会非常大。不过他们的公司是有限责任公司，小张的离开不会引发企业解散的危机。这时候，小周对小张说，大家兄弟一场，非常希望你能留下来，但是伯母的身体要紧，不要因为这件事情拆伙，我们可以把钱凑出来给你，等伯母身体好一点的时候，你再回来。小张心里清楚，他母亲不可能再好起来，为了尽孝，他不得不走，而为了兄弟之情，又不能就这样撒手不管，所以，他答应了小周的建议，还是这个公司的一个股东。

有限责任企业是比合伙制企业更加先进的一种合作公司，每个股东责任都是有限的，不是无限的，要为公司全部的债务负责。在股东选择要退出，或者有股东加入时，原先的模式不用发生改变，只要办好相关手续就可以了。股东的话语权也比较充分，投票表决程序也受到法律保护。

4．股份有限公司

股份有限公司是指将公司的全部资本划分为等额股份，然后股东以其认购的股份为限对公司承担责任，公司以全部财产对公司债务承担责任。这种股份有限公司，相比较而言，更加先进，具有上市资格。

需要注意的是，首先是发起人协议，发起人具有承担公司筹办的实物，必须签订发起人协议，且具有合同的约束力。其次，发起人需要在股款募足之日起 30 日内主持创立大会，大会召开前 15 日应当通知认股人或发布公告；总数过半数的发起人、认股人出席方可举行创立大会；做出决议时，需经出席会议的认股人所持表决权的过半数通过。

5．企业组织形式的比较

企业组织形式的比较如表 6-1 所示。

表 6-1　企业组织形式的比较

	优　势	劣　势
个人独资企业	企业设立手续非常简单，且费用低 所有者拥有企业控制权 可以迅速对市场变化做出反应 无需缴纳个人所得税，无需双重课税 在技术和经营方面容易保密	创业者承担无限责任 企业成功过多依靠创业者个人能力 筹资困难 企业随着创业者退出而消亡，寿命有限 创业者投资的流动性低
合伙企业	创办比较简单，费用低 经营上比较灵活 企业拥有更多人的技能和能力 资金来源较广，信用度较高	合伙创业者承担无限责任 依赖合伙人的能力，企业规模受限 容易因关键合伙人退出而解散 合伙人的投资流动性低，产权转让困难
有限责任公司	创业股东只承担有限责任，风险小 公司具有独立寿命，易于存续 可以吸纳多个投资人，促进资本集中 多元化产权结构有利于决策科学化	创立的程序比较复杂，创立费用较高 存在双重课税问题，税负较重 不能公开发行股票，融资规模受限 产权不能充分流通，资产运作受限
股份有限公司	创业股东只承担有限责任，风险小 筹资能力强 公司具有独立寿命，易于存续 职业经理人进行管理，管理水平较高 产权可以以股票形式充分流通	创立的程序复杂，创立费用高 存在双重课税问题，税负较重 需定时报告公司的财务状况 公开公司的财务数据，不利于保密 政府限制较多，法律法规要求严格

6.2　企业注册流程

企业注册一定要按照规定的流程来进行办理。当然，也可以委托相关机构协助办理注册，不过大学生创业者需要积极地了解这些流程的内容，一方面，不要被对方所蒙骗，另一方面，作为一个成熟的企业家，学习相关规定并且形成按规定办事是必须具备的素质。

1．核名

核名，需要大学生创业者到工商局领取一张“企业（字号）名称预先核准申请表”，填写创业者准备取的公司名称，由工商局的内部网检索是否存在重名，如果没有发生重名，那么创业者就可以使用这一名称，然后会给创业者核发一张“企业（字号）名称预先核准通知书”。

注意事项如下：

（1）企业应当使用符合国家规定的汉字，名称中不得含有损害国家、社会公共利益的文字；不能对公众造成欺骗或误导；不能用外国国家（地区）名称、国际组织名称、政党名称、党政军机关名称、群众组织名称、社会团体名称及部队番号等内容的文字。

（2）企业法人名称中不得含有其他法人的名称，不得含有另一个企业的名称。

（3）企业名称中的字号应当由 2 个以上汉字组成，行政区划分不得用作字号，但县以上行政区划地具有其他含义的除外。企业名称可以使用自然人投资人的姓名作字号，也可以在名称中使用能反映其经营特点的字符。

（4）申请登记的企业名称，其形式为“有限公司（有限责任公司）”或者“股份有限公司”；依据其他法律、法规申请登记的企业名称，组织形式不得申请为“有限公司（有限责任公司）”或“股份有限公司”，非公司制企业可以申请用“厂”、“店”、“部”、“中心”等作为企业名称的组织形式。例如，“北京××食品厂”、“北京××商店”、“北京××技术开发中心”。

企业（字号）名称预先核准申请书（样本）

特别提示：本申请书所填报的投资人必须与登记时的实际投资人一致，否则工商部门将不予受理登记。

<table>
<tr><td>申请企业（字号）名称</td><td></td></tr>
<tr><td rowspan="3">备选名称
（请选用不同的字号）</td><td>1.</td></tr>
<tr><td>2.</td></tr>
<tr><td>3.</td></tr>
</table>

续表

经营范围				
注册资本（金）或资金数额（万元）				
主体类型				
住所地				
投　资　人				
姓名或名称	证照类型	证照号码	投资额（万元）	投资比例（%）
登记机关初审意见	年　月　日			

注：1. 申请企业名称预先核准的，“主体类型”栏按照申请的企业类型填写；申请个体工商户字号预先核准的，“主体类型”栏填写“个体工商户”。2. 本页填写不完的,可另行附表。

企业名称预先核准通知书（样本）

企业名称预先核准通知书 （ ）登记内名预核字[ ]第 号 根据《企业名称登记管理规定》、《企业名称登记管理实施办法》等的规定，同意预先核准下列各投资人出资，注册资本（金）　　万元（人民币），住所设在的企业名称为：

投资人、投资额和投资比例：
以上预先核准的企业名称保留期至　年　月　日。在保留期内，企业名称不得用于经营活动，不得转让。经企业登记机关设立登记，颁发营业执照后企业名称正式生效。 （名称核准机关盖章） 核准日期：　年　月　日

注：1. 预先核准的企业名称未到企业登记机关完成设立登记的，通知书规定的有效期满后自动失效。有正当理由，需延长预先核准名称有效期的，申请人应在有效期满前1个月内申请延期。有效期延长时间不超过6个月。2. 名称预先核准时不审查投资人资格和企业设立条件，投资人资格和企业设立条件在企业登记时审查。申请人不得以企业名称已核为由抗辩企业登记机关对投资人资格和企业设立条件的审查。企业登记机关也不得以企业名称已核为由不予审查就准予企业登记。3. 企业应在企业设立登记之日起 30 日内，将加盖企业公章的营业执照复印件反馈给企业名称核准机关备案。未备案的，企业名称核准机关将对预核准名称作为超过保留期、未登记的作废名称处理。4. 企业设立登记后，企业登记机关应将本通知书原件存入企业档案。

2. 租房

在注册企业的过程中，企业要有专门的办公地址。大学生创业者需要去专门的写字楼租一间办公室。如果大学生创业者有自己的厂房或者办公室也是可以的，不过有些地方，例如，规定了不能商住两用的房子，这种房子是不符合办企规定的。注意事项如下：

租到房子，签订租房合同时，一定要让房东或者中介机构提供房产证的复印件，这是非常必要的，后期会经常用到有房产证的租房合同。

签订好租房合同之后，就要到税务局去买印花税，印花税必须贴在租房合同的首页，后续步骤中，凡是需要用到租房合同的地方，都需要出示贴有印花税的合同复印件。

租房合同（样本）

租房合同协议 甲方姓名（出租方）：____________　身份证号码：____________ 乙方姓名（承租方）：____________　身份证号码：____________ 经双方协商甲方将位于____________________房屋出租给乙方居住使用。 一、租房从____年___月___日起至____年___月___日止。 二、月租金为___元，缴租为___支付一次，人民币(大写)_______元（￥___元）， 以后应提前___天支付。

三、约定事项

1. 乙方入住时，应及时更换门锁若发生意外与甲方无关。因不慎或使用不当引起火灾、电、气灾害等非自然灾害所造成损失由乙方负责。

2. 乙方无权转租、转借、转卖该房屋，及屋内家具家电，不得擅自改动房屋结构，爱护屋内设施，如有人为原因造成破损丢失应维修完好，否则照价赔偿。并做好防火，防盗，防漏水和阳台摆放花盆的安全工作，若造成损失责任自负。

3. 乙方必须按时缴纳房租，否则视为乙方违约。协议终止。

4. 乙方应遵守居住区内各项规章制度，按时缴纳水、电、气、光纤、电话、物业管理等费用。

乙方交保证金________元给甲方，乙方退房时交清水、电、气、光纤和物业管理等费用及屋内设施家具、家电无损坏，下水管道、厕所无堵漏。甲方如数退还保证金。

5. 甲方保证该房屋无产权纠纷。如遇拆迁，乙方无条件搬出，已交租金甲方按未满天数退还。

6. 备注：____

____

四、本合同一式两份，自双方签字之日起生效。另水：____吨 气：____立方；电：___度

甲方签章（出租方）：乙方签章（承租方）：

电话： 电话： 日期

3. 编写公司章程

公司章程是公司的组织以及运行规范。我国《公司法》第十一条规定：设立公司必须依法制定公司章程。公司章程对公司、股东、董事、监事、高级管理人员具有约束力。

公司章程需要创业者到工商局网站下载公司章程的样本，然后根据实际情况填写，填写的规定在之后的章节中有详细叙述。公司章程填写好后，需要由所有股东签名，然后交往工商部门核准。不符合规定的，工商部门不予以注册办理。注意事项如下：

公司章程由股东共同制定，经全体股东一致同意，由股东在公司章程上签名盖章。修改公司章程，必须经代表2/3以上表决权的股东通过。有限责任公司的章程，必须载明下列事项：公司名称和住所；公司经营范围；公司注册资本；股东的姓名和名称；股东的权利和义务；股东的出资方式和出资额；股东转让出资的条件；公司机构的产生办法、职权、议事规则；公司的法定代表人；公司的解散事由与清算办法；股东认为需要规定的其他事项。

××贸易有限公司章程（样本）

（　　年　　月　　日股东决定通过/第1次修订）

第一章　总　　则

第一条　依据《中华人民共和国公司法》（以下简称《公司法》）及有关法律、法规的规定，由某某一人出资，设立广西南宁××贸易有限公司（以下简称公司），特制定本章程。

第二条　本章程中的各项条款与法律、法规、规章不符的或者有未尽事宜的，以法律、法规、规章的规定为准。

第二章 公司名称和住所

第三条　公司名称：广西南宁某某贸易有限公司。

第四条　公司住所：某某号房。

第三章　公司经营范围

第五条　公司经营范围：________

第四章　公司注册资本及股东的姓名（名称）

第六条　公司注册资本：_______万元人民币。

第七条　股东的姓名或者名称：

股东姓名或名称	证件名称	证件号码
某某	身份证	______________

第五章　股东的出资方式、出资额、出资时间

第八条　股东的出资额、出资时间、出资方式如下：

股东姓名或名称	出资额	占注册资本比例	出资方式
某某	××	100%	货币

出资时间：股东出资于　年　月　日前一次性足额缴付。

第六章　公司的机构及其产生办法、职权、议事规则

第九条　公司由一名股东组成，股东是公司的权力机构，行使下列职权：

（一）决定公司的经营方针和投资计划；

（二）选举和更换非由职工代表担任的执行董事、监事，决定有关执行董事、监事的报酬事项；

（三）审议批准执行董事的报告；

（四）审议批准监事的报告；

（五）审议批准公司的年度财务预算方案、决算方案；

（六）审议批准公司的利润分配方案和弥补亏损的方案；

（七）对公司增加或者减少注册资本作出决议；

（八）对发行公司债券作出决议；

（九）对公司合并、分立、解散、清算或者变更公司形式作出决议；

（十）修改公司章程。

股东作出上述决定时，应当采取书面形式，并由股东签名（签章）后置备于公司。

第十条　公司不设董事会，设执行董事一名，由股东直接担任。执行董事任期三年，任期届满，可连选连任。

第十一条　执行董事行使下列职权：

（一）负责向股东报告工作；

（二）执行股东决定；

（三）审定公司的经营计划和投资方案；

（四）制定公司的年度财务预算方案、决算方案；

（五）制定公司的利润分配方案和弥补亏损方案；

（六）制定公司增加或者减少注册资本以及发行公司债券的方案；

（七）制定公司合并、分立、变更公司形式、解散的方案；

（八）决定公司内部管理机构的设置；

（九）决定聘任或者解聘公司经理及其报酬事项，并根据经理的提名决定聘任或者解聘公司副经理、财务负责人及其报酬事项；

（十）制定公司的基本管理制度。

第十二条　公司设经理，由执行董事兼任。经理对执行董事和股东负责，行使下列职权：

（一）主持公司的生产经营管理工作，组织实施股东决定；

（二）组织实施公司年度经营计划和投资方案；

（三）拟订公司内部管理机构设置方案；

（四）拟订公司的基本管理制度；

（五）制定公司的具体规章；

（六）提请聘任或者解聘公司副经理、财务负责人；

（七）决定聘任或者解聘除应由执行董事决定聘任或者解聘以外的负责管理人员。

第十三条　公司不设监事会，设监事一人，由股东聘任产生。监事的任期每届为三年，任期届满，可连选连任。

第十四条　监事行使下列职权：

（一）检查公司财务；

（二）对执行董事、高级管理人员执行公司职务的行为进行监督，对违反法律、行政法规、公司章程或者股东决定的执行董事、高级管理人员提出罢免的建议；

（三）当执行董事、高级管理人员的行为损害公司的利益时，要求执行董事、高级管理人员予以纠正；

（四）向股东提出提案；

（五）依照《公司法》第一百五十二条的规定，对执行董事、高级管理人员提起诉讼；

第七章　公司的法定代表人

第十五条　执行董事为公司的法定代表人，具有完全民事行为能力,任期三年，由股东直接担任，任期届满，可连选连任。

第八章　股东认为需要规定的其他事项

第十六条　股东可以向股东以外的人转让股权。

第十七条　公司向其他企业投资或者为他人提供担保，应由股东作出决定，投资或者担保的具体数额规定 10 万元。股东不能证明公司财产独立于股东自己的财产的，应当对公司债务承担连带责任。

第十八条　自然人股东死亡后，其合法继承人可以继承股东资格。

第十九条　公司的营业期限 10 年，自公司营业执照签发之日起计算。

第二十条　有下列情形之一的，公司清算组应当自公司清算结束之日起 30 日内向原公司登记机关申请注销登记：

（一）公司被依法宣告破产；

（二）公司章程规定的营业期限届满或者公司章程规定的其他解散事由出现，但公司通过修改公司章程而存续的除外；

（三）股东决定解散；

（四）依法被吊销营业执照、责令关闭或者被撤销；

（五）人民法院依法予以解散；

（六）法律、行政法规规定的其他解散情形。

第九章　附　　则

第二十一条　公司登记事项以公司登记机关核定的为准。

第二十二条　公司根据需要或涉及公司登记事项变更的可修改公司章程，修改后的公司章程不得与法律、法规、规章相抵触，修改章程应由股东通过。修改后的公司章程应由公司法定代表人签署后送原公司登记机关备案，涉及变更登记事项的，同时应向公司登记机关做变更登记。

第二十三条　本章程一式贰份，公司留存一份，并报公司登记机关一份。

股东亲笔签字、盖公章：

年　月　日

4．领取《银行询证函》

大学生创业者需要联系一家会计师事务所，然后领取一张《银行询证函》（这里规定必须是原件，有会计师事务所盖的章）。如果自己不清楚会计师事务所的情况，可以上网或看报纸，里面有很多会计师事务所的广告，要小心不要被一些不良的会计师事务所欺骗了。注意事项如下：

领取《银行询证函》时，要分清楚银行余额询证和银行发生额询证，并且发函方应该正确签署公章，不能用其他内部机构公章代替。发函方还应该根据公司账簿记录如实填写，填写完毕后要及时回复至会计事务所。银行询证函尤其固定范围，它不仅包括某一截止时点有余额的银行，还包括存款、借款、托管证券、应付票据已结清的账户。任何询证工作的底稿都要齐备，保证银行有关项目的真实性及完整性。

银行询证函（样本）

银行询证函

编号：

____________（银行）：根据资产清查工作的要求，本单位对实物资产及其他各类资产、负债进行全面的资产清查，并聘请____________会计师事务所有限责任公司对本单位进行资产清查审计，按照中国注册会计师独立审计准则的要求，应当询证本单位与贵行的存款、借款往来等事项。下列数据出自本单位账簿记录，如与贵行记录相符，请在本函下端“数据证明无误”处签章证明；如有不符，请在“数据不符”处列明不符金额，并附加说明事项详为指正。有关询证费用可直接从本单位________________存款账户中收取。

回函请先传真至：________________（传真号），____________收。

原件请直接寄至：________________会计师事务所____________收。

通信地址：

邮 编：

电 话：

截至___年___月___日，本单位银行存款、借款账户余额等列示如下：

1. 银行存款 账户名称 银行账号 币种 利率 余额 是否被抵押或质押或其他限制__________备注：

除以上所述，本单位并无其他在贵行的存款。

2. 银行借款银行账号 币种 余额 借款日期 还款日期 利率 借款条件 抵（质）押品/担保人__________备注：

除以上所述，本单位并无其他自贵行的借款。

5．开验资户

如果做好了准备，那么就需要所有股东带上自己入股的那一部分钱以及相关证件到银行开立公司验资户。这里需要法人携带公司章程、工商局发的核名通知、法人代表的私章、身份证和空白询证函表格等。注意事项如下：

《公司法》规定，注册公司时，投资人（股东）必须缴纳足额的资本，可以以贷币形式（也就是人民币）出资，也可以以实物（如汽车）、房产、知识产权等出资。

询证函格式范本

致：________________

下列数额出自本公司账簿记录，如与贵公司记录相符，请在本函下端“数额证明无误”

处签章确认；如有不符，请在“数额不符及需加说明事项”处详为指正。

回函请函寄/传真至________

地址：________________邮编：__________

传真：________________电话：__________

（本函仅为复核账目之用，并非催款结算）

截止日期：______________贵公司应欠:__________元

上述款项或已结付，仍请及时函复为盼。

数额证明无误

签章：______________________________

日期：____________________

数额不符需加说明事项：

签章：______________________________

日期：____________________

6．办理验资报告

开设公司时需要注册资金，有关部门需要验审注册资金是否到位，有没有弄虚作假。这时候需要有资质的会计师事务所给创业者出具证明，创业者要把规定数目的钱存到银行，会计师事务所拿到创业者开具的银行回单，给创业者出具验资报告。注意事项如下：

创业者在办验资报告时，准备的材料比较多，需要拿着银行出具的股东缴款单、银行盖章后的询证函、公司章程、核名通知、租房合同以及房产证复印件等，注意不要遗漏，到会计师事务所办理验资报告，办理验资报告的费用根据注册资金不同而有差别，具体费用需要提前询问清楚。

银行盖章后的询证函（样本）

编号：×××验（201×）××××号

____（银行）

本公司聘请的××××会计师事务所有限公司正在对本公司的注册资本实收（或注册资本、实收资本变更）情况进行审验。按照国家有关法规的规定和中国注册会计师审计准则的要求，应当询证本公司股东向贵行缴存的出资额。如与贵行记录相符，请在本函下端“数据及事项证明无误”处签章证明；如有不符，请在“列明不符事项”处列明不符事项。有关询证费用可直接从本公司__________________存款账户中收取。回函请直接寄至××××会计师事务所有限公司。

回函地址：　　　　　　　　　邮编：　　　　　　　　联系人：

电话：　　　　　　　　　　　传真：

截至2010年3月10日止，本单位股东缴入的出资额列示如下：

缴款人	缴入日期	账户性质	银行账号	币种	金额（万）	款项用途	款项来源		备注
							境内	境外	
程建	3月8日	资本金		RMB	100	投资	√		
王铨	3月8日	资本金		RMB	200	投资	√		
中国集装箱出口公司	3月8日	资本金		RMB	700	投资	√		
中国机械进出口公司	3月8日	资本金		RMB	1000	投资	√		
合计金额		贰仟万元整							

公司盖章：　　　　　　　　　　法定代表人或委托代理人：（签名并盖章）

201×年　月　日

结论：1. 数据及事项证明无误 201×年　月　日　　经办人：　　　银行盖章：
2. 如果不符，请列明不符事项 201×年　月　日　　经办人：　　　银行盖章：

验 资 报 告（样本）

××××验字【201×】××××号

××有限责任公司（筹）：

我们接受委托，审验了贵公司（筹）截至××年×月×日止申请设立登记的注册资本首次实收情况。按照法律法规以及协议、章程的要求出资，提供真实、合法、完整的验资资料，保护资产的安全、完整是全体股东及贵公司（筹）的责任。我们的责任是对贵公司（筹）注册资本的首次实收情况发表审验意见。我们的审验是依据《中国注册会计师审计准则第1602号——验资》进行的。在审验过程中，我们结合贵公司（筹）的实际情况，实施了检查等必要的审验程序。

根据协议、章程的规定，贵公司（筹）申请登记的注册资本为人民币××元，由全体股东分××期于××××年×月×日之前缴足。本次出资为首次出资，出资额为人民币××元，应由××和××于××××年×月×日之前缴纳。经我们审验，截至××××年×月×日止，贵公司（筹）已收到××和××首次缴纳的注册资本（实收资本）合计人民币××元（大写）。各股东以货币出资××元，实物出资××元。

[如果存在需要说明的重大事项增加说明段]

……

本验资报告供贵公司（筹）申请设立登记及据以向全体股东签发出资证明时使用，不应被视为是对贵公司（筹）验资报告日后资本保全、偿债能力和持续经营能力等的保证。因使用不当造成的后果，与执行本验资业务的注册会计师及本会计师事务所无关。

附件：

1. 本期注册资本实收情况明细表。

2. 验资事项说明。

××××会计师事务所 中国注册会计师：×××

（盖章） （签名并盖章）

中国××市 年 月 日

附件2

验资事项说明

一、基本情况

××××有限公司（筹）（以下简称贵公司）系由××××（以下简称甲方）和××××（以下简称乙方）共同出资组建的有限责任公司，于××××年×月×日取得××[公司登记机关]核发的××号《企业名称预先核准通知书》，正在申请办理设立登记。（如果该公司在设立登记前须经审批，还需说明审批情况。）

二、申请的注册资本及出资规定

根据协议、章程的规定，贵公司（筹）申请登记的注册资本为人民币××元，由全体股东于××××年×月×日之前一次缴足。其中：甲方认缴人民币××元，占注册资本的××%，出资方式为货币资金××元，实物（机器设备）××元；乙方认缴人民币××元，占注册资本的××%，出资方式为货币。

三、审验结果

截至××××年×月×日止，贵公司（筹）已收到甲、乙双方缴纳的注册资本（实收资本）合计人民币××元，实收资本占注册资本的100%。

（一）甲方实际缴纳出资额人民币××元。其中：货币出资××元，于××××年×月×日缴存××××公司（筹）在××银行开立的人民币临时存款账户××××账号内；于××××年×月×日投入机器设备×××[名称、数量等]，评估价值为××元，全体股东确认的价值××元。

××××资产评估有限公司已对甲方出资的机器设备进行了评估，并出具了[文号]资产评估报告。

甲方已与贵公司于××××年×月×日就出资的机器设备办理的财产交接手续。

（二）乙方实际缴纳出资额人民币××元。其中：货币出资××元，于××××年×月×日缴存××公司（筹）在××银行开立的人民币临时存款账户××××账号内；于××

××年×月×日投入机器设备×××［名称、数量等］，评估价值为××元，全体股东确认的价值××元。

××资产评估有限公司已对甲方出资的机器设备进行了评估，并出具了[文号]资产评估报告。

乙方已与贵公司于××××年×月×日就出资的机器设备办理了财产交接手续。

［如果股东的实际出资金额超过其认缴的注册资本金额，应当说明超过部分的处理情况］

（三）全体股东的货币出资金额合计××元，占注册资本总额的××%。

四、其他事项

7. 注册公司

创业者需要到工商局领取公司注册登记的各种表格，包括注册登记申请表、股东（发起人）名单、董事经理监理情况、法人代表登记表以及指定代表或委托代理人登记表。填写完毕后，连同核名通知、公司章程、租房合同、房产证复印件以及验资报告一同交给工商局，就可以提交公司注册申请了。注意事项如下：

相关文件和资料比较复杂的，请创业者列好清单，务必做到准确无误，这样能节省很多时间和精力。在拿到营业执照后，创业者还需要拿着营业执照到公安局指定的刻章机构办理企业的公章和财务章，后续的很多步骤和企业开办过程中也都需要用到这两枚印章。

董事、监事、经理信息（样本）

姓名	职务	身份证件号码：
（身份证件复印件粘贴处）		
姓名	职务	身份证件号码：
（身份证件复印件粘贴处）		

姓名	职务	身份证件号码：
（身份证件复印件粘贴处）		

公司盖章：

法人代表登记表（样本）

________公司（企业）法定代表人登记表

姓名		是否公务员	
职务		联系电话	
任免机构			
（身份证复印件粘贴处）			
法人代表签字________ 年　月　日			
以上信息真实有效，身份证与原件一致，谨此对真实性承担责任。 （公司加盖公章）			

企业注册登记表（样本）

<table>
<tr><td colspan="3">企业名称</td><td colspan="2">深圳市××有限公司</td><td>注册时间</td><td></td></tr>
<tr><td colspan="3">主营产品（服务）所属技术领域</td><td colspan="2">新能源及节能技术</td><td>注册类型</td><td>有限责任公司</td></tr>
<tr><td>法人代码</td><td colspan="4"></td><td>税务登记号</td><td></td></tr>
<tr><td>通信地址</td><td colspan="4"></td><td>邮政编码</td><td></td></tr>
<tr><td rowspan="2">企业法定代表人</td><td>姓名</td><td></td><td>手机</td><td></td><td>身份证号</td><td></td></tr>
<tr><td>电话</td><td></td><td>传真</td><td></td><td>E-mail</td><td></td></tr>
<tr><td rowspan="2">联系人</td><td>姓名</td><td></td><td>E-mail</td><td></td><td>身份证号</td><td></td></tr>
<tr><td>电话</td><td></td><td>传真</td><td></td><td>手机</td><td></td></tr>
<tr><td colspan="2">企业是否上市</td><td>是</td><td>否</td><td colspan="2">企业上市代码</td><td></td></tr>
<tr><td colspan="2">是否引入风险投资</td><td>是</td><td>否</td><td colspan="2">投资额（万元）</td><td></td></tr>
<tr><td colspan="7">股权结构</td></tr>
<tr><td colspan="7">中国公民</td></tr>
<tr><td colspan="3">姓名</td><td colspan="2">身份证号</td><td colspan="2">投资总额（万元）</td></tr>
<tr><td colspan="3"></td><td colspan="2"></td><td colspan="2"></td></tr>
<tr><td colspan="3"></td><td colspan="2"></td><td colspan="2"></td></tr>
<tr><td colspan="3"></td><td colspan="2"></td><td colspan="2"></td></tr>
<tr><td colspan="3"></td><td colspan="2"></td><td colspan="2"></td></tr>
<tr><td colspan="7">外籍公民</td></tr>
<tr><td colspan="3">姓名</td><td colspan="2">护照号</td><td colspan="2">投资总额（万元）</td></tr>
<tr><td colspan="3"></td><td colspan="2"></td><td colspan="2"></td></tr>
<tr><td colspan="3"></td><td colspan="2"></td><td colspan="2"></td></tr>
<tr><td colspan="7">中国企业法人</td></tr>
<tr><td colspan="3">名称</td><td colspan="2">法人代码</td><td colspan="2">投资总额（万元）</td></tr>
<tr><td colspan="3"></td><td colspan="2"></td><td colspan="2"></td></tr>
<tr><td colspan="3"></td><td colspan="2"></td><td colspan="2"></td></tr>
<tr><td colspan="3"></td><td colspan="2"></td><td colspan="2"></td></tr>
<tr><td colspan="7">外国企业法人</td></tr>
<tr><td colspan="3">名称</td><td colspan="2">法人代码</td><td colspan="2">投资总额（万元）</td></tr>
<tr><td colspan="3"></td><td colspan="2"></td><td colspan="2"></td></tr>
<tr><td colspan="3"></td><td colspan="2"></td><td colspan="2"></td></tr>
</table>

企业名称：　深圳市××有限公司　　　（盖章）

8．办理企业组织机构代码证

在注册好公司后，创业者还需要凭营业执照到技术监督局办理组织机构代码证。组织机构代码，是国家对依法注册和登记的企业机构颁发的全国范围内唯一的、始终不变的代码标识。注意事项如下：

办理这个证需要大概半个月时间。技术监督局会发一个预先受理代码的证明文件，拿到这个文件后就可以办理接下来的税务登记证和银行基本户开户手续了。

组织机构代码证（样本）

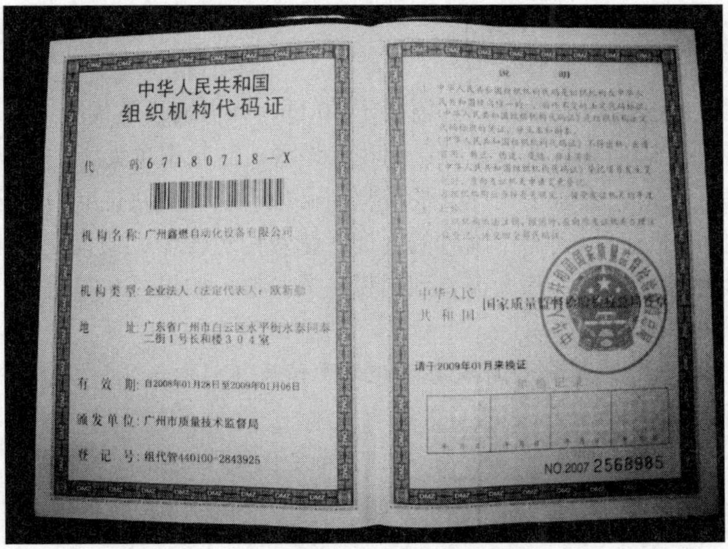

税务登记证（样本）

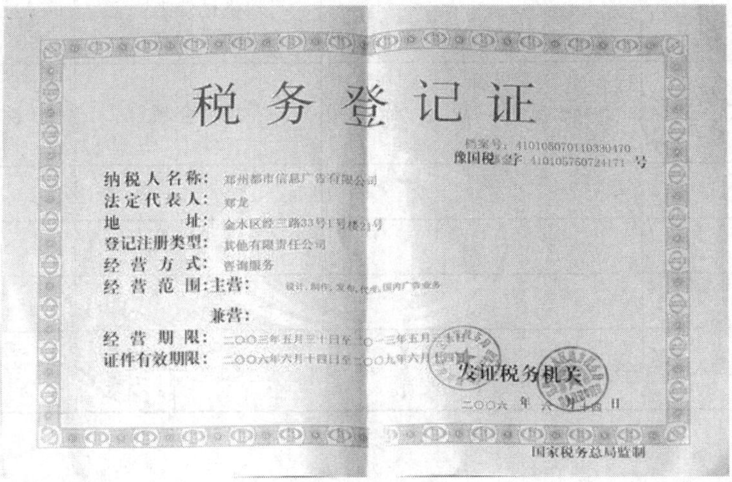

9．去银行开立基本存款账户

在办理好营业执照和组织机构代码证的基础上，创业者就可以去银行开立基本存款账户。基本存款账户是创业者办理转账结算和现金收付的主办账户，是经营活动中日常资金流通、工资、奖金以及现金支取的主要账户。注意事项如下：

创业者在银行只能开立一个基本存款账户，开立其他银行结算账户必须以基本存款账户为前提。开立基本存款账号的银行最好和创业者原先办理验资时的银行是同一网点，不然，会额外再收取验资账户的费用。在开立基本存款账户的时候，需要购买一个密码器，以后开支票和划款时，需要使用这个密码器生成的密码才能通过。

10．办理税务登记

大学生创业者在领到营业执照后，需要于 30 日内到当地税务局申请领取税务登记证。一般的公司都需要办理两种税务登记证：国税和地税。注意事项如下：

办理税务登记证时，要求公司提交的资料中必须有会计资格证和身份证，所以需要创业者请一个会计，这里可以请一个临时的会计，花费相对较少。如果大学生创业者注册的公司从事的行业是商品销售，那么需要到国税申领发票，如果是从事服务行业，那么需要到地税申领发票。

办理税务登记证申请表（样本）

申办人名称：＿＿＿＿＿＿＿＿＿＿

申办人（公章）　　　　　　　　法定代表人或业主（私章）

申请日期：　　年　　月　　日

<table>
<tr><td>纳税人名称</td><td colspan="3"></td><td colspan="2">联系电话
或传呼</td><td></td></tr>
<tr><td>主管单位</td><td colspan="3"></td><td colspan="2">行　业</td><td></td></tr>
<tr><td>经营场所</td><td colspan="3"></td><td colspan="2">从业人数</td><td></td></tr>
<tr><td>所在市场</td><td colspan="3"></td><td colspan="2">登记注册
类　　型</td><td></td></tr>
<tr><td>投资总额
（　　）万元</td><td colspan="3">投资各方名称</td><td colspan="2">投资金额</td><td>投资比例</td></tr>
<tr><td></td><td colspan="3"></td><td colspan="2"></td><td></td></tr>
<tr><td></td><td colspan="3"></td><td colspan="2"></td><td></td></tr>
<tr><td></td><td colspan="3"></td><td colspan="2"></td><td></td></tr>
<tr><td>财务负责人</td><td></td><td>办税
人员</td><td colspan="2"></td><td>核算
形式</td><td></td></tr>
</table>

续表

低值易耗品摊销办法	一次摊销法 五五摊销法 分次摊销法	折旧方式	平均年限法 工作量法 年数总和法 双倍余额递减法	预算管理形式	全额预算 差额预算 自收自支 预算外
开户银行			账号	币种	是否缴税账号
E-mail 地址					
总机构情况	企业名称			法定代表人	
注册地址				登记注册类型	
注册资本		税务登记号		主管税务机关	

以下由受理登记税务机关填写

税务登记代码	副本份数	发证日期	户管单位
税务登记经办人 （签章） 年 月 月			

6.3 企业注册相关文件的编写

企业注册相关文件编写主要是公司章程的编写。

公司章程，是指公司依照相关法律制定的，规定公司名称、住所、经营范围、经营管理制度等重大事项的基本文件。它是公司组织和活动的一个基本准则，是公司的宪章，具有法律效力。公司章程的基本特征是法定性、真实性、自治性和公开性。作为公司组织与行为的基本准则，公司章程对公司的成立以及日后的运营有着非常重大的意义，它既是公司办立的基础，也是公司生存和发展的灵魂。

公司章程具体有以下内容：绝对必要记载事项、相对必要记载事项和任意记载事项。

1. 绝对必要记载事项

绝对必要记载事项，是公司章程中必须记载、不可或缺的法定事项，缺少其中任何一项或任何一项记载不合法，整个章程即归无效。绝对必要记载事项一般都是涉及公司根本性质的重大事项，其中有些事项是各种公司都必然具有的共同性问题。这些事项通常包括公司的名称、住所、宗旨、注册资本、财产责任等。

依据我国《公司法》的规定，有限责任公司的章程必须载明下列事项：公司经营范围；公司注册资本；公司名称和住所；公司的法定代表人；股东的出资方式和出资额、股东转让出资的条件；股东的姓名或名称；股东的权利和义务；公司的机构及其产生办法、职权、议事规则；公司的解散事由与清算办法；股东会认为需要记载的其他事项。

股份有限公司的章程必须载明的事项包括：公司法定代表人；发起人的姓名、名称和认购的股份数；公司股份总数、每股金额和注册资本；公司名称和住所；公司经营范围；股东的权利和义务；公司利润分配办法；公司设立方式；董事会的组成、职权、任期和议事规则；公司的通知和公告办法；监事会的组成、职权、任期和议事规则；公司的解散事由与清算办法；股东大会认为需要记载的其他事项。

【案例】

小唐最近要开公司了，因为他受不了老板对他苛刻的态度。在他看来，开公司没有什么了不起的，作为老板没有必要那么蛮横不讲道理，所以，他想开公司，并且决定要成为一个好老板。

在注册公司的时候，他碰到了很多困难，开公司没有想象中那么简单，原来做老板还真不容易，更别说做好老板了。本来他没有想去找专门的律师咨询注册公司的问题，现在网络这么发达，什么资料找不到，只要多搜搜，什么都能自己写。在写经营范围的时候，小唐也查阅了很多相关资料，写出来的公司章程总是出现问题。最后不得不在劳心费力后又花钱找专业律师咨询。

在向专业律师咨询后他才知道自己写的公司章程出现的问题在哪里。企业的经营范围是由公司章程规定的，他看网上说，公司章程写得越宽越好，而经营范围写得越大越好，于是照着自己的想法和网上意见去写，结果经营范围明显超越公司章程，所以有关部门不予以审批，小唐这才恍然大悟。

一部分大学生创业者会根据网上提供的信息，加上自己的想象填写公司章程绝对必要记载事项，这其实会给自己带来麻烦，就像案例中小唐出现的问题一样。大学生创业者最好根据有关部门的规定撰写公司章程，或者找一些专业人士咨询办理。

2. 相对必要记载事项

相对记载事项是法律规定列举的一些事项，由章程制定人，也就是大学生创业者自行决定是否予以记载。如果予以记载，则这些事项将发生法律效力，作为以后处理问题的准则。记载事项违反法律规定的，那么该事项无效；如果这些相对必要记载事项不予记载，不会影响整个公司章程的效力。之所以需要填写相对必要记载事项，就是为了约束公司与发起人、公司与认股人以及公司与其他第三人之间的关系。

相对必要记载事项包括：发起人的特别利益以及受益人的姓名；公司成立后受让的财产、价格以及转让人的姓名；发起人的报酬；公司负担的设立费等。

3．任意记载事项

任意记载事项，是指在法律没有明确规定是否要记载于公司章程的事项，它可以由公司章程制定人根据公司的实际情况选择记载。只要这些事项不违反法律规定、公共秩序和道德风俗，那么章程制定人就可以根据实际需要将其载入公司章程。

如果任意记载事项没有记载，不会影响整个公司章程的法律效力；一旦记载，并且不违反相关法律，那么该事项就会发生法律效力，公司及其股东必须遵照这些记载事项执行；记载事项不允许任意变更，如果要变更，也必须遵从修改公司章程的一些特别程序。

任意记载事项包括：公司的存续期限、股东会表决程序、变更公司事由，以及董事、经理的报酬等。

6.4　注册企业必须考虑的法律与伦理问题

在注册企业时，大学生创业者会遇到一些法律和伦理问题，这些问题都是创业者需要积极思考的。因为它们关系到创业者自身的利益以及新创企业未来的发展，稍有不慎，就可能导致一些不必要的损失和麻烦，使大学生创业者付出不必要的成本和代价。

1．法律问题

法律问题是最基本的问题，这些问题决定着企业是否能够顺利注册成功。它是硬性的，没有可商议的余地。这些问题包括：企业法律形式确定、税收记录设立、租赁和融资谈判、合同拟定、专利申请、商标和版权保护等。

在后续章节中会对法律问题进行详细分析，以告诉大学生创业者如何减少不必要的损失，保护自身合法权益，这里就不一一展开讨论。

【案例】

刚毕业的 3 名大学生，张某、刘某、周某对计算机都有相当浓厚的兴趣，因此想通过吸收会员玩 DNF 游戏的形式创业，他们想来想去认为开一家网吧是个好方法。

于是他们经过仔细的考察，把网吧的地址选在某中学对面一居民楼里。面朝学校，地势优越，来上网的学生会被认为是来居民楼的，不会被人发现，网吧有个特别规定：普通玩家收费 3 元/小时，会员 2 元/小时，同时兼营一般性上网服务。很快，短短的一个月内，该网吧就小有名气，每天都有众多学生出入。

但是好景不长，不久该网吧就被小区的群众举报，当晚，工商局与公安部门对举报地进行了联合查处，发现该网吧没有任何营业证件，面对执法人员的询问，3 名大学生对自身涉嫌违法的行为浑然不知，在工商局的执法宣传中才逐渐认识到自己的错误，并将获利的 5000 元钱上交，作为处罚。

大学生创业是值得肯定的，但是首先要弄清创业的形式是否合法，只有合法的企业才会受到法律的保护，如果触及法律，最终害人害己。案例中的 3 位大学生，对于创业流程全然不知，无证开店，这好比无证驾驶一样，是严重的违法行为，会受到法律的严惩。

2. 伦理问题

伦理问题主要指的是创业者与原雇主之间、创业团队成员之间，创业者和其他利益相关者之间碰到的关于职业道德、行业操守上面的问题，有时候，会引发法律问题。它体现着一个创业者的基本素质。人是最复杂的，如何处理好这个问题，对大学生创业者来说，是一个挑战。遵守伦理道德，是诚信和社会认同的基本要求，也是避免触犯法律的基本前提。

（1）创业者与原雇主之间。

创业者在创业过程中，想要取得优势就需要有创造性思维作支撑。对于一个公司来说，产品是法律保护的主要对象，而智慧，如知识产权等，在法律上来说，一般很难界定，那么就会发生创业者在离开原公司后使用原公司优秀管理制度和创意思想等情况。这时候，需要创业者作伦理的考量，在使用原公司优秀管理制度和创意等时，考虑是否会触犯对方的利益。

【案例】

姜伟毕业后，创办了一家网游互联网公司。公司发展得非常不错，开发的产品广受大家好评。这时，却出现了一件意想不到的事。

姜伟在计算机专业学习时成绩非常不错，个人能力也很强，在大四时，曾去一家公司做兼职。当时公司的老板非常欣赏他，跟他有很多交流，一同探讨软件的方向和互联网的方向，两个人走得很近。毕业时，该公司的老板盛情邀请姜伟来自己公司上班，并且开出优厚的待遇。

这时，姜伟向老板吐露了创业的想法，令姜伟没有想到的是，老板突然勃然大怒，指责姜伟不讲义气，他把自己的计划和未来的发展方向都告诉了姜伟，姜伟却要创业，这难保姜伟不会把这些技术的创新优势用在自己的产品上。姜伟再三保证自己不会用老板的创意。

当姜伟创办公司后，他的原老板就把他给告了，说他窃取商业机密，指出姜伟所用的技术正是自己当时苦心经营的技术。姜伟这时候很无奈，他确实信守了承诺，没有用原老板的创意，他用的是他自己想到的创意。现在双方仍在对簿公堂。

在这个案例中，姜伟虽然认为自己没有触犯伦理问题，但他的前老板却利用他在原公司的工作经历，恶意指责姜伟的创意是偷窃行为。如果姜伟确实没有存在伦理问题，那么，他就需要在私下无法达成协议的情况下用法律武器保护自己不受侵害。

（2）创业者与创业团队成员之间。

创业团队成员之间也会产生伦理问题，这时候需要创业者作为一个领导者，对公司未来的发展负责，把产生伦理问题的团队成员关系梳理好，避免产生的问题成为引发公司日后危机的一枚炸弹。

【案例】

童丽毕业后，创办了一家复古风情婚纱摄影公司。公司在她的运作下，成长态势非常喜人。她在拍摄中运用的 3D 逼真性创造设计，得到了市场的一致好评。

她手下有一员虎将万某，万某毕业于名牌大学，毕业后就职于一家国内非常知名的杂志社任摄影师，后来被童丽招至麾下。确实，在童丽公司发展初期，万某帮助了童丽很多。

但万某有个非常不好的地方，就是喜欢窃取别人的创意和好点子。在公司内部，只要有一个人有什么好的创意，他便立刻组织手下的人把它化为实际的产品模型，然后把这个创意据为己有。他又仗着自己在公司的威信，令大家敢怒不敢言。

童丽很清楚万某的这个问题，但还是非常倚仗万某的能力，所以不敢怎么样。就因为如此，万某把公司里最富有才华的产品设计师张某给挤走了。张某设计了一套非常好的婚纱照方案，他不愿意被万某把知识产权给掠夺走，最后不得不选择离开。后来张某将该产品贡献给了竞争对手，竞争对手也因此在同童丽公司的竞争中占取了先机，童丽和万某追悔莫及。

童丽最后追悔莫及也没有用，因为她没有处理好团队成员之间的道德伦理问题导致了优秀人才的流失，这些都是极不必要的损失。作为一个优秀的创业者，应该保护自己团队成员的利益不受外界和内部成员的侵犯，这样才能树立好一个优秀创业者的形象，把优秀的人才聚集在一起发挥作用。

（3）创业者和其他利益相关者之间。

创业者和其他利益相关者之间的伦理问题一般存在于不正当竞争之中。因为一些利益关系，一些人或者组织会做出介于法律和道德之间的伤害别人利益的行为，这时候就需要创业者有一个清醒的头脑，在必要的时候选择用法律武器保护自己。

6.5 新企业选址策略和技巧

新企业选址是一个重大问题，它和企业未来的成长和发展息息相关。选择好，能够节省成本，提高效益。选择不好，则会浪费成本，效益也会大打折扣。

新企业选址的策略和技巧主要有以下 5 种：根据经济因素选址、根据技术因素选址、根据政策因素选址、根据市场因素选址和根据自然因素选址。其中经济因素和技术因素是选址决策的基础。

1. 根据经济因素选址

根据经济因素选址是新企业最先考虑的策略之一，因为选址是最消耗资金的一件事情。地址选得好，利用得好，将会给新创企业带来巨大的资金优势。这些资金优势能在各方面帮助企业更快、更好的发展。

【案例】

陈军学习的是经济贸易专业，毕业后，一直没有找到合适的工作，于是想来想去，决定创业。说干就干，他马上开始筹集资金为创业做准备，不过能筹集到的资金非常有限。他观察了很久，以现在的经济实力，最好的方式就是开一家淘宝店。

因为创业的资金不是很充沛，所以没有办法租到很好的地方，于是他就选择了一所商住两用的楼房作为自己的创业基地。最重要的原因是这个地方的房租非常便宜，距离货源地也近，进货时耗费的成本也少，这都能让他有充足的资金维持运营。他当然想租到更好的地方，不过这要看经济状况。

他盘算过，如果按照现在的这种发展态势，那么到明年下半年，就可以有财力把公司搬进一个中档的写字楼去。这样公司才能更加正规化，也方便招聘人才和开展业务，有哪个人才愿意去筒子楼里办公呢，面子上也过不去。他想把公司发展得更大，这是必须的。

在案例中，陈军选择了商住两用的楼房作为公司地址，这是非常多创业企业的选择，因为它能极好地控制成本。在公司进入稳定发展期，有余力的话，可以考虑正规一点的写字楼，不过这都要根据创业者手中的资金来决定。

2. 根据技术因素选址

根据技术因素选址也是创业者优先选择的策略之一。它不仅可以节约成本，还能加强技术上的合作，从而使双方能在一定程度上获得利益。

【案例】

小安做的是二手家电买卖。虽然这比起白领，不是十分光鲜亮丽的工作，但小安觉得，大学生创业不应该比这些，应该比创业的思想和创业的头脑。他希望凭借自己的踏实和坚强的毅力把事业做好。

他做二手家电生意，主要是收集市面上一些淘汰或者更新换代所遗弃的家电，然后把这些家电再卖出去。很多人都不舍得扔掉自己不要的家电，而且直接扔掉对环境也会造成相当大的危害，所以他们就选择把家电贱价卖给小安。而城市里有很多务工人员，他们对家电的要求非常低，所以小安的生意就有了很大市场。

他一直面临着一个问题，就是收的这些家电，可能会存在一些问题，有些家电可能已经不能使用了，而它的零部件还能再进行组装。如果他去雇一些技术工人来维修，这样成本就上去了，而且零部件的问题也不好处理。

于是他就把公司搬到废旧家电修理的集散中心，这样，既可以跟这些修理店展开合作，还可以互相交易零部件，这样就能节约很多成本。

小安将二手家电公司位置迁往方便修理的集散中心，就是根据技术因素选址的一个很好的例子。二手家电和修理中心达成合作，小安获得了很好的技术支持，而修理中心也因此多了很多生意。如果大学生开办的公司在技术上要求比较高的话，可以考虑该策略。

3．根据政策因素选址

国家和地方为了招商引资，通常会有很多优惠政策帮助企业快速成长和发展。如果符合资格，并且利用好这些有利政策，能够给大学生创业者带来很多优势。

【案例】

吴德到美国自费留学了 3 年，毕业后他从国外带回一个项目，并创办了一家公司。这家公司主要生产小型的电子产品，在各大文体用品店销售。之前，吴德的公司办在郊区，员工上班非常不方便，房租也不算便宜，有关部门各方面的管理也比较严格。

后来当地成立了一个高新科技产业园区，这个产业园区非常大，专门对电子科技等高新技术生产商开放，如果进驻产业园，将会有非常丰厚的优惠条件，包括税金的减免，房租的优惠，还有物业方面贴心的服务。

正因为如此，吴德赶紧申请了资格。在申请的过程中，吴德才知道原来想把公司搬进产业园的公司还真不少，幸亏吴德申请得早，而且有国家政策的护航，手续签发得非常快。

没多久，吴德就和团队一起搬去了工业园。搬进来了才知道，产业园的设施是如此的齐全，还有专门的食堂，他再也不用为员工的伙食问题发愁了。以前公司离得远，大家吃饭都成问题，现在，问题全都迎刃而解了。

如果一开始就有这么好的政策，那么吴德会获得更多的优势。在产业园区，相关的企业比较多，体制全面，服务完善。所以大学生创业者在选址时，也一定要多方打探，有没有适合自己的政策，如果有，那么创业者千万不要错过。

4．根据市场因素选址

市场因素，对于销售商品或提供服务的企业来说，是一个非常重要的因素，它直接决定企业未来的发展。没有根据市场因素选址，或者不会利用市场因素选址，就会导致创业者创办的企业生意做不起来，最后无疾而终。

【案例】

小樱开了一家特体服装店，当初因为创业资金少，就把服装店开在一个新开发的城郊商铺街，来逛商铺街的人较少。她原本以为这是节约成本的做法，没有想到，根本没有办法做生意。所以，小樱最后狠了狠心，咬咬牙，东拼西凑，又找来一批资金把店开到了市中心的繁华地段。

虽然市中心这里的租金高，但地段好，来往购物的人非常多，人流量较大，所以交易量马上就上去了。小樱每天在算营业额的时候，很兴奋，虽然很累，但是值得。

过了半年左右，小樱就把当初的成本全部收回来了。如果她还在原来的地方开店，现在估计都要倒闭了，尽管卖的东西是一样的。小樱把这家特体服装店做大了之后，接着把附近婚纱摄影楼旁边的一家店面也租下来开了一家美体内衣店，主要为穿礼服的女士提供配套内衣，由于旁边就是婚纱摄影楼，带来不少客源，生意比原来的特体服装店还要好。

如果小樱当初不是一狠心一咬牙，她显然也没有办法取得现在的成就。她非常庆幸当初正确的选择，现在小樱已经成了老板，她觉得不同的生意要有不同的做法，像开服装店这种，就是需要有人流量去支持，不然根本没有办法做下来。

像小樱这样新创的公司，最需要“靠人”吃饭，没有顾客，就没有生意。顾客通常都是去消费集中的地方。也许有些创业者秉持着所谓“酒香不怕巷子深”的态度去选址，觉得自己的产品好，服务好，无所谓什么地方，顾客都会一如既往的支持。这种态度的问题在于，现在人们的选择很多，时代已经远远不一样了。

5. 根据自然因素选址

自然因素一般针对对自然资源有所要求的企业。这样的选址，通常能够使企业不至于违反国家的一些环保法规，或者方便创业者和创业公司利用好自然资源为企业带来优势等。

【案例】

秦岚是一家化工品生产厂的副总，他一毕业，就利用自己的专业优势和做房地产的舅舅一起开办了这家工厂。虽说秦岚只是副总，但是工厂的一切事务都由他来操办，负责出资的舅舅从来不过问化工厂的事情。本来，他把工厂设在郊区为了方便排污，而且成本相对较低。后来扩大生产规模和生产种类，导致污染量飙升，当地村民的反应非常强烈，这里已经不准许他继续经营了。

无奈的他只好将工厂向更偏远的地带迁移，虽然更远了，但这次选择的位置非常有利，水电资源非常充沛。之前的地方，一到夏天用电用水紧张时，政府就会协调一些工厂停电停水，以便居民供电的连续性，让他丝毫没有办法，现在他不用担心了。

他在重建工厂时，特意请专家设计了全新的排污程序，还购买了最新的排污仪器。现在排污指标也符合规定了，这里没有人烟，污染造成的危害小，污染回收和治理也比较方便。自从工厂迁到这里后，企业的效益就得到了迅猛的增长。

他后来跟人说到，其实本来迁到这里是无奈的选择，没想到因祸得福。他也觉得，如果工厂的污染严重，势必会对环境造成无法弥补的损失。环境被破坏了，那人生存的条件也就变得恶劣了。他搞生产是为了让人们的生活越来越好，而不是越来越糟。

秦岚因祸得福其实也是顺势而为。这是他意想不到的。大学生创业者应该积极去思考如何利用好自然因素，如何把自然因素变为优势而非劣势，这考验着一个大学生创业者的智慧。

6.6 新企业的社会认同

在企业成功注册后，大学生创业者除了应该遵纪守法外，还需要主动地承担起社会的相关责任，这是一个优秀的企业家应该具备的远见常识。只有这样，才有可能使企业获得社会认同。

1．新企业获得社会认同的必要性

其实，不管是怎样的企业先要取得合法性，无论是对于一家新企业也好，还是对于一家成熟稳健的企业也好，取得社会的认同都是非常重要的。

尤其对一家合法的新企业来说，社会认同首先意味着其社会知名度的提高，社会知名度的提高带来的是社会资源的吸引力，从而形成巨大的优势，能够帮助新企业快速成长和壮大起来。

现在，信息化程度非常高，社会新闻的传播力非常强大，好事再也不会不出门了，而坏事则会一日传万里。衡量和把握好这些，对新创企业和创业者来说，需要有巨大的智慧和勇气。

【案例】

胡铁出生在一个民营企业家族，但是他一直都想自己开公司，父母虽然赞成，但还是怕年少的胡铁栽跟头，再三商榷以后，决定让胡铁先到公司里锻炼几年。5 年后，他在家人的帮助下终于开办了属于自己的股份制有限公司，这家公司由家族控股，胡铁是公司的董事长，握有最大股权。因为胡铁从小就对经营耳濡目染，所以他非常有经营头脑，大有青出于蓝胜于蓝之势。在胡铁的努力下，公司的业绩呈现出蒸蒸日上的态势。

今年 5 月公司发生了一件事，这件事对公司后来的发展产生了巨大影响。公司有一名底层装配员工，因为不按照规章制度操作机器，结果身体卷进了机器里，生命危在旦夕，必须马上送往北京医治，从当地到北京坐飞机最快也要两个小时。这件事迅速传到年轻的董事长胡铁耳朵里，胡铁当机立断下达命令，不惜任何代价，保住员工的性命。

在胡铁的亲自陪同下，公司包机开往北京，包机费就达 20 万元，还不算医药费，公司全权担负。后来员工的生命得到了及时的救治，全公司为此欢呼雀跃。这件事因为被传到微博上而导致一时轰动。很多企业家都对年轻的胡铁感到钦佩。公司的知名度一下子就上升了。

胡铁当然不是作秀也不应作秀，在人的生命遇到如此大的危机时，他作为一个年轻的企业家，能够当机立断为员工的安危考虑，是非常值得嘉奖和学习的。对于这次事件，虽然胡铁并不需要担负什么责任，员工误操作完全是意外事故，但胡铁善意的做法让他和他的企业得到了社会的认同和称赞，形成了无形的价值。

2．基本方式

（1）采取正确的企业文化价值观。

新企业想要获得社会的认同，企业文化价值观很重要。现在，企业文化越来越多地被提及，这说明社会对企业做什么事的关注度越来越低，而对企业以什么样的态度做事的关注度越来越高。这也是很多新企业强调自己公司的文化和价值观的原因之一。

【案例】

孙业是一所名牌大学的高才生，从小就对软件非常感兴趣，在学校获得过多次软件比赛大奖。他自主研发了一套软件，这套软件有着非常不错的市场价值，毕业后，他果断地选择了创业，让这款软件市场化。

虽然他找到了不错的合作伙伴，也找到了不错的投资，而且一开始这款软件就受到了用户的追捧。但没多久，用户开始流失，软件的黏性开始下降，孙业的日子一天比一天难过，这时投资商也对他施加了各种压力。

无奈之下，他选择了利益，选择了跟自己的价值观相违背的道路，而且这条路走下去就无法回头。为了利益，他采取病毒式传播，然后跟一些软件恶意捆绑，并且监测用户的行为。甚至在软件中植入木马程序，强制一些用户安装。

没过多久，收效很明显，业绩一路攀升，可随后很多用户到各大论坛控诉这个软件，结果，这个软件在获取了短暂的利益之后，就开始走下滑路线。有人劝孙业把软件改头换面后再进入市场，但是孙业看到各大论坛铺天盖地的骂声，就把研发的软件全部收回，孙业的创业也宣告失败。

本来孙业有着非常好的前途，他具备别人所没有的才华和能力。但他在经济压力的迫使下，没有能够坚持住，选择了违背自己的创业理念，搞一些非法手段，最后不仅坏了公司名声，也坏了自己的名声。请广大创业者引以为鉴，不要选择走这样的路。

（2）对劳动者的尊重和培养。

对劳动者的尊重和培养，越来越多地被企业和社会所关注。劳动者的就业环境，工作压力，成长发展，这些和劳动者利益密切相关的东西，广泛地在企业发展的议题中被拿来讨论。对劳动者不尊重，以及用完没有价值就扔的企业，越来越受到人们的谴责，这些企业在遭受谴责后，伴随的则是严重的后遗症：效益迅猛下滑，失去合作机会，品牌价值丧失。

【案例】

小李几经波折，终于开办了一家他向往的皮鞋加工厂。他在这家工厂的投资非常多，几乎是借遍了所有亲朋好友、银行和担保机构。他孤注一掷，希望能从此暴富。这是他毕业前就已经萌生的野心，他希望能做一个非常有钱的人。

在这家工厂开办后，小李也是投入了所有精力，无所不用其极。他太渴望成功了，甚至有点过头了。他同工人签订合约后，就利用各种漏洞克扣工人工钱，还找各种加班理由逼着工人每天工作 11 个小时。一些渴望挣到钱的员工正好被他利用。若是工人受不了不想干，他就拿出合约相要挟，然后私了，私了就是一分钱不给。在这里，他利用了工人们对法律的无知。

他为了督促工人拼命干活，在工厂各个角落里都安装了摄像头，说是为了工厂的安全，其实就是要精准地控制工人没有工作的时间，一旦这个时间超过了他的预期，他就跟工人们使狠招。

最后这家工厂在当地声名狼藉，被称为“血汗工厂”，后来被人举报，被处以停业整顿的处罚。虽然做了整改，可是再也没有工人愿意去干活，采购商也因为这家公司的社会名声不好，果断地停止了采购。最后小李的工厂因此倒闭，小李吃到了自己种下的恶果。

俗话说，爱兵如子。一个不爱兵的将军，不可能打胜仗。像小李这样唯利是图的商人，大有人在，他们辜负了学校的教育，社会的培养，父母的关怀。他这样做通常都会导致严重的后果，没有社会的认同，企业继续发展碰到了难以逾越的瓶颈。

（3）管理方式公平、公正、民主。

管理方式，能够体现一个创业者的智慧，体现一个企业的价值。这种价值是社会广泛认同的事情。如果管理方式公平、公正、民主，那么这家企业在员工中间会获得极高的赞誉，这种赞誉在社会上传播开来，企业就能获得社会的认同，那么它就会吸引很多优秀的人才前来加盟，从而帮助企业更快发展。

【案例】

卢光凭在家乡开办了一家企业，该企业生产纺织原材料。因为他在大城市受过良好的教育，所以在创业过程中，他摒弃了那种家族式的专制管理方法，采用公平、公正、民主的方式管理这家企业。

他将办公室设在一个大厅里，没有因为是老总，就为自己设一个敞亮的、专门的单间，员工之间不再有等级；他的办工桌、办公设备和其他员工的一样，没有任何差别。他和员工平起平坐，不管是一线工人，还是搞工厂清洁卫生的，对大家都一视同仁。公司食堂做菜是通过征求大家的意见，根据实际情况定下来的，他每天都跟员工同吃同住。

而且，他从来不任人唯亲，只要有能力，就把对方提拔起来。如果有人凭着自己的资历显示出傲慢，或者为自己的亲属开小灶，他一律开除。

这家企业在当地的名声非常好，工人们愿意来这家工厂上班，同类竞争厂家的高管也纷纷来小卢这里毛遂自荐，当地政府也给小卢很多优惠政策。所有人都认为卢光凭会是未来国内一流的企业家，而小卢也正朝着这个目标前进。

卢光凭虽然初出茅庐，却有着优秀的管理思维方法。这使他在社会上获得了极高的认同度，这种社会认同度对他来讲，带来的经济效益和市场效益非常好。这是大学生创业者需要认真学习的。一点一滴做的小事，积累起来就会为创业者带来巨大的赞誉，回报率是非常高的。

（4）热衷公益事业。

一方有难八方支援，对于每一个人来说都是一种责任。国家对于企业做的公益事业有着相关的举措，比如说，在国家遇到重大自然灾害时，企业捐助的物资会在年末折换成返税。公益事业是新创企业能够形成社会认同度的一种方式。公益事业做得多的企业，社会曝光率会随之增长，容易形成企业的好评度。

【案例】

王琪是北京一家重型机械贸易公司的老总，毕业 10 年后，他创办了这家企业。靠技术起家的他，不擅经营之道，在他的管理下，公司只能算中等企业，一年下来挣的钱并不多。

王琪有一个特点，就是非常热衷于公益事业。每一次国家受到严重自然灾害时，他立马组织公司全体员工捐款，并且员工捐多少，公司就捐多少，而且员工捐的钱会在年末以年终奖的形式发放下来。

他的这些举动受到了社会的认同。很多媒体都采访他，问他为何热衷于公益事业。他说公益事业是一个国家进步的表现，企业家拿到社会资源，不应该只是自己富了就完了，应该想到回报社会，应该把它当成自己的一件大事来做。如果是自己遇到困难，当所有人都选择漠视，自己是什么感受呢？四海之内皆兄弟，什么是兄弟，就是患难与共。

因为王琪在公益事业上的付出，使他获得了非常高的知名度，公司因此受到了大家的肯定，业绩也呈现迅猛上升的趋势。虽然王琪本来的目的不是想要成名或者受到关注，但他的善举为公司带来了非常大的好处。

王琪的做法非常值得大学生创业者学习，也希望创业者是为了公益而公益，不是为了利益而公益，获得利益不是大学生创业者从事公益活动的最终目的。别有用心的利用公益事业去炒作自己，最后所带来的损失也会是巨大的。

（5）关注环境保护。

关注环境保护是对环境造成一定破坏的新企业必须采取的一项获得社会认同的基本方式。从事与环境污染相关的企业，如果环境保护做得好，会引起社会的一定好评；如果做不好，则会对新企业造成极大的负面影响，严重的甚至会受到相关部门的停业处罚。

【案例】

程松毕业后，在一个相对不发达的偏远农村开办了一家炭厂，因为比较偏僻，所以各方面的法制监督力度都不够，程松正是利用了这一漏洞，开始做他的造纸厂。虽然他办理了一系列排污许可证之类的证明，但并没有按照国家要求的指标去做，他把工业污水直接排放进村里的小河中。

半年后，小河的水受到了严重的污染，以至于再也无法恢复了，很多鱼、虾之类的水生物纷纷死亡，村里的气味开始变得非常难闻。而且，村里人得病的情况越来越多，大家都说可能就是程松的工厂导致的。

很多村民都到程松办的企业来闹事，要求程松把工厂停下来，因为他再这样办下去，村里恐怕就不能住人了，可程松一心只想着钱，装聋作哑，就是不予回应。最后，此事通过微博曝光，引起了社会各界的广泛关注，最终，工厂被勒令关闭，程松被处以巨额罚款，污染情况还待审查。如果村里人的健康确实是由于程松的工厂所引起的，那程松有可能会面临牢狱之灾。

程松想要创业，但却把自己害得不浅，这都是他缺乏环境保护意识所导致的结果。现在媒体的传播力度很大，存在侥幸心理，是非常不可取的。作为一家会对环境造成危害的企业，要时刻注意在业界和社会的名声。

（6）与社会名流保持良好关系。

通常情况下，和社会名流保持良好关系能很大程度上促进新企业的知名度和社会认同度。请明星来代言，就是这种方式的具体运用之一，好的明星能够给企业带来正面的评价。

【案例】

何露在家族的帮助下，开办了餐饮连锁店。这家店在何露和家族成员的努力下，取得了飞快的发展，在市场中形成了比较好的知名度。因为公司请明星代言的关系，何露结识了位明星，该明星有着非常好的气质，在粉丝中享有极高的赞誉，她的人品更是没的说。

渐渐地，何露通过这位明星认识了许多社会名流，而且何露有意加强同这些社会名流之间的关系。当这些社会名流要办一些慈善活动时，何露都积极地参与进来，并且经常和这些明星在微博上互动。

因此，何露的这家快餐连锁店的知名度提升得更快了。因为这些社会名人的明星效应，使得企业的形象得到了强化。大家一提到这家快餐店时，就不知不觉跟某些明星联系到了一起，然后对这家快餐连锁店产生了比较好的印象。

接下来，何露也更加懂得利用好这些社会资源帮助自己的企业进一步成长。家族的人都夸何露真有一手。何露却说，她也并非是刻意为之，只是机缘巧合结识了这些人，然后再加上她也愿意通过这些社会名流来表达自己的慈善观念，这样更能影响大家对慈善的关注。

何露就是这方面的老手，她非常精明，懂得利用这些社会关系，提高自身企业知名度。这里也要请广大的创业者注意，在选择明星代言或者选择和社会名流保持良好关系时，一定要注意，不要让该明星或社会名流给企业品牌的宣传带来负面作用。

案例点评

【案例】

2011 年 4 月 7 日，位于中关村的“车库咖啡”正式营业了，这不是普通的咖啡厅，或者说不是咖啡厅，而是为早期创业者提供开放式的办公环境，并与早期投资机构对接。从某种角度上说，这里更像民营资本的孵化器。芬兰一家公司也采用了这种模式，国内同类模式有位于上海的“新单位”，在北京还没有其他同类型开放式办公模式。

由前 139 邮箱产品经理莫小翼带领的创业团队是第一个在“车库咖啡”拿到投资的团队。这支团队目前每周六天左右全天在车库办公。这个团队，当时只需要 20 万的投资。可以说，“车库咖啡”不仅是创业者的低成本办公场所，也是投资人的项目库。

“车库咖啡”的访客不仅有大量的创业者和投资人，还包括关注创新和创业的媒体记者。

到这里来办公的创业者，只需要每人每天单点一杯咖啡，就可以享受一天的办公环境，可共享 iPhone、Android、平板电脑测试机、投影仪、桌面触屏等设备，这里还有 IT 界名人推荐的图书。为了让创业者在“车库咖啡”待上一天，这里还推出了创业者套餐：早上一杯咖啡、中午一顿饭、下午一杯茶，外加一些小点心等。

起初，有朋友质疑苏菂开咖啡馆是个赔钱生意。确实，卖咖啡的收入完全不足以支撑车库的日常运营。一位创业者一天约 20 元的支出，仅水电费和房租就让“车库咖啡”头两个月处于亏损状态。

但盈利方式随着创业者们的活动和点子逐渐涌现出来。

某一天，一个慕名而来的计算机系学生问前台，“车库的T恤有卖吗？”于是有了新的纪念T恤。夏日来临，在顾客的建议下，苏药正考虑推出夜间的酒吧供应板块。

目前，除基本的销售收入外，车库的盈利主要来自于楼道里每年数十万的广告位出售，以及“车库咖啡俱乐部”的会员费，每人每年1100元，考虑到资源的配置效率，第一批会员限定在50人。

通过跟厂商的合作，车库节省了大量的硬件设备支出，并为创业俱乐部赢得了共享设备。此前，阿里云已经向车库免费提供了云计算存储及带宽，别的厂商则免费提供了远程安卓全机型测试服务和免费移动APP真机云测试平台。最近又有一项让苏药兴奋不已的合作：微软承诺为车库创业者提供免费的Windows操作系统和Office办公软件。

至2011年2—4月，车库每月的营收能达到10万元，如果不算装修和设备折旧，已经达到了收支平衡。开业第一年，就能取得这样的成效，出乎苏药和其他投资人的意料。

对于未来，苏药现在比较有信心了。他在宾馆一楼到咖啡店的楼道里设置了六七个广告位，虽然目前还空着，但已经有许多投资机构希望能在上面刊登广告。

创新工场投资副总裁郎春晖将其归功于中关村的大环境优势。她说：“中关村西区经过这些年的发展，已经形成了创新创业和风投聚集的氛围。”

政府也注意到了这个民营的“孵化器”。据苏药透露，中关村管委会的领导曾经考察过车库，今后有望将车库纳入民营孵化器的支持体系中，享受政府的资金补助。在车库办公的创业者，也能获准以车库的地址在中关村示范区注册，享受优惠政策。

【点评】

（1）发现商机。

车库咖啡的创始人苏药和10个股东都是投资行业人士。他们发现，平均每天见3～4个项目已经属于高效率，很多时间是浪费在路上。

随着互联网行业越来越热，创业者越来越多，寻找办公场所也成为创业者的一个难题。此外，创业者与投资者之间也存在信息不对称的问题，有没有一种方式能够为创业者和投资者双方提供便利?于是在2010年6月，诞生了“开放式办公环境”的想法，在长达半年多的筹划后，2011年4月7日，“车库咖啡”正式营业了。“车库咖啡”的常驻创业团队大约有10多个，并仍有新的团队不定期入驻。在过去半年时间内，“车库咖啡”已经促成11个创业团队获得天使投资。

（2）经营定位。

“车库咖啡”占地800平方米，能容纳150人左右。它的定位不是咖啡厅，咖啡厅只是一种表现形式，一种计价标准，这里有更开放的感觉。

创业团队初期需要什么?资金+社交+资源+人。对于创业者来说，在这里办公一方面降低了办公成本，另一方面降低了社交成本。晚上这里经常会举办创业投资、技术交流活动，从而节省了创业者从办公室到活动现场的时间、交通成本；团队之间也可以相互交流、探讨技术问题，增强团队的社交能力。“车库咖啡”通过媒体影响，整合了很多办公资源和条件，降低了创业者对办公场地和设备的投入。

（3）经营模式：和早期投资机构对接。

由于创始人和股东的投资机构背景，"车库咖啡"向国内早期投资机构开放。

在"车库咖啡"办公地附近，有一家著名的早期投资机构——创新工场。"车库咖啡"设定的"民营资本孵化器"的目标，与创新工场早期投资机构的定位有些许相似之处，但又有着很大的不同：首先，"车库咖啡"定位更早期，来这里办公的甚至是思路尚未成型的项目；其次，"车库咖啡"可以为创新工场服务，向创新工场输送优秀的项目。苏药透露，创新工场投资人经常来车库咖啡交流、看项目。

"投资者看项目会遇到项目源的问题，开放办公模式可以提高看项目的效率、筛选的效率，甚至可以成为产业中的一个环节，预计这种模式在国内会越来越多。"

目前，"车库咖啡"以一种轻模式运转，开放式办公平台空间很大，未来还有很多有价值的事情可以做。例如，后续的资本渠道，创业者训练等。现在他们是 10 个股东在做这件事，未来可能有更多的天使投资人做成更大的规模，甚至可能会做成创业园区的模式。

素质拓展

创业者沙盘模拟演练：

道具：创业者沙盘演练工具

步骤一：将学生分组（5～7 人/组）

步骤二：小组成员通过合作，完成以下演练内容：

（1）建立创业大局观。

- 创业的 5 个阶段；
- 创业过程中的能力、资源与心态；
- 长期目标与中短期目标的合理匹配；
- 创业蓝海生存法则；
- 创业案例分享。

（2）核心创业项目的打造。

- 创业项目的选择；
- 核心资源凝聚；
- 市场机会的辨别与分析；
- 项目的长期与短期工作的协调；
- 创业案例分享。

（3）创业团队。

- 创业团队的建设；
- 创业期的内部激励模式；
- 创业案例分享。

（4）创业资金。

- 不同阶段创业资金的筹集模式；
- 不合适的资金陷阱规避；
- 创业案例分享。

（5）创业壁垒。

- 如何建立有效的壁垒；
- 如何让壁垒建设与创业阶段同步；
- 创业案例分享。

（6）创业资源。

- 创业资源的积累；
- 创业资源整合；
- 创业案例分享。

（7）市场战略。

- 创业市场的开发；
- 在缺少资源时如何做市场；
- 市场危机处理；
- 创业案例分享。

目的：

（1）了解理论与行动的关系，促进学生锁定创业目标，坚持创业态度。

（2）培养学生应对机会、风险和变化的能力。

（3）明确资源的内涵，提高资源调配整合的能力。

第 7 章

新企业的生存与成长管理

创业者创办一家新企业，当然希望它不仅能够生存下来，而且希望它能够快速成长，但有时却不能如愿以偿，创业活动才刚开始便偃旗息鼓，以失败告终。那么，这时就需要对新企业生存和成长管理进行分析。大学生创业者应了解创办新企业可能遇到的风险类型以及应对策略，以圆满完成新创企业向成熟企业的过渡。

7.1 新企业管理的特殊性

全球创业观察（GEM）报告中的新企业，指的是成立时间为 42 个月以内的企业。而新企业的成长期可分为三个阶段，即初创期、调整期和快速发展期。其中快速发展期决定了企业在将来发展的潜力和命运，也决定了企业是否能成长为创业者心中理想的企业。

1. 新企业的管理特点

（1）企业初创期的管理需要依靠创业者个人能力。

一般企业刚刚成立时，创业者需要事无巨细，亲自参与到企业运营中的各个环节，如产品生产、技术的把关、谈判、招聘等。创业者的亲力亲为，一方面能够帮助创业者深入了解企业的经营环节，另一方面则体现了创业者对创业成功的渴望。另外，由于初创期无论是企业管理制度的确立，还是创业团队的磨合，都还处于不成熟的阶段，这就需要创业者依靠个人的领导能力、交际能力、管理能力及个人魅力等，为企业的初创期保驾护航。

（2）新企业的行动目标是取得立竿见影的销售业绩。

企业的生存无疑是新企业管理的重中之重，让企业生存下来的最直接有效的途径就是提高销售业绩，使企业的产品能够得到市场和消费者的认可。因此，企业内部人员（包括创业者本人），需要通过人际关系和各种宣传渠道去争取客户。所以，新企业的行动目标皆是以提高销售业绩为最高宗旨。

（3）新企业所施行的是“一个人做所有事”的群体管理方式。

成熟的企业制度完善、部门齐全，所以企业成员对公司可以采取更具有针对性的管理。但是这恰恰是新企业所不具备的。新企业刚成立时，许多员工都要一人身兼数职，在分工的基础上更强调成员之间的合作，依靠员工的自觉性和主动性完成企业的管理。因为在新创立的企业中，作为企业建立的见证者，员工们的工作热情和积极性都比较高，成员之间也能够互相扶持帮助，所以企业管理可按照角色划分，让成员之间相互配合，共同完成工作任务。

2. 新企业的优势与劣势

（1）新企业的优势。

新企业虽然不具备成熟企业的那些优势，如资金雄厚、制度完善、员工结构的合理性等，但是新企业也有着自己独特的优势。创业者通过发挥和利用这些优势，可以在市场竞争中扬长避短，逐步壮大自己。

①没有成功的包袱。成熟企业由于运营多年，或多或少地会形成一套墨守成规的做法，而成熟企业的员工则更倾向于维持现状。但是新企业则更具有开拓进取的精神，没有包袱，承担风险的代价不大。

②组织简单效率高。新企业内部结构比较简单，企业员工也比较精干，对未来的美好憧憬激励他们更快、更有效率地工作。

③对市场变化应对快。新企业由于规模有限，所以必须采取有针对性的发展战略。因此，当市场发生某种变化时，新企业则能更快速地作出相应的调整和变化。

④企业销售业绩增长快。由于新企业在市场中的竞争力有限，一般对同行业的成熟企业威胁性不大，所以新企业能在较为轻松的市场环境中发展，而且投资回报率高，企业销售业绩增长快。

（2）新企业的劣势。

当然，新企业与成熟企业相比，劣势也是比较明显的，其主要表现为资源匮乏、制度不完善和因人设岗等问题。

①资源匮乏。新企业是行业里的新兵，对于客户来源和中间渠道都比较陌生，短时间内很难树立起企业形象和客户忠诚度。另外，资金不足几乎是所有新企业共有的问题。通过融资而来的资金，用在了需要较长时间才能产生效益的投资项目上，如产品的设计、生产、促销，合作伙伴的促成等，大大占用了企业的流动资金。另外新企业为了使自己的产品更具有优势，就不得不使用产品打折的方式促销产品，如此一来，产品的利润率便会大大减少。利润率的降低又会影响企业下一步产品的研发。总的来说，这都是资源匮乏造成的。

②制度不完善。由于大多数的新企业没有管理经验，因此只得借鉴和复制其他成熟企业的管理方法。但是各个企业的管理方式又存在着一定的差异，所以简单的复制或者克隆，必然在实际管理中会出现许多的问题。

③因人设岗。初创期的企业员工所承担的工作义务和责任是交叉重叠的，这个时期的创业者主要是根据成员个人能力来分配任务，而并非围绕工作本身开展工作。如此一来，便会出现职责交叉、重叠、空缺的现象。

7.2　新企业的生存管理

新企业在创建初期，通常都会遭遇资金不足、制度不完善和因人设岗等诸多问题。这跟创业者的实力、能力和经验都有很大关系。一般情况下，新企业在创建初期会以生存为首要目标，其生存管理分为两个方面：经营管理和人力资源管理，其中经营管理又分为资金和运营两方面。

1. 经营管理

（1）资金方面。

新企业与形成一定规模的企业在现金流的运用上有所不同。形成一定规模的企业，根基相对牢固，资金链和市场也相对稳定，它们抵御困难的能力相对较强，而且会有多种补救渠道。但新企业既没有什么根基，也没有固定的资金链，市场需要一点一点积累，假如现金流出现问题，很容易一口气喘不过来就迅速消亡。所以，创立新企业必须不断创造自由的现金流来维持企业运转。

所谓现金流（现金流量），是指一个项目所引起的在未来一定时期内所发生的现金支出和现金收入的增加额。现金流中的“现金”，不是通常我们所指的手持现金。它不仅包括库存现金和银行存款，还包括与项目相关的非货币资源的变现价值。例如，一个项目所需用的厂房、原料和设备等，相关的现金流则指的是这些东西的变现价值，并非它们的账面价值。

【案例】

庄伟家庭条件不错，毕业后，家里人询问了庄伟的意见，决定资助他开一家桌球娱乐城。庄伟没有选择在市中心繁华地段开，因为各方面的成本会高很多，庄伟看中了自己小区附近的商圈，然后租下一个大地下室开始了他的创业之旅。

一开始生意自然是不行，虽然设施很新，但价格稍微偏贵，加上人力等各方面的支出，短短两个月，庄伟已经快撑不下去了，原因就是没有现金流。生意不好，使得桌球娱乐城再往下发展已经不太可能了。庄伟在咨询过专业人士后，采取了几项创造现金流的手段，首先办理会员卡，付款越多的会员得到的实惠也越多。其次在会员卡办出去一段时间后，庄伟又开出以现金结账可以打 6 折的优惠活动，这样就又带来一部分现金流。庄伟发现，有时候桌球室爆满，等待的人就在前台的沙发打起牌，于是庄伟又腾出几间仓库装修了一下作为棋牌室，专门为一些等待的顾客提供收费服务，这样现金流就更多了。现在，手上的现金已经足够庄伟支撑半年，而这半年，庄伟还在准备着新的策略。

庄伟的方法，可能并不是最好，但这都是没有办法的办法，也是一个新企业想要活下去的必要选择。只有不断创造出现金流，才能使企业正常运转，企业才有发展下去的机会。也正是因为这些困境，大学生创业者有了更好的提升个人能力的机会，能够为企业未来的发展奠定良好的基础。

【案例】

小强毕业工作一年后决定创业，他把省吃俭用存下来的工资和父母多年来的一点积蓄当作创业的原始资金。在分析了市场情况之后，小强决定在高档写字楼附近租一个房子做盒饭，给写字楼上班的白领送外卖。这样，装潢、前台服务等成本就可以省下来了。他请来一个有厨师经验的老乡做盒饭，他跟 3 个要好的哥们一起送外卖。当然原始资金的投入是远远不够的，要付工人工资，还有盒饭原材料的费用，每天都是巨大的投入。他又没有别的资金来源，只好每天送完盒饭后，又去餐馆端盘子或者在写字楼门前发传单来增加收入，贴补创业资金。就这样，半年后，靠着自己的固有资金和零散的收入，这个生意总算是被他撑下来了。现在他不用再去做兼职了，成本基本上都收回来了，资金的运转也算正常，收入也上来了。之前那段靠着自己一个人支撑的苦日子，小强却始终记得。

小强在成本没有收回来之前，一直存在资金运转的问题。这是在小强创业初期最困扰、令他最头疼的一个问题。一些大学生既无法贷款，也没有其他资金流入，只能依靠自有资金维持企业生存。在无法满足企业生存时，他们会通过兼职或者其他活动获得现金流。

【案例】

齐旺毕业后在国内某知名 IT 公司工作，他有着良好的素质和很高的能力，仅仅半年，就在公司得到了晋升。但晋升后，他选择了辞职，因为他非常看好拍照分享的移动软件，他觉得应该创业，亲手把这个项目做出来。他家境不错，而且在公司待遇不错，这些年也攒了些钱，东拼西凑，筹集到第一笔创业资金。做好软件雏形后，就招兵买马将这款拍照分享软件 Picshare 推向市场。刚开始，软件没有什么知名度，为了获取客户，他不得不花重金进行宣传推广。这个费用比起人工费和场地费来说，简直不是一个量级，没多久，钱就快烧完了。在这个过程中，他每天除了处理工作外，也在积极寻找风险投资。这款软件凭借着出色的外观，易用的操作慢慢开始为广大用户所喜爱，随后，他也顺利拿到第一轮风险投资约 100 万元。随着用户持续增长，业界开始慢慢关注齐旺和他的软件，这时候，他之前的公司正好希望拓展照相分享方面的业务，所以直接并购了这家公司，他又成了原公司中的一员，不过这次他的身份是子公司 CEO，而原来的团队也没有发生改变。这样齐旺就不用怕生存不下去了，有母公司强大的经济实力作保证，他可以放心大胆地和市场上流行的同类软件 PK，他现在所要考虑的问题就是如何持续壮大，让更多用户从他的软件中获得乐趣。

齐旺通过风险投资顺利过关。在这之前，他所拥有的资金大多数都是自有资金。为了使用户数量迅速提升，他不得不选择在宣传推广上投入大量资金。这项举措是正确的，只有软件获得一定知名度，用户数量增长，才有说服风险投资的理由。后来公司被并购，更让齐旺如虎添翼，公司有了强大的资金注入，自然就不用怕和竞争对手一决高下。产品一旦形成了较高的市场份额，回报就会非常可观，企业也就完成了生存任务。

（2）运营方面。

创业者在企业创立初期，除了要妥善管理资金流动，更要在运营方面多下工夫，使企业生存多一份机会。运营的目的大多是成本控制，如何让投入产出比更大。所以，新企业所有的决策也都根据这一目标而制定。

【案例】

小蔡毕业后不想上班，索性他和朋友把经常光顾的那家味道不错的烧烤店盘了下来，当起了老板。他认为学生的生意好做，没有外面那么复杂。学校附近的小烧烤摊，既不卫生又不好吃，如果他好好经营，未来发展得好，就可以在所有大学城开设连锁店。小蔡的设想倒是很不错，但很快，他就有点吃不消了。

首先，他想要做有品位、有质量的烧烤，所以，在前期装修、烧烤工具和原料上，就花费了 10 万元，以至于店开起来后现金流的运转吃紧。其次，他不屑于做小生意，店里规定最低消费是 20 元，这就把很多习惯了花 15 元以内吃小摊的同学挡在了店外。而且，他的一些朋友经常过来蹭吃蹭喝，赊账后很晚才结。结果 3 个月开下来，成本非但没收回来，还亏了两万多。

小蔡痛定思痛重新作了规划：首先，把最低消费这一规定取消，并且推出一系列特色烧烤，甚至比街边摊的价格还实惠。这些烧烤非常划算，受到大家一致好评，来消费的同学逐渐多了起来；烧烤所用的材料，也没有再追求顶级品牌，而是选用一般的健康品牌，这样成本上得到很大控制。最后，小蔡果断地向赊账的朋友们说"不"。烧烤店这才从停业的危险边缘逃了出来。

小蔡刚开始确实有些年轻气盛，在创业快要发展不下去的时候，他选择了改变运营管理，取消最低消费，推出特色烧烤，节省原材料，禁止赊欠，这才把自己的店从鬼门关救回来。

【案例】

陈祥毕业后，想在大学城附近进行创业。他对餐饮行业很感兴趣，认为这一行业具有非常好的前景。但大学城附近的餐饮行业基本接近于饱和，各种各样的餐饮店都齐全。想要在这种情况下，在大学城立足，只有推出一些特别的东西。

在筹划后，陈祥开了一家名为"最新鲜饮吧"的水果榨汁饮品店。这家店以倡导"健康的新鲜生活"为经营理念，目标就是要为大学生带来健康。这里的水果都是新鲜采摘的，由同学们现选，称好后马上洗净配合各种辅料鲜榨成饮品。全过程都是清清楚楚地展现在同学们面前，受到同学们的监督，从而使同学们可以饮用到非常健康的水果鲜榨汁。店面门口，还挂有一张大型海报，海报上有各种水果所含的营养成分以及功效，同学们可以根据它很方便地进行搭配。

这家"最新鲜饮吧"获得了大学城学生的一致好评，店门口长期处于排队的阵势。陈祥决定要将这种健康的经营理念贯彻到管理的方方面面并且持续下去。

别的饮品店也提供同样的产品，而且过程和结果与陈祥的“最新鲜饮吧”并没有太大的差别，但顾客的感受却不一样。因为独特的经营理念使得不同企业经营的相同产品或者服务有了区别，“最新鲜饮吧”倡导健康和新鲜的独特优势产生了极好的竞争力。

经营理念的确立，在新企业管理中有着独特的地位和价值。要想在资源不足，市场需求不稳定的情况下，让企业生存下来，独特的经营理念往往非常奏效，这也是一个成功的大学生创业者善于利用经营理念进行新企业管理的案例。

2. 人力资源管理

（1）新企业在人力资源管理的常见问题。

①人力资源重视程度低。由于新企业将主要精力集中于产品的销售和市场的开发上，对于人力资源无暇顾及。许多新企业缺乏专门的人力资源管理人员，所以就经常容易出现员工薪酬管理混乱、资金运转和使用浪费的现象。甚至还会出现责任不明确、劳资关系不明晰的现象。

②人力资源管理规范化低。企业管理就好比是盖高楼，楼盖得再高，如果根基不稳，迟早免不了倒塌的命运。新企业对招聘员工的标准较低，且培训机制也大都不够完善，他们将这种非规范化的人力管理称之为灵活应变。但是当企业发展壮大之后，这些因不规范管理导致的问题便会逐步显现出来。

③缺乏核心人才。和成熟企业比，新企业无论是在薪资水平还是品牌号召力上，都处于劣势，吸引不到足够多的核心人才。所以有些新企业不惜夸大企业实力，给予高素质、高能力人才过高的承诺，以牺牲企业信誉换取一时的效益。但是这种做法为日后企业人才的流失埋下了隐患。

（2）新企业人力资源管理的对策。

①杜绝因人设岗问题。新企业刚刚成立，缺乏具体岗位设计标准，一些岗位由创业者自行设立。通常情况下，他们都缺乏人力资源管理方面的知识和技能，存在因人设岗问题，也就是不善于针对具体的人员设置岗位。这样，会产生很多人事问题，职责很难确定，绩效目标也很难考核，而且这些岗位与企业其他岗位融合困难，会让企业付出额外成本。所以，创业者应注重对人才资源管理机制的建设。

【案例】

张鹏毕业后开办了一家网络公司。因为个人能力较强，是技术出身，网络公司在他和团队的经营下，慢慢有了起色，并顺利拿到了第一笔风险投资。这时候，他的舅舅来找张鹏，希望张鹏能给自己女儿安排一个职位。张鹏非常为难，一方面，舅舅的女儿是自己的表妹，应该尽一定义务；另一方面，自己开网络公司，舅舅出了很多钱。现在网络公司拿到了风险投资，广告投放力度开始加大，舅舅不懂互联网，以为张鹏现在混得非常好，自己的付出也应该得到回报，让女儿跟着表哥工作，未来如果这个表哥的公司成了互联网大公司，那女儿也就有了依靠，想法倒是合情也合理，张鹏想拒绝也拒绝不了。他的表妹是学护士专业的，没有基础的计算机办公能力，而在这个生存的节骨眼上，没有人专门教她。

只能安排表妹做一些打杂工作，做做饭，清扫办公室。后来舅舅了解到女儿到表哥的公司天天当杂工，非常生气，还来公司大闹一通，张鹏请母亲出面，才解决了这一争端。无奈之下，张鹏只好出钱安排表妹去计算机培训机构学习，并向舅舅保证，表妹学成之后一定好好帮助她发展。张鹏心里面想的却是，希望表妹学有所成，不然就又要单独给她安排一个岗位了。

张鹏碰到的因人设岗问题虽然不是主动安排，属于无奈的被动选择，但也从一定程度上反映出，因人设岗的弊端，以及大学生创业者在创办初期存在岗位设计问题。所以新企业在此时要避免这种情况发生。

②群体管理。新企业还有一个制度不完善的现象就是所有人要做所有的事，没有具体分工，这是压缩成本产生的必然结果。这样虽然会造成管理上的紊乱，但它在节约成本上确实有显著的效果，这种效果会随着企业的发展而逐渐变成麻烦。不过在这一时期，创业者还是需要采取这种群体管理方式，让员工的效力发挥到最大。

【案例】

虽然小玲是一所名校的毕业生，但她没有选择出入高档写字楼当一个人人羡慕的白领，而是选择了创业，她开了一家淘宝店。这家淘宝店经营的是女性服饰，到现在为止，员工一共有 3 个人：小玲，小玲的男友和小玲的妹妹。

他们 3 个每天都非常忙碌，这样忙碌的时间持续了大半年。所有人都没有什么具体的分工，他们既是客服，又负责打包，还要轮流去订餐和进货，每天都忙极了。当有朋友问小玲，为什么不试一下分工呢？小玲回答说，怎么分呢？一个人干一项活根本就干不过来。就拿客服来说吧，忙的时候，同时得面对几十个买家。如果回复晚了，有可能就失去一单生意。每天下午的时候，是他们最忙的时候，他们只能把客服设置成自动回复，而集体去疯狂打包，有的时候打完包站起来都困难，还要继续当客服。小玲还说，等到生意稍微好一点，就雇人当客服，那时候情况就会好一点。

从小玲做淘宝的案例可以看出，新创企业时，人力资源确实是十分匮乏。每个人都要参与到公司运作的方方面面，大家干一样的活，一起吃苦。这种群体管理方式有一定局限性，但是能够在创业初期帮助企业生存下来。

③创业者深入细节。不少大学生都怀有自己的梦想，去创办一家新的企业。他们通常都是第一次从被支配者的角色走向支配者的角色，想法很多也很杂。通常情况下，不管企业以什么样的形式展开，由什么样的人员组成，做什么样的决策，大学生创业者都要亲自深入到各个运作细节中，保证企业正常发展。

【案例】

装潢设计毕业的曹贵不想受人约束，所以自己开办了一家装潢公司，这家装潢公司开设在市里新开发的大型居民社区里。因为成本关系，曹贵只雇了两个人，一个制图，另一个谈业务。通常情况下，他和业务员一起出去接活，接到活之后，再和制图师一起做设计，做完设计还要同客户洽谈好具体装修事宜，谈妥后就把工程外包给别人，但这并不代表曹贵的工作就结束了。在外包给别人的同时，他还要负责审核与督促进度，以及同客户交流。因为公司小，在创业前期需要积累良好的声誉，所以每一单生意的任何一个环节他都是亲力亲为，丝毫不敢有任何的懈怠。他完全输不起，也不能输，全部身家都在这里。而且本着对公司对自己负责的要求，他也需要这样，恪尽职守。虽然现在不会被别人约束，但他感觉自己被一只无形的手捏得牢牢的，这只手就是他的梦想，他的公司。

像曹贵一样，创业者本着对创业对自己负责的想法，对每一项工作小心谨慎，亲力亲为。这是所有新创企业共有的特质。创业者得充当各种角色，必须深入到所有细节中，这样才能保证公司健康发展，生存才有了进一步的保障。

7.3 新企业的成长管理

新企业在有了生存保障后，最重要的问题就是迅速成长，在市场上取得一定地位，所以成长管理就非常重要。在这一过程中，创业者要注重整合外部资源，同时管理好让企业持续成长的人力资本，以及实现从创造资源到管好、用好资源的思维转变，形成较为固定的企业文化价值观。用成长来解决成长过程中所遇到的疑难杂症，还要从过分追求速度，转变为注重提升企业的价值。

新企业想要得到非常好的成长，就需要一些必不可少的推动因素，这些因素能够持续有效地推动企业继续向前发展和成长。推动因素分为内部因素和外部因素，内部因素有人力资源、自身竞争力、商业活动、企业文化；外部因素有市场、组织资源、品牌认可度。如何利用好这些驱动因素，帮助企业又好又快又健康的成长，是一个优秀大学生创业者必须要学会的。

1．企业成长推动内部因素

（1）人力资源。

人力资源是组织资源里非常复杂的一环，人也是最难控制和掌握的。如果能充分利用组织成员的知识、能力、技能以及他们的协作力和创新力的话，将会为企业创造出非常大的推动力，而且在节约成本方面会起到良好效果。

【案例】

小陶在毕业后，开了一家房屋租赁中介机构，这家房屋中介机构主要是面向高端客户。公司搜集一些向外租赁的好房，然后进行非常好的装修，配合积极的宣传将房子推向市场。因为公司处于发展的初期，做这一行的其他机构对服务质量的要求不高，而小陶做的是高端客户，所以公司有一定的成长空间。但就是在用人方面，小陶很发愁，这一行业的销售人员，素质普遍偏低，对待客户在交易前后态度有非常大的差别，这使得小陶公司的业务开展得不是非常顺利。小陶马上就作出了相关的调整，首先对员工进行了集体的礼仪培训，让他们的行为语言规范化，人性化。其次对员工在交易前后的态度有了明确的要求，不允许因为交易谈不成而恶言相向或摆臭脸。并且，小陶给出非常吸引人的激励制度，交易量达标，销售人员的提成会比同行要高出很多。虽然这样公司的利润会下降，但却为公司赢得了非常好的声誉。随着公司规模的扩大，人员素质并没有下降，反而在小陶积极的管理下，大家的能力都提高了。

小陶在创业阶段没有选择和竞争对手一样，养活一批素质不高，能力不强的员工。他积极地发掘了员工的能量，让这家名不见经传的小企业慢慢有成熟大企业的风范。

管人是企业管理最难的一个环节，现代管理都以制度管人。人力资本含有非常复杂的成分，它不只是有形的，还是无形的，管好人力资本不仅需要一个良好的制度，更需要人性化的策略和技巧。

对于一家新企业来说，创业者和他的团队是人力资源中非常重要的一个环节。有一句名言是这样说的，企业的血液可以替代，但企业的基因绝对不可以复制。这里的基因就是创业者和他的团队。他们给予了企业生命，帮助企业形成经营模式和企业文化。没有一个好的创业者和好的创业团队，想要创业成功，是不可能的。

（2）自身竞争力。

新企业想要快速成长，让产品和服务占领市场，就要在提高自身竞争力上下工夫。其中包括新产品开发、改进现有产品和服务。企业有了良好的自身核心竞争力，不仅能够抵御竞争者，获得发展空间，还能够提升创业者和企业的各方面素质。

【案例】

小李开了一家水果店，这是毕业后的第二次创业。在经历了第一次创业的失败后，他终于摸出来一点门道。想要创业，先要生存下来，生存下来才是继续发展的前提。现在，他的水果店终于依靠低价策略生存了下来，每天能走很多量，并且水果腐败率也较低。但一个问题一直困扰着小李，他觉得初期的发展出现了瓶颈，一直销售廉价的水果，虽然量上去了，但是利润并不高。来他这里买水果的都是图便宜的人，对面做优质水果生意的店却能吸引很多愿意多消费的人群。小李综合考虑了一下，决定提升水果店的品质，于是对水果的选择以及包装都下了一番苦工夫。他不再零星地去批发一些水果，而是找到了水果生产基地，批发了一些优质水果，并在店内做强势的宣传，将一般等级的水果和包装精美的优质水果摆在一起，这顿时激起了消费者的消费欲望，小李的策略收到了很好的效果，利润上来了，店内消费的层次也提高了。这时，小李果断租下隔壁的门面房，把水果店做成两个品牌，一个是廉价系列的，一个是优质系列的，而优质系列的水果在一定的促销阶段会放到廉价品牌店。现在小李水果店的生意越来越火爆了，他决定以后向高档居民社区进军，做优质水果才是公司进一步成长的目标。

小李刚开始的策略是价廉物美，这帮助他形成了一定的竞争力，在发展初期效果非常不错。但价廉物美的结果就是利润始终无法进一步上升，企业的发展也受到限制。“薄利多销”，确实是无数新企业赢得市场的法宝之一，各个商家不顾一切地去打价格战，也是为了形成竞争力。如果想要实现企业持续高速发展，那么打价格战就会变成一个限制性因素。所以在企业成长管理中，应该从追求速度向提升产品和服务价值转变。

【案例】

小陈毕业之后，准备回家乡创业。他家的房子临街，对面就是汽车加油站。他考虑了一下，决定将临街房子的墙打通，开一家汽车美容店，这样既节省了租房的成本，又拥有临街和汽车加油站这样非常有利的地理条件。因为他的店是镇里第一家汽车美容店，所以很快就吸引了大家来消费。以往，镇里的人要对汽车进行美容，都要到十几千米以外的县城去。现在，小陈的汽车美容店给镇里的人带来了极大的便利。小陈私下里又和对面的汽车加油站签订了双赢合作协议，凡是在汽车加油站加满一定量的油的顾客都可以在小陈的汽车美容店享受一些优惠待遇，如免费洗车等；而在小陈汽车美容店做保养月卡的顾客都可以在对面加油站享受一定的折扣。就这样，他们的生意更火了。小陈也成了附近有名的大学生创业者。

小陈非常聪明地将自家房改造成车库，开办了镇里第一家汽车美容店。他能够和对面的汽车加油站充分实现双赢合作，这是难能可贵的。最重要的是，他通过控制成本以及和其他商家合作形成了自身竞争力，占领了当地市场，这为后来抵御其他竞争者打好了基础。大学生正是要积极开动脑筋，把所有可以利用的物质资源利用起来，有效推动企业成长。

大学生创业者可以利用的物质资源有很多，包括土地、器材、设施和原材料等。这些资源能够帮助大学生创业者有效地节约成本，从而有更多的现金流保障现有运营和未来发展。如何利用好这些资源也是有讲究的，如果胡用、乱用，不但不可能发挥这些物质资源的优势，而且也不可能形成竞争力。

（3）商业活动。

新企业度过了艰难的生存期，其发展会出现瓶颈，市场份额无法进一步提升，所以创业者需要利用各种商业活动，提高产品的市场渗透，进行地理扩张，获取新企业成长发展的机会。

【案例】

亚军是个庄稼人，毕业后，就回家从事蔬菜种植。但亚军种的可不是普通的蔬菜，而是种植高品质优质蔬菜，种植的蔬菜经过专门的包装，供给大型超市。因为亚军提供的蔬菜品质非常好，人也老实靠得住，所以很多大型超市都争相从亚军这里订货。随着生意一天天好起来，规模一天天大起来，亚军决定不只给大型超市做供给，还要自己销售，他想打出一个专门的高档优质蔬菜品牌。于是他将目光瞄向了市里的高档社区，专门聘请设计师设计门面和企业形象。结果，这一策略非常成功，亚军的优质蔬菜成功地打进了高档社区，深受消费层次高的人士的喜爱。再配合各种经营策略，品牌一天天变得响亮起来。之后，亚军又借助这一成功经验，将品牌进行推广，在一部分中档居民社区也站住了脚。当有人问亚军下一步行动的时候，亚军笑着说，还要做水果，也用这种模式。他不想只是创造资源，还要用好它们，创造更大的价值。

亚军有着非常独到的眼光和令人钦佩的勇气。他实现了资源从开创到开发利用的转变，这让公司运营更加顺畅，成长空间进一步加大。大学生创业者在满足了新企业生存的需要后，应该从创造资源的圈子里跳出来，转向管好以及用好资源，从而使企业实现更快成长。

（4）企业文化。

一般情况下，新企业缺乏资源也没有市场，大学生创业者会利用一种核心思想把员工紧紧地团结在一起，让大家拧成一股绳，并且任劳任怨、苦干实干。这种没有实体的超强助力剂就是企业文化。

【案例】

高才生小郑毕业后，在家人和朋友的支持下开办了一家网络公司。这家公司推出的产品是帮助企业推荐人才。这个互联网产品一经推出，就受到业界的一致好评，很多互联网大佬们都对这家公司和这个产品寄予厚望。

这家公司从创办到现在并不是那么容易，早期产品没有起色，资金链断掉，员工工资发不下来，大家的积极性相当低，小郑曾深深地为此感到困扰。但小郑一直都在强调企业的文化，强调企业的使命。他用一种理想在鼓舞着大家：人生需要贵人，大家现在创办的这家公司将会为千千万万怀才不遇的人才找到伯乐，大家正是帮助他们实现理想的贵人，这家企业在未来会有非常好的前景，这个世界需要大家。正是这种为全世界人找伯乐的企业文化和企业使命感使得大家在最低潮的时候振奋起来，拿着最低的工资干最苦最累的活，最后大家都撑过来了，不仅产品获得了非常高的评价，也吸引来巨额的投资。

正是在这家公司独特的企业文化指引下，员工们才有了不一样的使命感和责任感。所以工作上，大家不再是消极需要督促的，而完全是积极自发的。与众不同的企业文化能够帮助新企业形成特殊的使命和独特的气质，使新企业有着非凡的动力，从而创造的产品或服务也会拥有独特的附加值，为企业接下来的生存和未来的发展增添活力。

【案例】

卢西毕业后在高档写字楼区开了一家外卖快餐店。面对众多竞争者，他如何脱颖而出，围绕着这个问题，他制定了“快”的经营文化，他强调这家外卖快餐店最核心的理念就是快，一定要快，订餐快，送餐快。别的外卖店下订单需要电话人工预约，他选择使用社交软件来进行预约。顾客只需要根据菜式点击，快餐店就会收到预定信息，然后及时运用社交软件的地图功能告诉用户所预订的快餐已经到什么位置，还需要多久就能送到，顾客能对这些信息有实时的掌握。这家快餐店工资最高的就是这些外送员，因为他们的速度是惊人的快。通常他们只需要耗费别的快餐店送餐时间的一半。在送餐过程中，他们会时刻多备几份需求量非常大的菜品，顾客可以根据软件上快餐剩余的份数和快餐员所在的位置进行选择，这样也可以加快订餐的速度。卢西正是凭借着“快”这种企业文化，使得这家外卖快餐店在短短时间内就成为白领一族的新宠，而且店铺在未来还有更加广阔的发展空间。

卢西制定的“快”这一种独特的文化价值，非常重要。人最宝贵的是时间，替他人节约时间，就是替他人节约生命。公司清楚这一理念时，这种文化和价值观就发挥了巨大的作用。公司在运营的方方面面都遵循了这一观念，这使得员工无论做什么，先想到的就是要节约别人的时间，提高别人的效率，从而把很多事情做好、做细。

大多数新企业想要实现快速发展，往往都会形成比较固定的企业文化价值观来支持企业健康有序的向上发展。只有当快速成长的企业的创建者和团队热爱他们所从事的事业时，企业在管理上才会卓有成效，团队成员也会审时度势，团结起来，倾注全部心血围绕在这一理想周围，使企业的文化价值能够延续下去。

（5）技术的突破性创新。

如果新企业在某一核心技术领域实现了重大技术性的突破，那么无疑将会占据技术产业发展趋势的指导地位。企业技术的突破性创新能够导致产业技术趋势的变化，从而影响产业格局的重大改变，这在学术界被称之为“主导范式地位”的创业模式。这种模式尤其在电子、新材料、新能源、生物技术领域比较常见。

2．企业成长推动外部因素

（1）市场。

市场的关键在于供需，这实际上是一个企业创办的重要原因。正是因为有了市场供需关系，大学生创业者才看到了商机，才看到了创业机会。好的市场供求关系能在一定阶段内帮助企业快速成长。只要抓住市场需求，一家企业就几乎成功了一半。

【案例】

赵广和宿舍哥们毕业参加工作后，为节约生活成本仍旧住在一起，他们租的房子在一个新开发的小区。赵广在工作之余兼职做课外辅导，这时，他发现他们居住的小区竟然没有一家成规模的课外辅导机构。于是，赵广和宿舍哥们一商量，都辞去了工作，把家里重新布置了一下，专门为小区的学生们开设课外辅导课程。他们开设了几乎所有的中小学课程的辅导班，包括数学、英语、物理等。因为赵广等人本来就毕业于名校，且学习成绩非常好，所以这些科目根本就难不倒他们。没想到，短短的几个月时间里，他们课外辅导的名声一下就火了，来报名参加的人络绎不绝，有时甚至还要预约。赵广和宿舍哥们决定把规模做大，他们又招揽了一些以前的同学，劝他们辞去工作加入创业活动。创业者当中还有几个人有艺术特长，如绘画、音乐等，他们也针对性地开设了这些课程，没想到也是供不应求，甚至一些老爷爷老奶奶听说课程是名牌高校毕业生教授，也纷纷来报名。赵广等人看到形势这么好，已经合计要成立公司了。

赵广就是一个善于利用市场需求的大学生创业者。他没有一开始就选择创业，先有一份不错的工作可以养活自己。当他发现巨大的商机，潜在的市场需求后，就和同伴们一起开始创业。如果晚一步，社区里出现满足需求的同类竞争者，相信赵广和他的团队也不可能取得这样的成功。

（2）组织资源。

刚刚成立的新企业，在财力、物力资源等方面都相对匮乏，那么注重借助各种资源，各种力量发展和壮大自己，就显得尤为关键。注重资源的整合是创业者常用的一种管理策略，是新企业能够迅速扩大规模的捷径之一。

【案例】

赵准在毕业后，回家创办了一家健康家禽的企业。这家企业主要经营健康家禽类的养殖。在养殖过程中，赵准坚决不用激素饲料。赵准说，这是健康肉的第一步。为了使这些家禽能够更加健康，赵准使用优质的麸皮饲养家禽，并且没有采取圈养策略，而是采用放养策略。这些家禽在赵准的培育下，健康自由地成长着。但问题随之而来，在这样的情况下，成本非常高，所以在价格上，赵准的家禽并不是非常有市场竞争力。这时，赵准突然瞄上了隔壁的一大片苜蓿地，于是他专门找人采集苜蓿，和麸皮掺在一起喂养家禽。令赵准喜出望外的是，这些家禽不仅吃这些食料，并且非常喜欢这些食料。赵准又用附近的枯木枝给家禽做了一个高一点的食槽架，这样，家禽想要吃食物，就需要不停地跳起来，这样，这些家禽还得到了一定锻炼，从而更加健康了。因为赵准善于利用周边的资源，将这些资源整合起来留作己用，形成了天然的优势，这家健康家禽企业的规模随之也越来越大了。

赵准非常巧妙地利用了隔壁庄稼地的苜蓿草以及附近的枯树枝，使得自家家禽能够健康成长的同时又有效节约了成本，这就是注重资源整合带来的好处之一。财力、人力、物力都匮乏，这不要紧，要紧的是大学生创业者要积极开动脑筋，利用好资源，这样管理就能上一个台阶。

如果只是追求固有的成长，新企业也许能够生存下来，但无法发展壮大。如果能够积极地寻求外部的增长空间，把握住这些资源，那么就能为企业的上升打开通道。所以，组织各种资源，寻求外部增长也是新企业成长管理的基本技巧和策略之一。

【案例】

田伟学的是电脑维修，毕业后，他就在自家门口创办了一家电脑服务机构，面向社区居民。这家服务机构主要的服务内容是装配台式机、电脑维修、销售笔记本电脑和电脑耗材等。田伟凭借着良好的声誉把小店经营得有条不紊。没多久，田伟就不满足目前的业务量了，他希望能实现进一步的增长，这需要开拓一些外部市场，于是就想到了互联网市场。他在很多电子商务网站上都注册了账号，并在很多有名的社区和论坛发了很多“软文”帖子。因为他扎实的业务水平和相对低廉的价格，获得了顾客不错的口碑式宣传，业务量开始有了一定提升。这种提升随着时间慢慢显示出一定势头，他尝到了甜头，于是果断雇用和选拔了一些人才在市内多个区域开设了分店，不到一年时间，分店数目就达到 5 家，这在同行来看是非常惊人的。田伟正是打破思维定式，没有被所在小区局限住，通过积极寻求外部增长获得了自身的进一步成长。这是非常成功的。

任何企业在成长的过程中都不可能会满足，这是资本市场决定的。就像田伟一样，当他能够站稳脚跟的时候，立刻明白，如果企业想要进一步发展，就必须积极地去寻找外部的增长空间。只有不断地向前发展，企业才能够走得更好、更强。

【案例】

阿贵从小学钢琴，钢琴水平很高，之后进入了音乐学院。毕业后，他决定创业。他觉得在互联网上卖钢琴是不错的生意，而他又非常在行。于是，在家人的支持下，他开办了一家钢琴网店，这家网站主要售卖各种名牌钢琴。虽然网站开办以来，做了推广后，生意有了起色，但成长一直都不是很理想，离他的预期有很大一段距离。经过一番深思熟虑和咨询一些行业人士后，他决定改变现在这种单一的成长方式，走复合式成长道路。首先，他开始做二手琴的生意，在国内这是个很大的市场。一般来说钢琴都是贵重物品，人们购买后都会细细保养，所以，即使是二手和成色一般的钢琴都非常棒，收购价格又低，性价比又格外高，所以二手钢琴确实存在很好的市场。其次，他推出了钢琴和授课捆绑式服务，即买钢琴就送教学课程，即使不买钢琴，也可以免费学一首简单曲目，这着实吸引了很多顾客。很快，钢琴网获得了很大的成功。阿贵非常巧妙地解决了成长发展上的问题。

阿贵的钢琴公司在发展中遇到问题时，他巧妙地改变了成长方式，从单一渠道改成多重渠道发展，这样的资源组织效果非常明显，公司也获得了更多外部成长空间。

成长阶段，确实会出现很多问题。这些问题阻碍了企业的发展。那么大学生创业者就要主动进行变革。改善成长方式，整合各种创业资源，寻求外部增长，从而解决成长阶段遇到的问题，这是一种管理技巧和策略，更是一种经营思维模式。

关系资源，是大学生创业者及其团队与社会各层次有着良好而广泛的联系。关系资源的好坏决定了企业的舆论状态和形象，它们是一家新企业最重要的无形资源。所以创业者应该利用好这些资源，帮助企业获得外部成长空间，保障新企业快速、稳健的发展。

【案例】

文娟在大学末做毕业设计时，设计课题与培训行业的发展有关，所以她跟随老师做课题时和很多培训机构都建立了关系。毕业后，文娟在国内某知名求职网站做猎头。这时候，文娟凭借着优雅的形象，干练的作风，沉着冷静的态度在培训圈积累起非常好的人脉资源。文娟做猎头有非常多的优势：一方面，她跟培训机构的老师都协调好生源的推荐工作；另一方面，用人单位对文娟选拔人才的能力和渠道非常信服。有了这些人脉资源后，文娟选择了辞职，创办了一家推荐人才的劳务公司（猎头公司），培训出来的优秀学员可以直接同她的劳务公司签订合约，付服务费，然后文娟负责在业界给对方找薪资待遇非常好的工作。一方面，文娟对优秀学员有着非常真实的了解；另一方面，她也清楚哪些用人单位非常缺乏哪一类的人才。凭借着这些非常好的关系资源，文娟没过多久就在业界享有了一片好评，最近她也准备创办一家推荐人才网站，结合现在的公司，为更多希望找好工作和希望招到好员工的公司服务。

文娟正是合理地利用了这些关系资源，才使得自己的事业更上一层楼。而她拥有如此好的社会关系资源，最后决定去创业是非常明智的；加上她的气质和能力，她的关系资源更加稳固了，这些也为她和公司未来的发展奠定了非常好的基础。

信息资源是指创业者团队了解和掌握的对企业有用的各种外部环境信息，包括市场需求、资源资料、政策环境变化等。利用好这些有效讯息，能够帮助企业获得外部成长空间，为企业带来更多价值，从而为企业进一步发展提供重要的条件。

【案例】

小黄毕业后开了一家淘宝店。他没有做实体店铺的生意，而且选择帮人代销。小黄一直以来都是一个非常懂得搜集信息和利用信息的人，这一点在他这次创业中非常好地帮助了他。他的代销生意是不做实体，只装修网络店面和当客服，发货、售后都是他的上家做，他只需要把东西推销给客户就行了。但他没有只做一行，而是做了一个大型网络超市，也就是说，所有在超市里能买到的东西他都做。他不会随便把所有东西都上架去卖，他会非常认真地整合社会资源，简而言之，就是什么火他就卖什么。这都是搜集好信息资源带给小黄店铺的动力。

从小黄做淘宝这个案例可以看出，掌握不一样的讯息，确实能帮助企业形成一定的外部成长空间。在这样一个讯息不对称的时代，掌握信息意味着掌握资源，这些资源正是企业能够迅速和不断成长的源泉。

（3）品牌认可度。

品牌认可度，是社会公众对企业的总看法和总评价。社会大众会根据认知的品牌效应与企业自身统一起来，好的品牌认可度能够帮助企业形成独特的价值。优质的企业形象能够帮助企业获得良好的市场评价，从而带来市场需求。

【案例】

肖德的家乡在重庆，他家里是做餐饮行业的，这使得肖德从小就做得一手好菜。肖德毕业后，在学校附近开了一家重庆小炒餐饮店。肖德是个小胖子，所以他就把店的名字起做“小胖子重庆小炒”，而且把店的 Logo 也做成小胖子的头像。每天，在学生们吃饭高峰的时候，他都会亲自站在店门口微笑着迎接大家。当肖德在店门前露出善意、可爱的微笑并对大家前来就餐表示热情的接待时，同学们就忍不住想来这家店品尝一下，这家店给他们的感觉是服务、味道、质量一定很可信。当然，肖德在饭菜的口味、质量，以及服务生的礼仪方面可是没少下工夫。大家吃了这里的饭菜，发现确实跟肖德给人的感觉一样，就口口相传，后来，“小胖子重庆小炒”非常火爆，已经开了 3 家连锁店。

“小胖子重庆小炒”不仅菜品好，人品也非常好。这是大家对它的评价，这样的评价是通过口口相传的口碑力量获得的。大家认可这个品牌，这个品牌也就促进了新企业能够站稳脚跟继续向前发展。

（4）政府的相关政策和扶持力度。

一定时期里，国家或地方政府的产业政策或经济发展规划，会鼓励和引导一些企业的创立和投资。在这样的背景下，如果创业者能够积极利用经济扶持政策，进入相关的市场进行创业，无疑能够更加顺利。

7.4　新企业的风险控制和化解

创业风险，是指由于创业者机遇把握不当，创业资源和能力缺乏，创业环境和市场复杂，而导致创业过程中存在风险。

大学生成为创业者，走上创业之路，常常会因缺乏社会经验，对创业机会与创业难度的估计不准，自身毅力不足，智慧不够，令创业活动偏离预期甚至走向失败。

对创业风险进行科学预测和分析，采取有效手段进行防范、控制和化解，能够帮助大学生在创业过程中极大程度地提高创业成功率。

1. 新企业风险防范的原则

新企业一旦遭遇了风险，必须及时对风险的发生背景和可能造成的损失作出及时的评估，从而制定出风险解决方案，将风险所带来的损失降至最低。新企业在制作风险防范方案时，通常要遵循以下几个原则。

（1）实用性。

企业所制定的风险防范方案，一定要有具体的步骤和操作程序，使处理风险的人员有章可循，具有操作性和实用性。

（2）经济性。

风险防范方案的制定，应结合企业自身的实际经济情况，在尽量控制管理成本的前提下，追求解决效果与成本的平衡。

（3）针对性。

风险发生时，首先要找出风险发生的根源，根据风险发生的根源，制定出具有针对性的方案，以保证在解决 风险的同时，保证其不会死灰复燃。

（4）及时性。

“快”是处理企业风险的关键因素。快速、及时地应对风险，才能将风险和损失降至最低。

2. 新企业各种风险的防范与化解

（1）防范开业风险。

不打没准备的仗，谨慎小心，储备好应付突发状况的资源，这是优秀大学生创业者应该具备的素质。最容易出现的开业风险包括：创业者对市场上冒出的暂时性的市场需求匆忙作出反应，盲目的跟上；创业者缺乏比较全面的管理能力，未能建立必要的财务会计管理系统，导致企业在做出重大决策时缺乏可靠数据依据；另外有些创业者在企业开业时，过高估计了自己企业的发展能力，于是错误选择设备和技术，这些都是常有的开业风险。

【案例】

今年 2 月，大学毕业的小张和几个朋友，在关注家乡这个三线城市家政服务行业一段时间后，发现里面有非常大的利润空间。城市发展建设的步伐飞快，本地家政行业却始终没跟上，没有与之相匹配的专业级服务品牌。小张和朋友们便想趁此良机，牢牢抓住这个机遇，赚到人生的第一桶金。

在筹措好资金后，他们和广东某环保科技有限公司沟通，代理了其专业汽油精产品，用于家具、石材、皮革和汽车的保养。广东方面建议他们，取得总公司的独立授权，成为在本地的二级市场代理，这样能带来垄断性的高额回报。小张和朋友们合计后听从了这个建议。

签订完授权合同后，广东公司没有兑现当初的承诺，人力支持、员工培训、推广宣传等都到不了位。进行仔细核查后，他们惊奇地发现第一批 12 万元现金购进的产品，足够当地整个地板保养市场使用两年，而拥有的“授权期限”只有仅仅不到6个月。小张和朋友们想方设法打算将汽油精销售出去，却收效甚微。合作伙伴看不到光明，先后离小张而去。小张的创业梦就这样成为了噩梦。

非常可惜，小张没能完成他的创业梦想。这都是因为他在开业之前没有做好充分了解，低估了风险的存在，产品进得太多，授权期限太短，从而导致最后运营失败。

【案例】

小唐和小程是湖南某大学化工专业的学生。在校期间，他们开办了一家名为“随风”的CD店，主要从事影碟的出租。CD店是学校附近的商铺小屋，店内出租用的大部分光碟都是前经营者留下来的。店铺租金每月1500元，水电费等另算。两个人对CD店非常有信心，充满了斗志。

可自从开业以来，经营状况就没有好过。由于盗版影片的猖獗，大部分大学生还是选择在网上免费下载音乐和电影，只有少量电影发烧友才会来店里租碟或买碟收藏。

两个人没办法，为了能让辛苦经营的CD店生存下去，他们开始出售一些电脑软件和电脑游戏光盘，这样，CD店才稍微有了一点盈利，为他们带来了一点希望。但是好景不长，由于他们出售的电脑软件和电脑游戏光盘不是正版，相关部门没收了其所有盗版产品，并处以5000元罚款，还给了他们一个警告处分。

他们的创业表现算不上差，但对前车之鉴没有经过充分的分析和吸取，低估了开业的风险，而且经营方法也没有什么特别之处，生意不好是理所当然的。大部分缺乏创业能力的创业者并不会比他们好很多，但为了盈利，不惜做违法的事，让创业存在更大风险，非常不足取。

（2）防范资金风险。

大学生创业者要忌大操大办，应节约使用资金，充分作好应对计划外状况的准备。这还需多向有经验的专家请教，经常评估资金状况。在筹措资金时，谨慎选择资金来源。

【案例】

6个学习应用数学的好哥们在同一间大学宿舍住了4年，有苦同当，有福同享，培养了深厚的友情。毕业后，由于就业压力大，工作不好找，在赵哲的撺掇下，6个人决定创业。赵哲家在江浙一带，这里的服装加工行业很兴旺。赵哲建议大伙一起办一间服装加工厂，主要给一些淘宝皇冠服装店定制服装。

大家集齐了资金，分配好各自的工作任务，进好机器，找好相关的技术人员，工厂就开动了。因为是第一次创业，大家斗志很高，目标也很远大。起初遇到的麻烦很多，不过他们年轻敢闯，走了一些弯路也算撑了下来，但真正的麻烦才刚刚开始。

首先，他们在工厂装修上投入资金过大，几乎占了创业资本快一半。服装生产一般采用分期付款方式，每天有大量的现金流出，实际流入的现金根本无法维持工厂正常运转。其次，公司注册资金少，贷不到款。工人们是被优厚的薪资吸引去的，看到工厂规模小，对公司普遍不信任，所以工厂有点风吹草动，立马就有工人表示要走。再次，公司刚开始运营，产能有限，一些大的淘宝皇冠店不放心把活交给他们干。

机器走走停停，半年后，工厂仍旧没有什么起色，6 个小伙子却累得够呛，立志创业的心也慢慢动摇了。

即使赵哲和他的朋友们在创业初期没有铺张浪费，工厂也会陷入资源匮乏的困境，只不过他们前期犯的错误让危机早一点到来了而已。学会合理配置现金流，不断地积极探求现金流，弥补资金劣势，不要惧怕困难，关键时刻挺住，这是一个成功创业者应具备的基本素质。

（3）防范机遇风险。

机遇既是火箭，又是地雷，能让大学生创业梦想腾空直上，也能让创业者粉身碎骨。机遇的发现和利用不当，是大学生在创业初期遇到的最大问题之一。

【案例】

陈璐工作几年后厌倦了朝九晚五的办公室生活，看着周围有些朋友开始创业，发展挺不错，忍不住心痒痒的，也想尝试一把。她看见在小区里开超市的还挺多，而似乎有规模、有品质的超市很少，觉得这是一个机遇，于是就打算在自家居民区开家中高档超市。

刚开始家人建议她，先开间规模小一点的，商品种类普遍一点的，再慢慢做大。但陈璐觉得，现在人们的品牌意识很强，越来越注重生活品质，经营有品位、高质量的商品才能占领未来市场。她打算主营奶酪，芝士等高端西餐调味品，要把这家店打造成一个响当当的社区品牌，然后开很多很多的连锁店。

陈璐兴师动众地租了一整套大户型 1 楼作店面，专门找设计公司进行装修，陈璐的西餐调味品超市就这样开张了。但小区里的居民对她的货品需求相当少，偶尔会有些老人带着小孩过来转一转，只看不买。再加上她随着性子来，营业时间不固定，生意一天比一天清淡。同时这些西餐调味品的保质期非常短，货品流通不畅，即使折价都无法卖出去，最后她只能清仓处理，关门大吉，另谋出路了。

梦想是美妙的，现实是残忍的。不得不承认，陈璐很有眼光，有一定的商业前瞻性，但她对机遇的把握不是非常对。诚然，随着人们生活水平越来越高，超市的档次也会慢慢提高，但是现在，时机还不是非常成熟，具有一定风险，她低估了这种风险。并且，她也不具备与之相符的务实精神，最后损失惨重是可以预料到的。

（4）防范环境风险。

创业环境的变化，尤其是竞争者、供应商、消费者、国家政策等的变化，会引发诸多危机，这些危机通常都具有不可预测性，这需要大学生创业者有出色的应变能力，恒心，以及勇气。

（5）防范供需风险。

大学生创业者应密切关注市场变化，了解消费者的需求，注意供求关系，这样才能有效地防范此类风险。在这一点上，创业者需要注意竞争对手，了解他们的优点和弱点，善于把握机会，积极学习国家相关政策，制定行之有效的营销策略，将供需风险降至最低。

【案例】

随着大学城一座接一座的崛起，大学城经济越来越受到关注。在南京某大学城就有这样一个例子。该大学城拥有 10 万在校学生，地处商贸中心，当地政府支持大学生创业，成立了专门的学生店商铺区，如此好的条件，带来的却是学生店惨淡经营的结果。曾经满怀创业热情的大学生们为何选择黯然退出？

很多学生创业者承认，当初他们对大学生的消费能力和消费欲望过分高估，商铺的人流量远远没有达到他们的预期水平。这些店，一周之内，最好的时段就是周末几天，晚上稍微好点，平日里人气很萧条。学生来看的多，买的少。到了“黄金周”和寒暑假，几乎就没有什么生意，很多店纷纷歇业。

这些学生店经营的品种缺乏特色，使得很多学生顾客去而难返。服装店最多，款式也不错，但社会人士开的服装店更多，学生店在竞争时根本占不到什么优势。餐饮和网吧生意最好，但资金投入大，管理时间有限，远远超出大学生的承受范围。

陈同学表示，他的鞋店生意虽然还行，但各种税费加起来，利润能回本 90%已经很不错了，他完全是凭兴趣撑着。带着无奈和惆怅，学生们结束了这次创业之旅。

本来是值得赞赏和大力推广的事，结果却不甚理想。大学生创业者很有热情，很有冲劲，但也要对供求变化做好充分准备。有利的条件，并不能消除创业道路上的障碍，只要创业者想要前行，障碍就一直存在。了解其中风险，做好防范工作，非常重要。

案 例 点 评

【案例】

邱海棠凭借着自己的专业优势和关系资源开办了一家职业咨询机构。该咨询机构是帮助那些来访的客户找到很好的工作。其中的服务项目包括职业测评，心理咨询，求职策划，推荐工作等。

邱海棠组建的这支团队非常专业，他们都是来自于名牌大学或是相关知名机构，有着较强的能力和较好的素养。邱海棠认为，要给客户满意的服务，先要给客户满意的感觉。所以邱海棠在公司装修以及宣传推广上面从来都不遗余力，舍得花钱。资金来源除了这几年在校内参加实习积攒的钱和家人的资助之外，她找到一家非常可靠的风投机构。

在创业阶段，邱海棠没有把自己当作 CEO，她干着公司里最多最重的活，甚至订盒饭，公司花草的布置，她都没有放过。她从来都没有亏待员工，给了他们比较优厚的待遇和宽松的工作环境。她明白，每一分钱都是宝贵的，公司并没有形成稳定的现金流，所以要靠节约成本，整合资源等有效措施，让公司能够生存下去。她和团队制定的特别套餐计划也为公司的现金流带来很多支持。

邱海棠对未来的目标有着非常清晰的定位，就是公司上市，做国内职业咨询机构的佼佼者，她和她的团队也确实具备这些实力。邱海棠给公司定位的企业文化是平等，共进。确如她所说的一样，首先，这里没有什么所谓的老板，大家的地位都是平等的，其次，她希望大家能够为了一个共同理想，团结起来共同进步。

邱海棠将职业咨询机构选在繁华的商圈，是看中这里的资源优势，因为大多数求职者都希望能够在这些高楼大厦里工作，所以邱海棠将洽谈室设计的有落地式玻璃，前来咨询的客户一看见外面繁华的街景，就会激起想要努力拼搏，在竞争对手中脱颖而出的信心。

因为有着非常好的口碑，邱海棠的职业咨询机构发展得十分迅速。她将单一的经营模式改变成为多重经营模式，包括做互联网社区推广，职业咨询、心理咨询外包的配套服务。邱海棠离自己的梦想一天一天更近了。

【点评】

邱海棠管理新企业确实很有一招，一点都不像是从学校刚毕业的年轻大学生，这跟她长期以来进行实习活动的经历有巨大关系，她在这些经历中增长了见识，增添了能耐。下面来分析一下她是如何成功的。

（1）邱海棠是一个非常优秀的创业者，具有一个优秀创业者应具备的所有气质：冷静、稳健、勇敢和有担当，这使得她有资格创建一支非常有价值的团队。所以，她在企业的管理上才得心应手，企业不仅有了生存保障，在之后的成长发展中也体现出健康和高效。

（2）她能够非常合理地整合与利用各种资源，这里面包括在学校积累的人脉关系网，可靠的风投机构，为企业的发展扫清了很多障碍。

（3）在企业进入一定轨道后，她没有停下脚步，而是改善了公司的发展模式，让它朝着多元化的方向发展，这样才不会孤注一掷，一损俱损。

（4）建立了非常好的企业文化价值观，团队都能够围绕着她所设定的理想而奋斗。这是无形的财富，更是宝贵的财富。

（5）她懂得塑造企业形象，让企业有了专业、高端的感觉，为客户提供了优质的服务。也许客户并没有得到想要的职位和工作，却得到了想得到的感觉。这些客户能够为企业创造良好的口碑。

（6）她对企业可能遇到的各种风险都作了防范，包括现金流问题、品牌认知程度、员工向心力等，从而使得公司从开业到成长，再到未来发展都更加顺畅。

素 质 拓 展

情境训练：沙盘演练

沙盘演练介绍：沙盘演练又称沙盘模拟培训、沙盘推演等，它源自西方军事上的一种战争模拟。通过将个体引入一个模拟的竞争性行业，由个体分组建立模拟公司，实战演练模拟企业的经营管理与市场竞争，从而亲身感悟经营决策。

准备物品：ERP 沙盘教具

分组：6～8 人/组

职位设置：

总裁 CEO：负责制定企业的发展战略规划，带领团队共同做出企业决策，审核财务状况，听取企业盈亏损状况的汇报。

营销总监 CMO：负责开拓市场，在稳定企业现有市场的基础上积极拓展新市场。作出市场预测并且制订销售计划，能够合理投放广告，根据企业生产能力取得匹配的客户订单，沟通生产部门按时交货，监督货款的收回。

生产总监 COO：计划的制订者和决策者，生产过程的监控者，负责企业生产管理工作，协调完成生产计划，维持生产成本，落实生产计划和资源的调度，保持生产正常运行，及时交货，组织新产品研发，扩充改进生产设备，做好生产车间的现场管理。

财务总监 CFO：筹集和管理资金，在降低财务风险的同时，降低财务成本，做好现金预算，管好、用好资金，支付各项费用，核算成本，核算企业经营成果，做好财务分析，对成本数据进行分类和分析。

活动目标：通过沙盘演练，让同学们更加真实地感受到新企业生存与成长管理的全过程，从而帮助同学们对创业建立起基本认识，做好创业准备。树立共赢理念、全局观念与团队合作精神。

第 8 章

创业政策与法规

在创业阶段中，会有非常多的法律法规约束创业者，这些法律法规也是实现创业者们公平竞争的重要条件和基础。但国家也出台了相当多的政策来支持创业者，帮助他们成长起来，能够抵挡得住竞争的压力，从而为市场注入新鲜活力。这些都是确保市场有效、健康、高速发展的重要手段。而大学生创业者好好学习这些政策和法规，则能够帮助自己所创办的企业快速成长和发展，从而最后实现自己的创业梦想。

8.1 创业企业相关的法律、法规

与创业有关的法律、法规主要包括《劳动法》《合同法》《产品质量法》《反不正当竞争法》《专利法》《商标法》《著作权法》等。大学生创业者需要认真学习这些法律法规，才不至于在创业的路上误入歧途，失去了大好机会和美好前途。

《专利法》《商标法》《著作权法》这三条法律法规会在后续文章中专门介绍，所以在这一节当中不单独展开。

1. 《劳动法》

《劳动法》，是国家出台的一项调整劳动关系以及劳动关系密切联系的社会关系的法律条文。这些法律条文的制定，目的是处理工会、雇主及雇员的关系，从而保障各方面的权利及义务。《劳动法》是大学生创业者在创业过程中非常需要认真学习的法律法规。

【案例】

秦丽毕业之后开办一家服装贸易公司。为了省事还有节约成本，她就偷偷摸摸地雇用了一些员工，并且以各种名目和幌子不跟员工签订劳动合同，她以为这是自己聪明的表现。其中她雇用的一名员工李某是公司的业务员，但李某从来都不好好工作，总是在上班期间绣十字绣、上网聊天、玩手机、吃零食等。秦丽跟李某谈过多次，但李某都不听，当作耳旁风，于是秦丽忍无可忍就用粗暴的语气告诉李某今后都不用来了。但李某这时就找到有关部门的仲裁机构提起仲裁申请，要求秦丽支付双倍工资，以及各种经济补偿 28000 元。秦丽这下可火了，她认为这本来是李某的错，李某不好好工作，怎么反而她要负责任，甚至还要搭钱出去呢？最后，经过庭审，该案以秦丽一次性支付李某 8000 元实现庭上和解。但秦丽还是很愤怒，并想提起上诉。但有关仲裁机构告知秦丽，错在秦丽没有同员工签订劳动合约，并且秦丽即使要开除李某，也要根据有关规定提前发出书面告知李某，要根据《劳动法》的程序办事，才不至于最后导致人财两空的局面。吃过这次大亏之后，秦丽立马回去和剩下的员工按照规定签订合同，不敢再这样稀里糊涂地乱来了。

秦丽真是偷鸡不成蚀把米。本来想节约成本，但没想到，做出了违反《劳动法》的事情，令自己人财两空。这里也要告知各位大学生创业者，不要企图用各种手段去违背《劳动法》的规定从而实现自己不可告人的目的，这都是得不偿失的。

2. 《合同法》

《合同法》又称《契约法》，《合同法》是指国家关于平等的双方或多方当事人，关于建立、更改、终止民事法律关系，发生一定权利、义务协议的法律条文。

到了社会，跟校园不一样，不再是道德形式的口头承诺，所以大学生创业者要密切注意《合同法》的各项内容，避免在以后的经济活动中受到侵犯或者是侵犯别人的合法权益。

【案例】

张明在大学里一直是三好学生，脾气也好，同学们有什么事都喜欢找他帮忙。

毕业后，他和几个同学一起创办了一家玩具批发公司。起初，他们对批发公司的营业模式了解不多，在租用办公场时竟然租用了远离批发市场的办公楼。结果不但客户不愿意跑来取货，他们自己对于这种往返于办公场地和批发市场的境况也不太满意。

后来，他们决定租用毗邻批发市场的办公场地。但现在的这个场地就要转租，由于在租房合同中并没有明确约定转租条款，因此，张明和同学们就自己做主将房子转租给了另一家公司。

半个月后，当房主得知这件事情时，大发雷霆。房主找到张明，并向他提出解除租赁合同，退还房屋和进行赔偿的要求。张明和几个同学一听就火了，我们付了房租，只不过将房子转租，你不同意也就算了，还要解除合同、要求赔偿，欺人太甚。

于是，他们就和房主理论，可是当房主拿出法律条文时他们彻底傻了。房主给他们看了《合同法》第二百二十四条：“承租人未经出租人同意转租的，出租人可以解除合同。”张明没办法，只好解除了租房合同，但由于他们违约在先，房主拒绝退还押金，并且他们自己还自掏腰包赔偿了另一家公司的损失。

张明没有认真履行合同，最后受到了法律制裁，经济上受到了巨大的损失，令人惋惜和无奈。这件事本来是可以避免的，但张明没有认真学习法律条文，而走上了违法违规道路，最后受到惩罚，这也为广大的大学生创业者敲响了警钟。

3. 《产品质量法》

《产品质量法》，是规定产品的质量监督和管理以及大学生创业者对其生产经营不当对他人人身造成伤害或财物精神损失应承担的赔偿义务的法律条文。这其中需满足下列条件：

①生产不符合产品质量要求的产品；②有人身伤亡或财产、精神损失；③产品问题与财产、精神损害有因果联系。

因为该项法律条文会令大学生创业者产生刑事案件，从而导致牢狱之灾，所以一定要认真学习和防范。

【案例】

小诚毕业之后参与了创业，因为他家紧邻粮食主产区，所以他比较看好粮食加工这个行业。在家人和朋友的帮助下，他开起了一家粮油经销站。但做企业的他一心想着发财，所以在加工原料方面动起了歪脑筋。他得到消息，说县粮库有一批旧粮要出售，价格非常低，于是他就主动联系粮站，并声称自己用来养猪，然后顺利地从粮站低价购得大米 10 万斤。后来，他把这些大米全部进行了加工，然后包装。为了吸引顾客，他还在包装上印上“新米上市”的字样。

过了不多久，几家大米批发商来到他们的工厂采购大米。他借机拉拢批发商，并且告诉他们他的价格很低，但是要冒点风险。几个批发商明白了他的意思，但都禁不住低价的诱惑，因此，先后都和小诚签定了合同。

几个月后，他的新米上市了。正当他为自己的手段高明而暗自庆幸时，公安民警找上了他，随后，他才知道，因为食用过期大米，有些人食物中毒，而追根溯源最后找到了他。

由于小诚销售假冒伪劣商品，且销售额超过了 5 万元，因此，构成了生产、销售伪劣商品罪，但考虑到他认罪态度较好，且赔偿了受害人损失，因此，对他判处了罚金刑。

小诚最后令人遗憾的结果，想必是他的父母和所有大学生创业者不希望看到的，然而它的发生又不是一朝一夕，背后也有其因果关系。所以这里再一次提醒大学生创业者，一定要小心谨慎，不要做违法犯罪的事情，抱有侥幸心理是非常有害的。

4．《反不正当竞争法》

竞争者之间常常会因为利益因素而使用不正当竞争手段，而《反不正当竞争法》则是有效制止和控制不正当竞争行为的法律条文。反不正当竞争法中包括：①假冒或伪造他人的注册商标；②在没有经过许可认证的情况下使用知名商品名称、产地、包装、认证标志、商品质量、装潢等，或运用跟上述元素混淆的手段，使消费者误以为是知名商品。

这些手段是很多不法商贩所惯用的不正当竞争伎俩，在这里奉劝各位大学生创业者千万不要学习和借鉴。

【案例】

陈怡学的是计算机专业，她在毕业之后创办了一家网络公司，开办社交类网站。但该网站推出市场后，并没有收到市场的欢迎，广告收入上不去，公司一下落入了窘境。在无奈之下，突然想到，希望能够借助国内相同类型的大品牌社交网站的成功推动自己的发展。

于是，她的做法就是把网站的 Logo 和名称改的跟这家大品牌社交网站非常相似，几乎快

不仅如此，她还去搜索网站，论坛等一些访问量高的互联网区域买了该大品牌社交网站

的搜索词，但是将链接导向自己的网站用来获取访问量，从而获得广告收入。

这种做法非常奏效，在短短的 3 个月内，陈怡公司的网站一下就火了，很多用户因为 Logo、名称还有网站设计的原因，误以为该网站是彼网站，不过通常马上就发现自己受骗上当了。但这不会影响网站的访问量，借助着这些用户来了又走，访问量反而飙升。

但好日子也就两个月，对方网站发现了陈怡网站的违法违规行为，并且单方面要求对方撤换没有得到回复，只好提请律师诉讼。最后，陈怡败诉，付出了巨额的赔偿。

陈怡是个有小聪明的人，但不是一个有大智慧的创业者。她在创业过程中使用了不正当的竞争手段，最后导致自己付出了昂贵的代价，这都是大学生创业者需要小心谨慎的地方。而大学生创业者能够利用正当手段进行市场竞争，这是国家支持和赞赏的，也会受到国家保护，反之则不然。

8.2　创办企业及特定行业管理的相关条例和许可证制度

国家制定的管理条例和许可证制度是为了形成良好市场的机制，保证营造一个健康、有效、高速发展的创业环境，功在当代，利在千秋。而违反相关管理条例，不仅会受到一定经济损失，严重的还有可能承担刑事责任。大学生创业者不应当为了利益而选择铤而走险，这都是得不偿失的。

1.《公司登记管理条例》

公司进行依法登记，是国家有效管理市场的基本手段，也是保证创业环境和创业者利益的重要基础。公司的登记事项应当严格遵循法律法规的要求，而不遵循相关要求的，公司登记机关不予受理。

这其中有很多具体的管理条例，其中包括：①未将营业执照置于醒目位置；②擅自复印营业执照。

【案例】

陈辉大学时，非常喜欢穿衣打扮，在毕业之后，他就开了一家服饰专卖店。他自己对设计也非常有见解，并且对美有着格外偏执的追求。于是在精心准备下他开起了服装店。他找的这家店面不是很大，但是，他花了很多心思装修这家店面。每一个细微的地方他都非常的注意。

他知道按照规定营业执照要悬挂在显眼的地方，但他店里的空间实在是太珍贵了，更何况好的地方还要拿来挂衣服，因此，他把营业执照放在角落里。后来，他的货越来越多，他觉得地方越来越不够用了。一次，他设计好了一件衣服，但没有地方展示，于是他就开始重新布置他的店面，当他忙完了，才发现营业执照没地方挂了，他心里想：“反正没人查，就不挂了吧。”于是他把营业执照放在柜台里。工商所来检查的时候，马上就发现了这个问题，并且勒令其改正。

没办法，他只能给营业执照找了个角落挂起来，他以为挂上就可以了。但事实却不是这样，不久，工商部门就又来了一次突袭，又指出了他营业执照悬挂的问题，而且这次决定直接罚款，并且警告陈辉，下次再犯，就勒令停业。

也许很多像陈辉一样不服的大学生创业者，觉得陈辉没有做什么过分的事情。但行有行规，规矩既是约束创业者，但同时又有利于创业者。所以，提请各位大学生创业者：要遵循公司登记管理条例，依法登记，并遵循其管理规定。

2.《特种行业管理条例》

特种行业，是指在一些服务业当中，一些因经营内容和性质极易被违法犯罪人员利用而需要有关部门采取特定治安措施管理的行业。而特种行业管理条例，正是为了促进特种行业的健康有序发展，保护社会治安，保障公民、法人以及其他组织合法权益不受侵害。

在这里，特种行业主要包括：旅馆业、拍卖业、娱乐场所、印章刻制业、典当业、复印行业等。

【案例】

齐震在毕业之后，一直找不到合适的工作，于是他打算创业。他没有特别多的本钱，所以就在小区做了一家棋牌社，供小区的人娱乐之用。但小齐本人就是一个喜欢打擦边球的人，经常走一些灰色地带。这次创业，他也没有打算走正道。

刚开始，棋牌社的生意不是非常的好，人也不多。他想了一下，就采取了一些非常手段。什么手段呢？他雇用了一些社会闲杂少女，在棋牌社里穿着暴露，陪顾客们玩乐，并且允许顾客们在这里从事赌博等行为。在采取这些手段后，棋牌社的生意一下就火了起来，他还觉得自己挺有头脑的。但他丝毫不知道这将付出他多大的代价。没多久，他之前的一些狐朋狗友甚至把毒品也带来他这里吸食，他也睁一只眼闭一只眼，他认为他有亲戚在相关部门工作，只要平时多去走动走动，给好处，这点小事，应该可以罩下来。

但就这样，齐震被周围的居民举报了，举报他提供淫秽服务，制造赌博窝点，甚至还有人在这里吸食毒品。不出意料的是，齐震不仅被处以罚款，还被关进了监狱。钱没挣几个，青春就这样被毁了。

齐震的行为，丝毫不符合大学生素质的基本要求，而他最后身陷牢狱，也跟他平时作风不正，为追求金钱和利益不惜任何代价有很重大的关系，这也是他咎由自取。这个案例也提醒广大的大学生创业者要心里清楚，什么事该做，什么事不该做。做违法的事情，终究是没有好结果的。

3.《保安服务管理条例》

《保安服务管理条例》，是国家有关部门为进一步规范保安服务活动和市场，加强对从事保安服务的企业和保安人员的管理制定的条例法规，它保护着广大市民的人身安全和财产安全，维护社会治安。需要使用保安服务的大学生创业者也要紧紧地遵循这一规定。

【案例】

赵非毕业以后一直没有找到合适的工作，于是在家人的资助下开了一家小型旅馆。他所在这一区域的治安一直都不是非常好，出于安全考虑，他想雇一些保安。但他又不愿意走正规途径聘请一些正规保安。所以，他就想了一个比较可行的办法，就是把亲戚家里几个高中还没毕业的表弟找了去，给他们穿上保安服装，然后在店里面装装样子，并且还可以给店里帮把手。表弟们不需要太多的工资，而且管吃管住，家里的亲戚也放心。赵非十分满意自己的做法。但没多久，店里有人来寻事儿，这些小家伙们就动起了手，双方都有人进了医院。这时，公安部门介入了这起案件，发现赵非聘用的这些保安根本就不符合保安管理条例。因为《保安管理条例》里有这样的条款，就是保安的年龄必须年满 18 岁，并且需要通过有关市级人民政府公安机关考试、审查合格并留存指纹等人体生物信息才给颁发保安员证，允许其从业。而赵非的这帮小表弟虽然人高马大，但其实也就十五六岁，更别提什么保安员证了。最后，赵非被有关部门处以了罚款和警告。赵非不得不通过正常渠道招了保安，以维护旅馆安全。

可能在赵非的思维里，雇用几个亲戚的孩子，不是什么大事，但这却触犯了有关规定，而最后造成结果也是不可想象的。没有从业培训，没有从业资格的保安员，最后干出不符合保安身份的事情，也是在意料之中。

4.《餐饮服务许可证》

《餐饮服务许可证》，中国餐饮行业的经营许可证，指食品药品监管部门负责对食品生产环节、食品流通环节以及餐饮服务环节的监管。它能够保证餐饮服务行业积极健康发展，从而保证广大市民的餐饮安全。

【案例】

孙周在大学附近开了一家快餐店，因为他毕业之后不想离开校园，但又找不到合适工作，于是就凑了些钱，开了这家快餐店。店里生意一直还算不错，短短时间内，小店就已经收回成本开始盈利了。

但小孙没有就此满足，他苦干实干，想让店里的生意更好。本来他其实已经忙不过来了，快餐店每天从中午开始营业，但他发现学校周围的早餐似乎没有糕点类的，只有中餐，他发现了这一市场。索性也做起了早餐，并且是做西点类的。

但被金钱迷惑的小孙，出了损招，他想节约早餐的成本，于是就进了一些成本非常低廉的地沟油，反正卖的时候一般人也吃不出来。

这样的日子确实维持了一段时间，也没有人发觉，并且依靠这个损招，小孙在早餐上赚了一大笔，但这就引起了周围竞争对手的不满。在一个偶然的机会下，竞争对手许某，得知了小孙做违规生意的事情，于是就向有关部门检举揭发了他。经过有关部门的核实，小孙确实存在这些行为，结果，小孙除被处以重罚之外，还被吊销餐饮服务许可证，并且 5 年之内，不允许其进入餐饮行业。为了一点点利益，小孙这样做，简直是得不偿失。

小孙的做法实在令人感到愤怒。食品是人们健康生存的重要基础，小孙为了一点点利益破坏这个重要基础，最后他受到了法律的制裁。

5.《公共场所卫生许可证》

为保证良好的公共场所卫生条件，预防疾病以及保障人体健康，卫生部负责制定了关于公共场所卫生标准和有关规定的条文许可。广大的大学生创业者应该严格遵循条文的要求，积极创造良好的公共场所卫生环境，为人们的健康提供保障。

【案例】

虽然考上了知名大学，但郑丹始终没有找到一份合适的工作。于是郑丹在家人的支持下，开了一家饭馆，这家饭馆在一条排污渠的前面。虽然很多人在这里吃饭，但他们并不知道这里的饭菜是怎么做出来的。

为了节约水，郑丹洗菜什么的，都会去排污渠洗，而店里的一些污水，她也会再倒进排污渠，店里做的鱼，也是在排污渠里捕捉的。而她和店里的员工从来不吃自己做给顾客们的饭菜。

但有一些附近的居民发现了郑丹的这一行为，在规劝郑丹之后，郑丹不予以采纳，甚至还恶言相向，跟对方说，哪家餐馆都不会干净了，都是差不多，有些还更恶劣呢，不想吃就去别的地方吃，这里不欢迎你们。结果郑丹就被举报了，有关部门经过取证之后，确认了郑丹的违法行为，吊销了其《公共场所卫生许可证》，并勒令其停业。

实在无法想象郑丹是一个受过良好教育的大学生。她利欲熏心的表现严重不符合一个大学生的要求，也辜负了学校、家庭和社会对她的培养。有头脑，却不在正当的途径上使用，还好，有关部门能够及时发现并查处。希望广大的大学生创业者能够引以为戒。

6.《消防许可证》

在一些特定行业，存在着消防隐患。而有关部门出台的《消防许可证》，正是对相关机构和企业其合法安全环境的一种许可。没有《消防许可证》，则不具备经营特定行业的资格。而这些特定行业包括但不仅限于①影剧院、礼堂等演出放映场所；②娱乐城、夜总会、茶座和餐饮酒吧场所；③洗浴中心；④室内游乐场所。

【案例】

小王是一家卡拉 OK 店的老板。他在毕业之后的这次创业非常成功，店里的生意非常火爆，经常人满为患，很多客人想来唱歌都还要预约。小王想让店里的生意更多，但场所是在地下，所以有很多限制，没有办法。另开一家店，他又不够钱，于是他把储藏室等房子的墙打通，为节约成本，他选择一些非防火材料作为隔断，然后进了一些设备，让这些隔断开始营业。他觉得看紧一点，应该不会有什么事故发生。

但他万万没有想到，有一个顾客唱完歌后，将烟头乱扔，引起了隔断墙的燃烧。幸好有服务人员及时处理了问题。但这个事故却引起了骚动，并且有些顾客也打了火警电话。最后有关部门依法对小王进行了处罚，并吊销其《消防许可证》。

没有什么事物，会比人的生命更加宝贵。而为了利益，小王竟然不顾及他人的生命，这种做法是不人道的，我们要去痛斥和批判。希望大学生创业者能够谨记这一教训，不要让同样的错误出现在自己身上。

7.《特种行业许可证》

《特种行业许可证》，是指国家和有关部门确认特定行业具备经营资格的许可条文。没有相关的许可条文，切不可从事相关活动，否则，就会承担相应的法律责任。问题重大的，甚至会毁了大学生的一生。

【案例】

李某在毕业之后找了份文印店的工作，干了没多久，他就不想干了，因为工资太低。但他发现刻章很赚钱，所以他跟老板商量了一下，自己想进一批设备，然后偷偷帮助原老板刻章，老板也同意了他的做法，于是李某就进好了设备跟老板展开合作。但刻章属于特种行业，经营者必须持有《特种行业许可证》，但李某不想办，索性就做起了地下生意。不过老板千叮咛万嘱咐，有些章是不能刻的，违反法律，李某虽然嘴上答应，但他知道这些不能刻的章能给他带来巨额收入，虽然李某不给之前的老板刻，但他生意做好了之后，就偷偷摸摸地给私人或者违法的小老板刻，并且在网络上进行宣传，甚至在路边贴小广告。但没多久，他就被公安机关抓获了，他刻章不但没有《特种行业许可证》，还涉及了违法行为，根据《治安管理处罚法》，他被处以拘留 10 天、罚款 500 元的处罚。

李某就是这样一个活生生的例子，为了一点金钱利益，不惜铤而走险，将自己置于同法律对立的位置上，他最后受到了相关制裁，也是咎由自取。希望大学生创业者切勿模仿和学习借鉴。

8.《排污许可证》

《排污许可证》是企事业单位，直接或者间接向水体排放工业废水和医疗污水，以及其他按照规定应当取得排污许可方可排放废水、污水的许可凭证。

禁止企事业单位无《排污许可证》或者违反《排污许可证》的规定向水体排放废水、污水。

【案例】

张某是艺术生，他学习的是绘画专业，毕业之后，他立刻就开了一家美术培训机构。美术要画水粉画，而他教课使用的一些劣质颜料经常堵塞画室的下水道，搞得画室到处都是水，于是他想到一个办法，就是不把洗画笔的水倒入画室的下水道，而是倒在画室对面的树林里。

自从这么做之后，画室的下水道就再也没有堵过，他们也顺利地过了一阵子。但好景不长，因为他们长期倾倒一些劣质有毒颜料，林带里的名贵树木都死了。相关部门调查之后才发现，是跟画室有关。相关部门根据规定对画室进行了经济处罚，赔偿市政损失，并且勒令其办理《排污许可证》，因为他的一些行为已经对外界构成了水体污染，如果没有办理该许可证，李某也不得继续经营画室，许可证什么时候办好，画室什么时候才能开业。

张某无视法律规定，私自将污水倒入林带。也许在他看来，这是无关紧要的，因为有些人也往林带里倒其他垃圾。但不能因为有人做这件事，这件事就是合理的、合法的，应该值得人肯定。为了和谐的自然环境，为了我们共同的家园，我们应该好好保护我们赖以生存的环境。如果在创业的过程中会产生相关的污染，一定要去申请相关的许可证，并且按照国家有关部门的要求处理污染。

8.3 新创企业知识产权保护的法律形式

运用法律保护自己的知识产权，是大学生创业者保护自己的重要手段。大学生创业者是具有热情、高水平、高素质的创业人才。通常情况下，他们能够比一般创业者竞争力强的主要原因就是他们从事脑力劳动，是用智慧劳动，而依法利用法律武器保护自己的脑力劳动和智力劳动，是大学生创业者保证自身竞争力合理、有效的手段。

1.《专利法》

《专利法》是国家有关专利部门确认发明人或其权利继承人享有其发明的专有权，其中，规定了专利享有人的权利和义务。它是大学生创业者保护自身脑力劳动成果的有利武器。大学生首先应当尊重他人专利的权利，尊重别人的知识成果，其次，应该好好地利用它，使自己在市场竞争中保持有利地位。

【案例】

范曾毕业之后创立了一家绿豆酥生产企业，该绿豆酥深受市场的喜爱，而范曾也借着这股劲发了一笔大财。在发财之后，他立刻决定将这个品牌打出去，所以他一面申请专利，一面开始尝试连锁店经营模式。这时有一个同乡人钱某看重范曾的绿豆酥生意，于是花钱买下经营权，加盟了这家企业。但每年的加盟费，对钱某来说，是笔不小的支出。于是钱某想来一个办法：退出范曾的加盟连锁企业，自己单干。因为他已经掌握了这种绿豆酥生产技术，并且也在他所在的区域形成了比较好的口碑。他心里盘算着，稍微改一下名字，稍微改一下包装，但技术还是用这项技术，这样就能两全其美，最后他还妄想着早晚有一天要把范曾的绿豆酥打败。

钱某就按照自己想法开始干了。在经营初期，效果非常好，因为省去了加盟费，他手中的资金一下就多了起来，等他积累到一定程度时，他也筹划着准备开连锁店。随着钱某生意的一天天变好，他的连锁店也越开越多，也确实超越了他的老东家范曾。但这时，他的老东家范曾发现了这个问题，而钱某在没有经过老东家范曾许可的情况下，使用了对方食品专利、包装专利，一下就被范曾告到了法庭。当然，钱某在法律法规上一点好处都没有占到。他不仅要赔偿老东家的经济损失，还被勒令关闭现在经营着的连锁店。钱某看着自己辛苦经营打拼起来的门店就这样被关闭，最后留下了悔恨的泪水，而范曾在这次市场竞争中利用《专利法》非常有效地保护了自身的合法权益。

范曾很好地利用了法律武器保护了自己申请的食品专利，这是非常值得大学生创业者学习和借鉴的。同样，也祝愿范曾和像范曾一样的大学生创业者，能够在创业的道路中走出自己的一片天地，在不侵犯他人权益的情况下懂得保护自己。

2.《商标法》

《商标法》是确认商标专用权，规定商标注册、使用、转让、保护和管理的法律条文。它主要起到保护商标专用权、加强商标管理、维护商标的信誉，以保证消费者和商标所有人利益，促进市场经济有效、高速、健康、积极发展的作用。

【案例】

毕业于上海某大学服装设计专业的小周在学校附近开了一家服装店，这是她毕业以来首次创业，她为这个小服装店起了一个非常好的名字，并将其注册成商标。日后，小周展现了自己的专业才华，这家服装店也在她的努力奋斗下经营得有声有色，并且她还开起了几家连锁店。这时，另外一个大学生李某苦于没有小周的才华，也想像小周一样成功。于是李某“灵机一动”，派“探子”到小周的服装店去，哪款好看哪款好卖他就马上仿制，然后在没有经过小周许可的情况下，李某仿照小周连锁店的标准，开设了自己的服装店。不仅开实体店，同步还开了淘宝店。但没多久，小周在朋友的提醒下发现了这一问题。于是，小周便私下跟李某进行调解，劝其撤下商标，或者也可以双方达成一定的协议，共同合作开发这一品牌，但李某死活也不答应。一怒之下，小周将李某告上了法庭，这时，有关部门发现李某已经触犯了商标关于注册后不得擅自更改的法律条文。其次，李某在没有经过小周允许的情况下售卖对方品牌服装，并且使用对方商标，这也侵犯了对方的商标使用权。于是李某被勒令停业整顿，并且处以高额罚款和赔偿。在赔偿和处罚之后，李某已经没有能力维持店铺的资金运转了，于是，她不得不把店铺关掉了。

小周非常努力，才把自己的品牌打出去，然而李某最后竟然选择窃取小周的奋斗成果，这是可耻的。而小周通过法律手段，保护了自己和自己的商标，这是值得赞赏和学习的。希望广大大学生创业者也要像小周一样，发奋图强，打造自己的品牌，申请商标，并且懂得依法保护自己。

3.《著作权法》

《著作权法》是有关部门针对关于保护艺术、文学、科学作品作者的著作权以及与著作权有关的权益而拟定的一项法律。它旨在鼓励精神文明和物质文明作品的创作和传播，促进文化和科学产业繁荣发展。学会依法保护个人的著作权，是大学生创业者在创业过程中实现有效竞争的很重要的保障之一。

【案例】

小李毕业之后开了一家广告公司。他本身是学设计的，而且设计水平非常的高，在很多设计大赛上，都取得了非常不错的成绩。这时，有一个王某，他和小李同样年纪，但王某却没有什么真才实学，但他“很有招”。他经常抄袭国内知名设计师的设计作品，用来服务自己的客户。有一次，王某突然接到一笔大单子，这笔单子的客户是国内知名的大企业，王某肯定不会放弃抄袭。他在互联网上苦苦地搜寻到了知名设计师小李的相关作品，该作品虽然没有被大家所熟知，但它的创意以及理念都非常的好，属于十分上乘的设计作品。

王某将这个设计介绍给客户的时候，客户也相当地满意，并且支付了高额的设计费用。但这并不是什么好事。在这家大企业有一次进行展览的时候，无意中将该设计放进了展览之后，因为这家企业非常知名，所以好心的网友立刻发现了这个问题，并在微博上大肆地进行讨论。这时引起了原设计师小李的注意，设计师小李就将该知名企业告上了法庭，然而该企业毫不知情，所以该企业也将王某告上了法庭，最后，王某不得不承担名设计师小李和名企业双份的经济赔偿。小李依法保护了自己的合法权益不受侵害，而王某经历了这一遭，再也不敢抄袭了。

小李非常有才华，他也有着非常好的头脑，能通过法律途径保护自己的知识成果不被他人窃取。而王某的偷窃行为不值得借鉴和学习，他的行为对文化和科学产业的发展有很大害处。

8.4 税法对新创企业的影响

税率，将直接影响到新创企业的出现。如果税率很高，大学生创业者无法承受，或者无力承担，并且只能保留所赚利润的一小部分，那么将导致新创企业不足以抵挡创建新企业所带来的风险，从而无法促进大学生创业者创业和新创企业的发展。

在我国，对于创业者而言，有两种比较重要的税法：《流转税法》，包括《增值税法》和《营业税法》，以及《所得税法》，包括《个人所得税法》和《企业所得税法》。而针对这些税法，也将对新创企业造成不同程度的影响，这其中主要包括：生死存亡、企业形式、经营策略、用人策略、财务策略等。

1. 影响生死存亡

为什么说税法影响新创企业的生死存亡，这里主要是因为一些不法商贩采取偷税漏税等手段，牟取不法利益。而国家对偷漏税的处罚，可以说是非常严格以及严厉的。

然而，因违规被罚导致倾家荡产的案例其实并不鲜见，遭受牢狱之灾也是不无可能。所有偷鸡摸狗、心存侥幸的创业者都会因为自己的行为而付出惨重的代价。如果在创业者的大脑中还没有形成充足的税法知识，那么，建议创业者应当先不要忙着创业，而要积极学习税法知识，不能贸然投资和进行偷税漏税。

【案例】

小丽从小就有经营头脑，而且学习成绩也非常好。所以，毕业之后她果断开始了她的创业之旅。她开办的是一家化妆品店，在她的经营下，生意确实“很好”，这种“很好”下面藏着非常多的隐患。为了节省成本还有贪图更多利润，她没有按照要求缴税，并且找人篡改账本，一本账本给人看，一本账本自己看。她在网上购买了大量的国外走私来的名牌产品，然后偷偷地摆上柜台，甚至有些不摆在柜台，同顾客交流熟了之后，她便透露自己有这方面的货，并且引诱对方购买。这些手段帮她获得了丰厚的利润。但没多久，工商部门在一次突击检查中发现了她的违法行为，在店里也查到了她违法经营的走私化妆品，工商部门依据相关法律，给予了小丽严厉的惩罚。巨额的罚款也大伤了她的元气，她再也无法支撑她的创业继续下去了。她的创业梦就这样宣告结束了。

小丽最后变成了偷税漏税，抵抗税制的反面教材，这是非常令人惋惜的。很多大学生创业者，都没有形成相关的意识，他们道听途说一些旁门左道，可以避开国家的制裁，孰不知国家也会根据情况改变管制手段，打击这些漏网之鱼。与其把精力用在这些方面，不如好好经营，凭借着真才实干为自己、为社会创造财富。

2．影响企业形式

企业的形式也会受到税法的影响。一些个人独资企业、合伙企业等，国家会仅根据其生产经营所得征收个人所得税，而私营企业则根据利润交纳企业所得税，它们的税率是完全不一样的。而且一些盈利较少的企业，国家会采取保护手段，让他们享受低税率。而投资者也会按比例分得的股利缴纳个人所得税而非企业所得税。而这些税法则会对企业的构成产生不小的影响。

【案例】

小谭毕业之后和朋友们集资开了一家贸易股份有限公司，他是其中最大的股东。刚开始公司经营不错，由于团队的精诚合作，取得了不错的业绩，也在行业中也慢慢站稳了脚跟。但最近，由于国际市场的一些变化，这家公司经营状况开始下滑，这种下滑的态势马上就开始变得有点要命了。而且这时候，公司的部分股东也开始产生动摇情绪，他们想赶紧把股份撤回来，公司要倒闭了就惨了。一方面，小谭对这些股东过河拆桥的做法很恼怒，另一方面他也没有办法。他只好找到某咨询公司，咨询一下看看有没有好的措施，能够帮助企业好转。而这时，咨询公司给出一个解答，他们希望小谭能够凑足资金赶紧把这些过河拆桥的股东们的股权收回，然后和靠得住的股东们一起把这家有限责任公司转变为个人独资公司，这样的好处就是，他们就不需要再缴纳企业所得税，而只有按照个体商户缴纳个人所得税，这样虽然风险会变大，但是在税率上，可以有很大的优惠。如果公司好好干，就可以把这种颓势挽救回来。小谭听取了咨询公司的意见，把股权都收了回来，然后把这家公司变成一家独资公司，缴纳的税额下去了，成本就得到了控制，他在公司说话的分量也更大了。企业在他的带领下迅速走出了冬天，取得了更好的发展。

小谭虽然受到了股东们的反戈，但他并没有丧失信心，而是积极地采取了有关政策保护了自己，保护了企业，从而使企业受到正面的引导和影响。小谭将私营股份制结构转变为个人独资企业结构，使税率得到了控制，从而节省了成本，提高了利润空间，为企业后续的发展奠定了非常好的基础。

3．影响经营策略

合理避税跟偷税漏税不同，它是合法的，并且是国家有关部门出台的市场引导机制政策。它能够实现各种有利调控，对企业、对市场都有着不可估量的好处。

而在经营上，大学生创业者应该认真学习税法的优惠政策，活学活用。因为国家制定相关的优惠政策，正是鼓励创业者能够开动脑筋，积极开拓市场，创造对企业增长的有利条件。一个成功的创业者往往能够懂得如何同税收和睦相处，甚至是互相促进。

【案例】

黄今毕业之后成立了一家互联网公司，这家互联网公司的总部设在深圳。在黄今和他的团队一致努力下，公司发展很快。随着公司的发展，员工们的工资水平也得到很高的提升。可现在就产生了一个问题，虽然员工们的工资提高了，但很多员工们的工资线到了个人所得税的起征点的缴纳范围，而这时员工们就需要按照个人所得税的税率缴纳个人所得税，这样反而增长了的工资看起来没有那么多，而工作却更多了。员工们对此很不满意。于是，黄今专门向国内知名的咨询机构寻求解决办法，而最后经过咨询机构的考察和认定，他们建议黄今采取一些合理避税措施，比如调整工资结构，使工资在劳动报酬中的比重保持在个人所得税起征点以下，同时，可以采取把工资按照年终奖的形式发放的方法，这样下来，仅个人所得税，公司就能给员工省下来几十万元，员工们的积极性就更高。而深圳对于高新科技企业在各方面的扶持力度都较大，所以这也是不错的选择。黄今按照咨询机构的方案去做，果然收效显著。

黄今就是一个非常有智慧的创业者，能够利用一些有利政策促进企业的进一步发展，为员工带来好处。员工得到了切实的好处，工作中也会倍加努力。公司为员工节省了个人所得税的支出，员工也会更努力工作回报企业，这都是相互的，互相促进的。

4．影响用人策略

税法同样会影响新创企业的用人策略。因为根据国家有关部门规定：安排失业下岗人员、退役士官入职达到员工比例30%的，就可以享受国家免3年营业税和所得税的优惠政策。当然，这只是优惠政策其中的一部分，其中还规定了伤残人士等。这些规定都会或多或少地影响新创企业用人，而新创企业也可以争取到这些优惠政策，一方面，能够对社会起到一定的帮助作用，另一方面，也为自身带来税率优势。

【案例】

杨坦的父母都是附近纺织厂的员工，纺织厂的效益不好，最后工资发不下来，就只好发一些秋裤袜子之类的代替。没多久，企业就倒闭了。这时候，杨坦刚好大学毕业，于是他和朋友一起把附近一个三层楼的店面租了下来，重新装修了一下，经营旅馆生意。

因为刚好附近很多杨坦的叔叔阿姨、哥哥姐姐的也都失业了，杨坦就索性把大家都招来做旅馆员工，在雇用他们之后，然后又对他们进行了一些培训，接着旅馆就开业了。刚开始杨坦的朋友虽然同情他的这些亲朋好友的遭遇，但不太能理解为什么杨坦不雇用一些便宜的小年轻，而要雇用这些亲朋好友。后来杨坦为大家作了解答。因为一方面，这些人都是看着杨坦长大的，他现在准备创业，应该优先去照顾他们的情况，而现在正好公司有这个人员需要，何乐而不为呢？其次，也是非常重要的一点，就是这个行业，如果公司招的人，其中下岗职工，军人等的人数超过 30%，并且和他们签订一年劳动合同，那么就可以享受营业税免征的优惠政策，成本降低了，大家劳动成果越多，那么公司的效益就越好，这是两全其美之策。朋友们听完了杨坦的解释，都对他的智慧表示钦佩。

杨坦正是根据国家出台的政策，制定了其用人策略，而这可谓是一举两得。既帮助了从小看着自己长大的亲朋好友，叔叔阿姨，又为自身在税率上带来了优势。正如杨坦所言，何乐而不为呢？杨坦所从事的行业，对于技能和学历的要求不高，正好适合这些再就业人群，这样做不仅给了他们生活来源，公司也享受到了好处。

5．影响财务策略

每个创业者不但要有创业的勇气、决心和毅力，更要把投资地区和相关行业的税收政策吃透。这决定着自己的财务策略，好的财务策略也是一个创业者和新创公司的致胜法宝。在制定财务策略时，不要拘泥于条条框框，要始终把握大局观，认准税法优惠条件，以为企业争取合法利益，为员工争取合法所得，为国家和社会创造更多的财富。这是国家所鼓励的，也是国家出台优惠税法政策的目的之一。

【案例】

关秀刚刚开办了一家玩具加工公司，在关秀和她团队的努力下，公司的生产经营状况上了一定轨道。但经营状况的好转，同时带来的就是税务的压力。所以关秀在工作之余，都会仔细地去研究各种税金减免政策，然后为企业带来成本上的削减，从而把资金更多地投入到市场，让公司的规模进一步扩大。但现在税务的问题着实让她困扰。不过她一直以来都算是占了税收的便宜。刚开始的时候，因为公司能力不够，盈利能力不足，关秀的公司享受到了15%的低税率，那时候确实帮了她不少忙。但现在他们的盈利能力好了，那自然就无法享受这种优惠政策了。不过这难不倒她，因为国家出台了非常多的政策帮助企业减免税金。在经过关秀的仔细研究之后，她决定不再增长员工工资，而是增长他们的奖金，以减少利润、基数，这样税金自然就低了。还有就是给员工发放更多的福利，比如柴米油盐、超市打折卡之类。这样也可以实现减少利润，减少基数，降低税金。与此同时，她还增加公司对外的投资，这些投资包括国家扶持的项目，而关秀的公司也从中得到了实惠。关秀给大家说，其实，这其中还有很多方法，例如，招聘残疾人士，还有抗震救灾无偿捐物，也可以实现日后充抵税金。公司在关秀采取了一系列财务策略之后逐渐实现了利润增加，发展也扩大了。

关秀采取了一系列的财务策略，很明显，取得了不错的成绩，公司也在她的带领下，蒸蒸日上。她采取的政策不但帮助了社会，创造了社会财富，还为自身生存争取到了空间，这是非常值得鼓励和提倡的。希望广大的大学生创业者也要努力学习这些方式方法，做一个成功并且聪明的创业者。

8.5　政府对新创企业的扶持政策

对于新创企业，对于大学生创业，政府准备了非常多并且完善的扶持政策。这些政策充分地保护了一些相对弱小和不健全的企业，让他们健康、平稳、积极发展。而大学生创业者也要活学活用这些扶持政策，让自己在竞争中保持优势地位。只有生存下去了，才会有进一步的发展，才能够更好地为国家、为社会积累财富。

1. 大学生新创企业税务减免扶持政策

政府对于大学生新创企业税务减免的力度是非常大的，这充分显示了政府对于创业者殷切希望和保护创业者、为创业者导航的充分决心。这些税务减免政策是多种多样的，但大学生创业者也应该有所选择，有所决断。毕竟它是一种政策，它不能帮助企业战无不胜，它只能给企业带来短暂的优势，希望大学生创业者同时能够加强自身竞争力。

（1）高新产业。

凡是有关部门认定为高新技术企业，并且在获得国务院审批的高新产业开发区内发展的高新技术产业企业，可以享受15%的生产率征收所得税减免政策。而这些高新技术产业开发区内的新办的高新技术企业，也都可以享受自投产起两年所得税的减免政策。这些政策充分体现了政府的决心，而大学生创业者也要好好利用这些机会。

【案例】

鲁峰学习的是计算机专业，毕业之后，他看到软件服务行业的前景乐观，于是他也想方设法进入了这一行业，并且他知道国家给予这一行业的支持力度相当大：先是减免15%的生产所得税，如果愿意在高新科技园区创办高新技术企业，那么连续两年是免征所得税，他下来仔细算了一下，这确实是可以省下一大笔成本。于是，一动心，鲁峰就召集他的好朋友们一起加入了这一行业，开始创业了。他们公司主要是给中小型机构做软件培训，偶尔也做软件外包，这是他们的优势所在。这个团队在努力拼搏之后，终于将营收和支出平衡起来，这时候，因为他们做得非常不错，再加上坚持不懈的努力，公司得到了一个风投的投资，而他们立刻用这笔投资将办公地点搬进本地的高新技术园区。这下，他们的所得税也实现了约1年的减免，并且在高新科技园区有着相当多的扶持政策，包括房租，物业等。这些政策都为鲁峰和公司今后的发展创造了非常有利的条件。

鲁峰非常有眼光，他喜欢高新科技产业，也愿意投身于此。而他也正确地利用了国家关于高新科技产业的扶持政策，这是非常值得借鉴和学习的。当然，在此过程中，也需要大学生创业者量力而行。确定好经营策略，不要为了蹭国家优惠政策，而不顾自身规模和自身情况，最后导致这些有利政策不但没有帮助到自己，反而让自己走入为难境地。

（2）其他行业。

在其他行业中，大学生创业者也会有各种各样的税法优惠政策。

新创的咨询业、信息业、技术服务业企业或经营单位，在经过有关部门批准后，免征两年企业所得税。

新创的交通运输业、邮电通信业企业或经营单位，在经过有关部门批准后，免征第一年企业所得税，而第二年企业所得税则减半征收。

新创的公用事业、商业、物资业、对外贸易业、旅游业、物流业的、饮食业、教育文化事业等企业或经营单位，在经过有关部门批准后，免征第一年企业所得税。

新创的农村及城镇为农业服务的企业，能够对工业提供技术服务或实物的企业，在经过有关部门批准后，暂免征收所得税。

【案例】

吕能在毕业之后回到了自己的家乡进行创业。他本来有一份不错的工作，待遇也好，以后的发展也不错。但是，他觉得这样生活很没劲，他希望过一点有挑战性的日子。为什么要回到自己的家乡创业呢？因为，他发现，他家乡并没有直接通铁路，但这样的小县城快递业也不发达，面对现在日益发展的快递行业来说，他觉得前途还是无量的，现在，家乡也许没有什么快递行业，一家也没有，但未来肯定会有。他想好好地把这一行业在家乡发展起来，之后，当大型的快递行业进来的时候，他就可以选择被收编，这样是非常不错的一个战略。还有非常重要的一点，就是国家对于他所从事的物流行业的扶持政策：自开业之日起，国家对于该行业第一年是免征所得税的，而第二年可减半征收所得税。这对于成本的控制有着非常大的帮助。而他现在只需要苦干实干，把家乡县城的快递行业拿下来即可。经过一年多的打拼，他的公司拥有了 10 辆面包车、30 辆电动车，员工 60 多人，面包车主要负责乡镇到县城的包裹运输，电动车主要负责从乡镇到村庄的运输。现在他公司的业务量已经基本和当地的邮政业务量相当，并且利润要高得多，而且，正如他所预料的一样，快递巨头，申通、圆通等也准备开始向他所在县城扩张，而他也和双方达成协议，同时为双方服务，公司的发展将会越来越大。

相信吕能在不远的将来，能够创造很了不起的成就。他有非常独到的眼光，并且非常好地利用了国家对物流行业的相关扶持政策。这些政策确实帮助了他实现有利竞争，而他也凭借着聪明的头脑，有机地使用了这些政策。这是非常值得大学生创业者学习的。

2．大学生新创企业注册资金扶持政策

根据有关部门规定，大学生创业者在其毕业两年内自主创业的，在所在地工商部门办理营业执照时，如果注册资金在 50 万元以下的，可以允许其分期到位，而首期到位资金只要不低于注册资本的 10%即可。而实缴的注册资本在一年内只要追加到 50%以上，余款可在 3 年内分期到位的，国家都予以支持和保护。

【案例】

小陆最近开始创业了，他在家人和一些朋友的支持下，开办了一家塑料制品加工厂。本来这一切不会进行的这么顺利，因为这样的塑料制品加工厂对现金流的需求还是比较多的，而对注册资金也有一定要求，如果他的注册资金少，那么意味着他将来所能贷到款的额度也相应少。而现在，他已经把家人和朋友借了个遍，再也不可能从这些方面拿到一分钱了，所以这家塑胶产品加工厂在这一阶段来说非常需要国家贷款的扶持。起初他本来想放弃吧，先做别的项目，不过他实在是非常看好这一项目。但就在迷茫犹豫之际，他突然了解到，原来大学生创业的注册资金在 50 万元以下，是可以允许注册资金分期到位的，只要首期到位资金不低于注册资本的 10%即可。也就是说，他现在想注册 40 万的塑胶制品加工厂，首期的注册资金只需要到位 4 万元以上即可，而其中的 50%在一年内补充到位，剩下的款项三年之内分期到位就没问题。这下该政策算是帮了小陆的大忙了，他可以享受很多贷款的便利，以及运转资金的流通。只要他好好干，那么未来的情况一定是不错的。

小陆正是利用了这一政策的实惠性，为公司的发展带来了良好机遇。这在普通创业者身上是无法实现的，而小陆没有错过这个好机会，实现了自己的创业梦想。相信小陆的企业在未来会越走越好，也希望广大大学生创业者能够利用这一有利政策让自己越走越好。

3．大学生新创企业小额贷款扶持政策

大学生创业困难是众所周知的，而国家也出台了这项扶持大学生创业的政策，即小额贷款扶持政策。而国有商业银行、股份制银行、城市商业银行和具备条件的城市信用社都能够为自主创业的大学毕业生提供小额贷款，并且贷款额度在 2 万元左右。这为没有什么基础的大学生创业者创造了非常好的条件。

【案例】

小魏家是农村的，他学习成绩一直非常好，但毕业之后他选择回到家乡，和亲戚合伙开办了一家农机服务站，这家公司主要是为当地人提供农业生产的硬件和产品耗材服务。但其实作为农村孩子来说，这个行业他一直都很熟悉，而且其实当地有非常多类似的公司，竞争也非常的激烈，但小魏选择在此行创业是有他自己的想法的。首先，就是这一行业在国家政策的扶持下，是暂免征收所得税的，这对于小魏实现利润上的增长是非常重要的，而且他本人又是刚刚从大学毕业的大学生，相对应地，优惠政策就更多了，这包括为期长达两年的小额贷款，并且这种贷款是可以申请延期的，而贷款利率也相比较而言较低。而他现在有了这么多的好机会和好条件，肯定不会就此放弃，他正是要借助这些优惠政策，从众多竞争者当中脱颖而出，从而实现超越，他要办成家乡最大的一所农机服务站，而今后他还要向城镇扩张。现在他的理想正在一点一点地慢慢实现。

对于农村孩子来说，没有创业资本，就没有创业的未来。而小魏享受到了国家的这一贷款扶持政策，成功实现了自己的创业理想。如果没有这一政策，相信小魏的理想也会跟他失之交臂。但最后的结果是好的，他靠着他的勤奋和智慧打出了一片天地。

4．大学生新创企业人才招聘扶持政策

国家对于大学生创业不只是资金上的扶持，还有人才招聘方面的扶持，而且扶持力度较大，为大学生创业者创造了理想的和完善的人才筛选环境，并且为人才的培养机会提供了一定的支持。如免费为大学生创业企业提供三年人事代理服务，大学生创业企业三年内免费参加政府人事部门组织的大型人才招聘会，大学生创业企业的创办者及其引进的大专及以上人才可落户到集体户口等。大学生创业者要积极地利用这些好的政策，为员工争取到利益，为企业发展创造先机。

【案例】

潘云毕业后和几个同班同学创办了一家生物科技公司，主要从事农业科技产品的研发和销售。创业之初，潘云凭借自己在大学时代研发的苹果栽培技术获得了人生第一桶金，也是这笔资金在支撑着他们这个公司的运作。

在公司运营的过程中，潘云发现，他们非常需要一位对农药的使用和效果评估方面精通的人才，但是一直没有找到合适的人。

一次他和老师说起这件事情，老师便替他物色了一个师弟，他们见面了解了相互情况后，潘云对这位师弟非常满意，力邀其加盟。但这位师弟提出的要落户口的事，让他着实犯了难。其实，在他们所在二线城市落户口倒不像北京、上海那么难，但是没有住房要落户口还是不太容易。

为了解决这个问题，潘云找了各种关系，但都没成功。就在他即将绝望的时候，他看到创业企业引进人才可以落集体户口的政策。他仔细研究了各种政策，发现他的公司完全符合要求，于是，他急忙给他的师弟打电话，郑重地承诺一定帮他解决落户的问题。

潘云的创业是成功的。但科技型的企业对人才的需求量很大，所以他不得不引进人才，这是他的创业需求。但毕业生也有自己的需求，面对现实中的各种压力，他们会对户口、住房有一定的期待，要解决创业企业发展中的这些问题，不是单靠个别企业的努力就能完成的，国家政策的协调发挥着重的作用。

案例点评

【案例】

2011 年大学毕业的陈忠和几个同学创办了一家火锅店。他们选择这条道路顶住了很大压力。父母不同意、资金不足，这些困难他们都克服了，现在他们店经营得很红火。

开始创业的时候，父母听说大学毕业的他们要自己开饭馆，肺差点给气炸了。父母都不理解辛辛苦苦地供他们上学，他们不求上进也就算了，还去干这种小学毕业的人都能做的事。父母的反对一点也没有动摇他们的决心，时间一长父母也就心软了。但父母心软归心软，但一点都不糊涂。为以验证他们创业的决心和能力，几对父母商量后提出了要陈忠几个人自筹资金的要求。

这下陈忠几个有点摸不着头脑了，心里想："他们还是不同意，要不然干嘛不给投资？"不过后来，他们几个明白了这是父母们在考验自己呢！

明白了这个道理后，这几个人更着急了，因为他们明白：如果不能尽快解决资金的问题，他们就不得不接受父母的安排，找个单位上班。几个人尝试着向同学借钱，但数量都有限，不能解燃眉之急。

"怎么办？怎么办？"几个人急得像热锅上的蚂蚁。就在这时，一个从天而降的消息改变、解救了他们：根据当地政策，大学生创业可以获得最多 8 万元的贷款。有了贷款，他们的创业梦就可成为现实。

创业之初的陈忠，严格依法办事，和所有的员工都签定了劳动合同，工资发放也都是足额按时，从不拖欠。为了赢得顾客的青睐，他们不断改良火锅底料、配料。他们的努力没有白费，不但顾客越来越多，他们也因为诚信经营在当地小有名气了。

年终结算时，陈忠意外地发现竟然有了盈利。这让他十分意外，按照他自己的预估，第一年只要不赔钱就行了，只当学经验，但最终竟然赚钱了。后来，他才发现，原来，盈利是因为他们享受到了税收的优惠。

在自己的事业开始起步的时候，陈忠把眼光放的很远，在他自己的规划里，如果进展顺利，他要将他们的火锅店发展成为连锁店，也是在这样的背景下，他将火锅店名字注册成了商标，为以后的经营打基础。

"都是国家优惠政策多，要不然我肯定不能完成自己的创业梦。"谈起创业的过程陈忠感慨万千。

【点评】

这几个创业青年是非常值得学习的。他们虽然经历了一些痛苦和折磨，但他们没有放弃，而是通过正常途径，利用国家给予的优惠条件和法律武器慢慢让自己成长和壮大起来。那么下面分析一下他们最后取得成功的原因：

（1）他们在非常困难的时候，也没有选择违反国家规定，相反地他们守法诚信经营，紧持行正道，这是他们获得成功的重要原因之一。

（2）他们充分利用了国家的相关优惠政策。资金、税收等优惠政策为他们创业开了绿灯，虽然他们没有经验，但他们肯努力，而且时刻关注着政策的变化，利用政策为自己增加动力。

（3）不断创新也是他们成功的原因之一。火锅店全国各地都有，如何让自己的火锅店拢住顾客，是所有店家最关切的。陈忠和他的同学们，不断改良自己的火锅产品，创造了顾客喜爱的火锅，也为他们赢得了顾客。

素质拓展

肖辉毕业之后准备自己创办一家服装加工厂。一方面可以将自己的服装设计做成成品，另一方面也可积累些服装行业的运作经验。

创业之路并没有像他想象得那样平坦。真正开始创业了，他才发现自己的准备是那么不足，尤其是法律方面的知识太少。

这个问题首先在他注册企业时表现了出来。在办理企业注册手续时，他发现自己根本不了解程序和需要带哪些材料。在初看了一些法律规定后，他发现自己所在的城市还有些特别的规定，因此，他不但要准备法律规定的材料，地方行政规定的材料也一样不能马虎。

好不容易跌跌撞撞办好了注册登记，开始经营，肖辉又发现了新的问题。

当他第一次拿着客户给他的合同回到加工厂后，他着实紧张了起来，因为他不了解，这个合同签了之后会不会有对自己不利的合同条款。为了避免在以后出现问题时自己处于不利境地，肖辉把合同拿给了一位律师检查，在律师的指导下肖辉向对方提出了一些修改意见。对方没料到一个刚毕业的学生还能有这么强的法律意识，开始还有点错愕。

后来，肖辉在经营之余就抓紧时间补课，学习一些法律知识，以备不时之需。

你的朋友有没有在创业呢？他们在创业过程中遇到了哪些法律问题？他们又是如何应对法律问题的？假如你在创业中遇到法律问题你会如何解决呢？